移动图书馆云服务研究

魏群义◎著

Research on the Cloud Service of Mobile Library

科学出版社
北京

图书在版编目（CIP）数据

移动图书馆云服务研究 / 魏群义著. —北京：科学出版社，2017.3
国家社科基金项目成果
ISBN 978-7-03-052363-1

Ⅰ.①移… Ⅱ.①魏… Ⅲ.①数字图书馆–图书馆服务–研究 Ⅳ.①G250.76

中国版本图书馆 CIP 数据核字（2017）第 052332 号

责任编辑：侯俊琳 刘 溪 刘巧巧 / 责任校对：张小霞
责任印制：赵 博 / 封面设计：无极书装
联系电话：010-64035853
电子邮箱：houjunlin@mail.sciencep.com

科学出版社 出版
北京东黄城根北街 16 号
邮政编码：100717
http://www.sciencep.com
北京厚诚则铭印刷科技有限公司印刷
科学出版社发行 各地新华书店经销
*
2017 年 3 月第 一 版 开本：720×1000 B5
2025 年 2 月第五次印刷 印张：17 3/4
字数：257 000

定价：88.00 元

（如有印装质量问题，我社负责调换）

前　言

随着移动互联网的迅速发展及智能手机的不断普及，信息服务的移动化和泛在化势不可挡。移动就是一切，通过智能终端享受信息服务已经成为移动用户的首选。可以预见，服务移动化的趋势将会继续进行下去，继续深刻地影响着民众的生活方式。移动图书馆就是图书馆在移动互联网背景下推出的新型服务，它满足了读者随时随地阅读文献和享受服务的需求，使得图书馆服务无处不在、无所不在，这正是未来图书馆发展的趋势和目标。移动图书馆是一个快速发展的新兴领域，与移动图书馆的实践与建设如火如荼的局面形成鲜明对比的是，移动图书馆的理论研究相对滞后。这导致对移动图书馆的实践指导缺乏足够的理论指导，作为建设主体的图书馆对于移动图书馆的服务模式和运行模式仍存在较大的困惑和疑虑。目前的移动图书馆建设存在功能单一化、资源孤岛化、投入产出比不高等问题，所以必须对移动图书馆现有的服务模式、运行模式进行创新，否则移动图书馆服务将逐步失去对用户的吸引力。

云计算作为一种互联网技术（IT）基础设施与服务的交付和使用模式，深刻地影响着互联网的服务模式和运行模式，使云服务在各行各业中得到了广泛的应用。云计算和云服务为移动图书馆的运行模式提供了新的思路，云计算将为移动图书馆注入新的活力，将云计算理念和技术融入到当前移动图书馆运行和管理模式中，有助于打破当前孤立和封闭的移动服务系统，通过整合云服务产业链，重塑云服务生态系统，梳理图书馆、资源商、移动平台服务商、读者之间的角色关系和利益关系，为移动用户提供高质量的移动图书馆服务。开展移动图书馆云服务理论研究，分析当前移动图书馆云服务系统所存在的问题，探索移动图书馆云服务体系架构、运行机制与管理模式，对于推动移动图书馆云服务具有重要的理论意义和应用价值。

本书的研究主题为移动图书馆云服务。本书从用户、知识产权体系、移动资源体系、图书馆等多维度，全面、系统地论述了移动图书馆的云服务需求。同时对国内外主流的移动图书馆云服务系统开展研究，深入分析云服务系统的系统架构、服务功能和功能特色，并以超星移动图书馆系统为例开展了云服务系统的可用性研究，从提升用户服务体验的角度，收集用户对移动图书馆云服务系统的改进建议。此外，结合当前云服务系统存在的问题和不足，提出了移动图书馆云服务的体系架构，并研究了移动图书馆云服务的运行机制、管理模式和服务规划。在案例研究部分，以重庆大学图书馆为例，介绍了微信图书馆云服务的实践与应用效果。

本书共分为7章。

第1章是移动图书馆云服务概述。本章对移动互联网、移动图书馆、云服务的概念和发展现状进行了概述，梳理了云服务在图书馆中的应用现状，对移动图书馆的研究和实践现状进行了综述，最后提出了移动图书馆将走向云服务的发展趋势。

第2章是移动图书馆服务调研。本章对中美高校移动图书馆和公共图书馆的移动服务进行了全面调研和对比分析，并从侧重用户体验的角度开展了移动图书馆的用户调研，最后以中国公共图书馆为对象，开展了移动服务的有效性调查与分析。

第3章是移动图书馆云服务需求研究。本章从移动用户、移动服务的知识产权风险、移动资源体系、图书馆等角度分析了移动互联网环境下移动图书馆的云服务需求。

第4章是移动图书馆云服务系统及其可用性研究。本章以国内外主流的移动图书馆云服务系统（超星移动图书馆、书生移动图书馆、Boopsie和Biblio Mobile）为研究对象，研究其系统架构、服务模式、服务功能及其功能特色；并以超星移动图书馆系统为研究对象，研究其移动客户端和无线应用协议（WAP）服务系统的可用性。

第5章是移动图书馆云服务体系架构研究。本章分析了移动图书馆云服务体系架构研究现状，提出了移动图书馆云服务的概念、特点和三种交付模式；并结合移动图书馆服务模式的实践，分别阐述了移动图书馆云服务的三种服务体系架构。

第6章是移动图书馆云服务运行机制与管理模式研究。本章从安全机制、生态机制两个角度，论述了移动图书馆云服务的运行机制，并提出了移动图书馆云服务管理模式。

第7章是移动图书馆云服务规划与应用案例。本章从服务模式选择、交付模式选择、服务运营商选择三个方面论述了移动图书馆云服务规划；并以重庆大学图书馆为例，介绍了移动图书馆云服务规划中的接口池技术的开发与应用，以及微信图书馆云服务的实现与应用效果。

本书是国家社会科学基金项目“移动图书馆云服务SAAS模型研究”（批准号：12XTQ003）的研究成果。项目研究期间得到了重庆大学图书馆杨新涯馆长、彭晓东教授等专家的指导和支持，他们为课题研究给出了诸多建议。项目团队为项目研究和专著出版付出了辛勤的劳动，常赵鑫组织了移动服务的用户调研工作，常赵鑫和程琴全程参与了移动图书馆云服务系统的可用性研究工作，杨阳参与了移动图书馆云服务应用案例研究工作，姚媛、杨阳和李艺亭参与了项目调研、文字校稿、图文编辑等工作，在此一并表示感谢。

移动图书馆云服务研究是一个新兴的研究领域，可供参考的资料不多。笔者虽然付出了很多努力，做了一些理论研究和实证工作，但由于学识和水平有限，疏漏和不当之处在所难免，敬请专家、同行、读者批评指正。

魏群义

2016年12月于重庆

中从大学图书馆的实际出发，介绍了移动图书馆云服务模型中的数据挖掘技术的开发与应用，以及数据挖掘云服务的实现与应用效果。

本书是国家社会科学基金项目"移动图书馆云服务SAAS模型研究"（批准号：12XTQ001）的研究成果。项目研究期间得到了重庆大学图书馆领导、专家以及本校教学专业的[illegible]的大力支持，他们为课题研究给出了诸多建议。项目团队成员在[illegible]工作，为项目研究与本书的撰写做出了重要贡献。在此，一并表示感谢。

移动图书馆云服务研究是一个新兴的研究领域，可供参考的[illegible]。由于作者水平有限，书中难免存在疏漏和不足之处，敬请专家和读者批评指正。

魏群义

2016年12月于重庆

目　　录

前言

第 1 章　移动图书馆云服务概述……1

1.1　移动互联网概述……1
1.2　移动图书馆概述……11
1.3　云服务有关概念……28
1.4　云服务在图书馆中的应用……32
1.5　移动图书馆研究现状……35
1.6　移动图书馆走向云服务……46

第 2 章　移动图书馆服务调研……48

2.1　中美高校移动图书馆服务现状调研及其对比研究……49
2.2　中美公共图书馆移动服务调研及其对比研究……56
2.3　移动图书馆用户调研……73
2.4　移动图书馆服务有效性调研……88

第 3 章　移动图书馆云服务需求研究……94

3.1　移动用户的云服务需求……94
3.2　移动服务的知识产权风险分析及对策研究……99
3.3　移动资源体系构建的云服务需求……107
3.4　图书馆对移动云服务的需求……112

第 4 章　移动图书馆云服务系统及其可用性研究……114

4.1　超星移动图书馆……115
4.2　书生移动图书馆……124
4.3　Boopsie……132
4.4　Biblio Mobile……144
4.5　移动服务的可用性研究……148

4.6 移动图书馆云服务系统的可用性研究……154

第5章 移动图书馆云服务体系架构研究……165

5.1 移动图书馆云服务体系架构研究现状……166
5.2 移动图书馆云服务概念及其交付模式……178
5.3 移动图书馆云服务体系架构……186

第6章 移动图书馆云服务运行机制与管理模式研究……206

6.1 移动图书馆云服务运行机制研究……206
6.2 移动图书馆云服务管理模式研究……216

第7章 移动图书馆云服务规划与应用案例……223

7.1 移动图书馆云服务规划……223
7.2 移动图书馆云服务应用案例……226

参考文献……239

附录……252

附录1 中国国家图书馆和省级公共图书馆的移动服务基本信息表……252
附录2 中国国家图书馆和省级公共图书馆的移动服务调研数据表……255
附录3 美国顶尖25所公共图书馆的移动服务基本信息表……260
附录4 美国顶尖25所公共图书馆的移动服务调查数据表……261
附录5 重庆大学移动图书馆系统服务及用户体验调查……267
附录6 移动图书馆可用性调查者须知……272
附录7 移动图书馆可用性测试前问卷调查……273
附录8 移动图书馆APP可用性研究用户任务列表……274
附录9 移动图书馆APP可用性研究用户任务满意度评价表……275
附录10 移动图书馆WAP网站可用性研究用户任务列表……276

第1章

移动图书馆云服务概述

1.1 移动互联网概述

1.1.1 移动互联网的出现

互联网和移动通信是当今世界发展很快、市场潜力很大、前景很诱人的两大领域。互联网（Internet）[①]始于 1969 年的美国，又称为因特网。互联网的出现是人类通信技术的一次革命，它不仅改善了人类的通信和计算方式，同时也提高了人们的生产效率和生活质量，在人类发展的历史上具有重要和深远的意义。互联网的产生开启了信息分享的时代，并促使互联网网站数量急剧增长，“互联网实时统计”（Internet Live Stats）[②]在 2014 年 9 月份发布的数据显示，全球互联网网站数量已超过 10.6 亿。互联网越来越深刻地改变着人们的学习、工作及生活方式，甚至影响着整个社会发展的进程。全球互联

---

① 互联网. http：//baike.baidu.com/view/6825.htm.

② 全球互联网网站数量破 10 亿网民数量逼近 30 亿. http：//tech.huanqiu.com/internet/2014-09/5142584.html.

网网民的数量将突破 30 亿大关。据中国互联网络信息中心[①]统计，截至 2014 年 6 月，我国网民规模达 6.32 亿人，互联网普及率为 46.9%，较 2013 年年底提升了 1.1 个百分点。

能与互联网的惊人发展速度相媲美的，也只有移动通信领域。移动通信[②]（mobile communication）是指移动体之间的通信，或移动体与固定体之间的通信。20 世纪 60 年代末，美国贝尔实验室等首先提出了蜂窝系统的概念，并于 1978 年年底成功研制先进移动电话系统（AMPS），该系统于 1983 年首次在美国芝加哥投入商用，这标志着第一代蜂窝移动通信系统的诞生[③]。移动通信发展迅速，1991 年第二代移动通信系统 GSM（全球移动通信系统）正式在欧洲芬兰启用[④]。1997 年第二代移动通信系统 CDMA（码分多址）正式建网，到 20 世纪末，移动通信的迅速发展就大有取代固定通信之势。2003 年，中国移动电话用户数量首次超过固定电话用户数量[⑤]。2008 年 5 月，国际电信联盟正式公布第三代移动通信标准，中国提交的 TD-SCDMA（时分同步码分多址）正式成为国际标准，与欧洲 WCDMA（宽带码分多址）、美国 CDMA2000 成为 3G（第三代移动通信技术）时代最主流的三大技术之一[⑥]。2013 年 12 月 4 日中华人民共和国工业和信息化部（简称工信部）[⑦]正式向三大运营商（中国移动、中国联通和中国电信）发布 4G（第四代移动通信技术）牌照，中国移动、中国电信和中国联通均获得 TD-LTE 牌照，这也宣告我国的移动通信行业进入 4G 时代。据工信部的统计[⑧]，截止到 2014 年年底，移动电话用户总数达 12.86 亿户，移动电话用户普及率达 94.5 部/百人，比上年提高 3.7 部/百人；4G 和 3G 移动电话用户总数分别达到 9728.4 万户和 48 525.5 万户。我国 4G 业务发展迅猛，2015 年 4 月 21 日工信部[⑨]发布的数据称，中国 4G 用户总数达到 1.62 亿户，占移动电

① 第 34 次中国互联网络发展状况统计报告. http：//www.cnnic.net.cn/gywm/xwzx/rdxw/2014/201407/W020140721559080702009.pdf.

② 移动通信. http：//baike.baidu.com/subview/19195/13774144.htm.

③ 颜永庆. 移动通信发展的回顾及展望. 江苏通信技术，2005，（4）：14-19.

④ 弓丞. 移动通信系统的发展历程与展望. 科技资讯，2007，（26）：94-95.

⑤ 中国移动电话用户数量已超过固定电话用户数量. http：//news.xinhuanet.com/it/2003-11/24/content_1194349.htm.

⑥ 3G. http：//baike.baidu.com/view/808.htm.

⑦ 工信部正式发放 4G 牌照三大运营商均获 TD-LTE 牌照. http：//money.163.com/13/1204/16/9F8UPS0S00254TI5.html.

⑧ 中国三大电信运营商 2014 年 3G、4G 用户发展情况汇总. http：//www.hcsindex.org/news/view_225359.html.

⑨ 工信部：我国 4G 用户总数已达 1.62 亿. http：//tech.sina.com.cn/t/4g/2015-04-21/doc-ichmifpy9119106.shtml?qq-pf-to=pcqq.group.

话用户的比重达到 12.5%。

随着移动通信不断吞食固定通信的市场份额，互联网技术的完善和进步将信息时代不断往纵深推进，人们迫切希望能够随时随地乃至在移动过程中都能方便地从互联网获取信息和服务。移动通信和互联网趋于融合，移动互联网就是在这样的背景下应运而生并快速发展起来的。早在 1995 年，微软的创始人比尔·盖茨在《未来之路》中就提到了“移动互联网”的构想，即互联网仅实现了计算机的联网，而未实现移动终端与万事万物的联网。移动互联网通过无线接入设备访问互联网，能够实现移动终端之间的数据交换，是计算机领域中继大型机、小型机、个人计算机（personal computer，PC）、桌面互联网之后的第五个技术发展周期[①~③]。作为移动通信与互联网技术的有机融合体，移动互联网被认为是未来网络发展的核心和最重要的趋势之一[④]。

1.1.2 移动互联网的概念

尽管移动互联网发展迅速，已经成为 IT 技术领域的热门研究领域，然而关于它的定义并没有达成共识，下面介绍几种有代表性的移动互联网的概念和定义。

百度百科将移动互联网[⑤]定义为，就是将移动通信和互联网二者结合起来，成为一体。它是指互联网的技术、平台、商业模式和应用与移动通信技术结合并实践的活动的总称。

MBA 智库认为，移动互联网[⑥]的定义有广义和狭义之分。广义的移动互联网是指用户可以使用手机、笔记本等移动终端通过协议接入互联网；狭义的移动互联网则是指用户使用手机终端通过无线通信的方式访问采用无线应用协议的网站。

独立电信研究机构 WAP 论坛[⑤]认为，移动互联网是通过手机、掌上电脑

① Morgan Stanley. Mobile Internet Research Report. http：//www.morganstanley.com/institutional/techresearch/mobile_internet_report122009.html.

② 罗军舟，吴文甲，杨明. 移动互联网：终端，网络与服务. 计算机学报，2011，(34)：2029-2051.

③ 石莎. 移动互联网络安全认证及安全应用中若干关键技术研究. 北京邮电大学博士学位论文，2012.

④ 吴吉义，李文娟，黄剑平，等. 移动互联网研究综述. 中国科学：信息科学，2015，(1)：45-69.

⑤ 移动互联网. http：//baike.baidu.com/view/1168245.htm.

⑥ 移动互联网. http：//wiki.mbalib.com/wiki/Mobile_Internet.

（PDA）或其他手持终端通过各种无线网络进行数据交换。

王红梅[①]提出，移动互联网是一个全国性的、以宽带IP为技术核心的，可同时提供语音、传真、数据、图像、多媒体等高品质电信服务的新一代开放的电信基础网络。移动互联网能让用户在移动环境中通过移动设备随时、随地访问互联网、获取信息，进行商务、娱乐等各种网络服务。终端、网络与应用是移动互联网的三个要素。

郎为民[②]认为，移动互联网既不等于移动通信＋互联网，也不等于简单的无线接入＋互联网内容服务。移动互联网体现的是融合，发生的不是物理反应，而是化学反应，用数字公示表示就是：移动互联网=移动通信×互联网。移动互联网是用手机、PDA、便携式计算机（包括上网本、笔记本电脑、平板电脑等）作为终端，以移动通信网络（包括2G、3G、4G等）或无线局域网作为接入手段，直接或者通过WAP访问互联网并使用相关业务。

吴吉义等[③]提出，移动互联网是指以各种类型的移动终端作为接入设备，使用各种移动网络作为接入网络，从而实现包括传统移动通信、传统互联网及其各种融合创新服务的新型业务模式。

中国信息通信研究院（工信部电信研究院）在2011年发布的《移动互联网白皮书》[④]中提出，移动互联网是以移动网络作为接入网络的互联网及服务，移动互联网包括三个要素：移动终端、移动网络和应用服务。

从上述定义可以看出，移动互联网虽然没有统一的定义，但是业界普遍认为移动互联网是移动通信网络与互联网的融合，移动终端、移动网络和应用服务是移动互联网的三个重要因素，移动互联网相应地分为终端层、网络层和应用层，如图1.1所示。移动互联网绝不是桌面互联网的简单复制，它不仅改变了接入手段，同时也给我们带来了新思想和新模式，它将催生新型产业链条、服务形态和商业模式。移动互联网将为用户带来大量新型的移动应用，这些应用与终端的可移动、可定位和随身携带等特性相结合，为用户提供个性化的服务，势必完全改变人们使用互联网的方式。

---

① 王红梅. 移动互联网现状与趋势浅析. 电信科学，2011，(S1)：74-79.
② 郎为民. 大话移动互联网. 北京：机械工业出版社，2012.
③ 吴吉义，李文娟，黄剑平，等. 移动互联网研究综述. 中国科学：信息科学，2015，(1)：45-69.
④ 移动互联网白皮书（2011年）. http：//labs.chinamobile.com/news/66210.

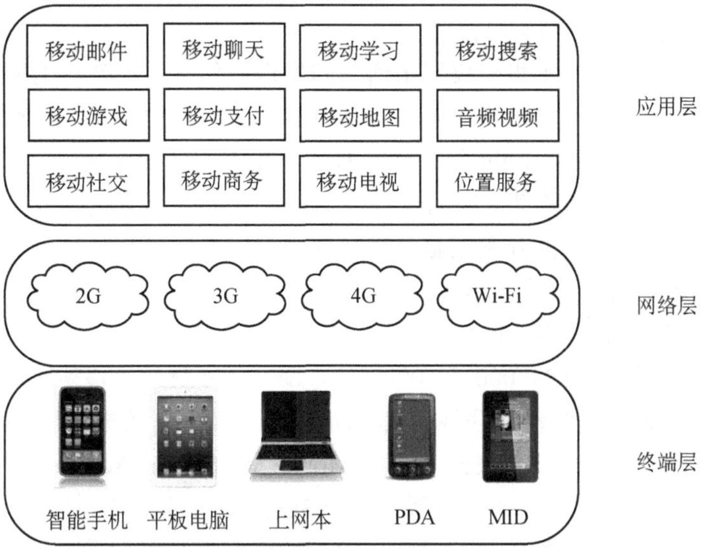

图 1.1　移动互联网的层次结构

1.1.3　移动互联网的发展

随着移动通信技术的发展，功能强大堪比个人计算机的智能手机逐渐受到人们的追捧。智能手机①是指像个人计算机一样，具有独立的操作系统、独立的运行空间，可以由用户自行安装软件、游戏、导航等第三方服务商提供的程序，并可以通过移动通信网络来实现无线网络接入手机类型的总称。智能手机相对于功能手机而言，具有六大特点：无线接入互联网、PDA 功能、开放性的操作系统、人性化、功能强大和运行速度快。世界上第一款智能手机是 IBM 公司于 1994 年推出的 Simon②，其集手提电话、个人数码助理、传呼机、传真机、日历、行程表、世界时钟、计算器、记事本、电子邮件、游戏等功能于一身。其最大的特点就是没有物理按键，输入完全靠触摸屏操作，使用 Zaurus 操作系统，只有一款名为 DispatchIt 的第三方应用软件。尽管现在看来，Simon 功能较为简单，但它为以后的智能手机的发展奠定了基础，具有里程碑式的意义。2007 年苹果公司推出的 iPhone 产品，可以说开启了智能手机的新时代。移动互联网终端持续发展，其影响力堪比收音机、电视机和个人计算机，成为人类发展历史上第四个应用广泛、普及迅速、影响深远、渗

① 智能手机. http：//baike.baidu.com/view/535.htm.
② IBM Simon. http：//baike.baidu.com/view/3886354.htm.

透到人类社会生活的终端产品①。

人们不再满足于手机仅仅用来通信和发送短信息，邮件、上网、收听音乐、观看视频、聊天、社交等功能逐渐受到手机用户的青睐，移动互联网业务逐渐得到迅速发展。1999 年，日本 DoCoMo 公司推出 i-Mode②商业模式，这是全球最早开展的移动互联网业务。i-Mode 创造了成功的商业模式，建立了与内容提供商之间的互利双赢关系，提供的服务包括互联网、手机电子邮件、动画内容下载、音视频下载、彩铃和彩信等，向用户提供丰富、多元化、个人化的实时信息内容，业务取得巨大成功，到 2001 年的 7 月 15 日，i-Mode 的用户人数已达 25 531 000 人。可以说，DoCoMo 就是“移动通信”的代名词，而 i-Mode 就是移动互联网的代名词。借助 i-Mode 的成功，2001 年基于 WCDMA 技术的 FOMA③（Freedom of Mobile Multimedia Access，自由移动的多媒体接入）网络全面商用，世界上首个 3G 商用网络正式诞生，从此揭开了高速移动通信时代的序幕。3G 移动业务 FOMA 主要用于语音和高速数据通信，其核心是积极发展各种移动多媒体业务，涵盖所有的 i-Mode 业务，还提供动态图像 i-Motion 服务、图像传输 M-stage visual 服务、音乐发送 M-stage music 服务。

中国移动互联网的发展，源于中国移动 2001 年 11 月正式推出的“移动梦网”④服务，是中国移动向客户提供的移动数据业务的统一品牌，英文叫做 Monternet，意思是“Mobile+Internet”。移动梦网就像一个大超市，囊括了短信、彩信、WAP、百宝箱（手机游戏）等各种多元化信息服务，使得手机不仅具有通话功能，同时也变成一个功能强大的综合性信息终端。移动梦网基本参照 i-Mode 的运营模式，通过建立一个统一品牌迅速推动移动互联网的普及和发展，为用户提供游戏、信息点播、掌上理财、旅行管理、移动办公等服务。2001 年中国联通 CDMA 移动通信网一期工程建成，2002 年 5 月中国移动在全国范围内推出 GPRS 业务，这都为中国移动互联网的发展奠定了坚实的基础。

2010 年，全球进入移动互联网时代。2014 年 1 月，我国移动互联网用户总数达 8.38 亿⑤，在移动电话用户中的渗透率达 67.8%，我国移动互联网发展

---

① 郎为民. 大话移动互联网. 北京：机械工业出版社，2012.
② i-Mode. http：//baike.baidu.com/view/655161.htm.
③ FOMA. http：//baike.baidu.com/view/616841.htm.
④ 移动梦网. http：//baike.baidu.com/view/7592.htm.
⑤ 官建文. 中国移动互联网发展报告（2014）. 北京：社会科学文献出版社，2014.

进入全民时代。工信部 2015 年 4 月前发布的数据显示①，中国移动电话用户规模将近 13 亿人，移动互联网用户规模近 9 亿人，用户月均移动互联网接入流量达 295.1M。用户每天使用移动终端的时间大幅度增加，2013 年用户移动端单日使用时长从 2012 年的 0.96 小时增加至 1.65 小时②。移动互联网已经成为人们上网获取信息的首选，移动设备已经成为上网接入的主流设备，据 2014 年全球互联网趋势报告③，2014 年中国 80%的网民只用移动设备（智能手机和平板电脑等）上网。同时，移动互联网的市场规模持续增长，增长速度惊人，艾瑞咨询统计数据显示，2011 年中国移动互联网市场规模（直接由移动互联网产业形成的交易总额）达 393.1 亿元④；2012 年市场规模达 549.7 亿元⑤；2013 年增长至 1059.8 亿元⑥；2014 年中国移动互联网市场规模达到 2134.8 亿元⑦，同时未来依旧会保持高速增长，预计到 2018 年整体移动互联网市场规模将突破 1 万亿元大关。

1.1.4 移动时代的到来

移动互联网的出现和发展，对人类的经济、社会、文化、生活等方面深度渗透，并产生极其深远的影响。保罗·斯盖尔敦⑧认为，未来一切都将是移动的，以往无论是自然经济时代还是工业经济时代，生产方式都倾向于固定于一点，农民被土地套牢，工人被岗位圈定；以智能手机和平板电脑为代表的互联网移动终端已经开始改变这一切，移动社交、移动学习、移动阅读、移动商务、移动搜索等正在大踏步地进入我们的生活，移动时代已经到来。

1. 移动社交网络

移动社交网络⑨（Mobile Social Networking Service，MSNS）是一种以移

① 工信部：我国移动互联网用户规模近 9 亿. http：//finance.chinanews.com/it/2015/04-17/7215373.shtml.

② 2013 年移动智能终端用户行为研究. http：//www.199it.com/archives/191194.html.

③ 互联网女皇：2014 年互联网趋势报告. http：//tech.163.com/photoview/0AI20009/5753.html#p=9TDFA5H20AI20009.

④ 艾瑞咨询：2011 年中国移动互联网市场规模达 393.1 亿元. http：//wireless.iresearch.cn/16/20120113/161468.shtml.

⑤ 艾瑞咨询：2012 年中国移动互联网市场规模为 549.7 亿元市场高速增长. http：//wireless.iresearch.cn/app/20130125/192017.shtml.

⑥ 艾瑞咨询：2013 年移动互联网市场规模 1059.8 亿元，进入高速发展通道. http：//wireless.iresearch.cn/others/20140114/224843.shtml.

⑦ 艾瑞：移动互联网市场保持快速增长，商业环境逐渐成熟. http：//report.iresearch.cn/html/20150205/246191.shtml.

⑧ 保罗·斯盖尔敦. 移动就是一切. 李亮译. 南京：江苏文艺出版社，2013.

⑨ 陆奇. 移动社交网络对青年受众态度和行为的影响研究. 电子科技大学硕士学位论文，2011.

动终端为媒介，以更为真实的社会关系为基础，以发展更多的纯移动终端受众加入社交网络为目的，将社交网络与移动通信技术有机结合的新媒体。“无社交，不生活”正是移动互联网时代网民生活的真实写照。社交网络的出现源于人类渴望交流和被认可的社交需求，随着社会的发展，当生理需求和安全需求基本满足的情况下，人们会朝着更高的社交需求去追求[①]。移动互联网的出现为人们随时随地的分享和交流提供了方便，极大地促进了移动社交网络的发展。随着移动终端设备的普及，移动社交已经成为人们生活中不可或缺的组成部分，迎合了人们在快节奏生活中扩大社交联系的需求。移动社交网络发展迅速，像 MySpace 和 Facebook 这样的社交网络站点现在的趋势就是提供移动社交网络服务（SNS），甚至 Brightkite 和 Fon11 等社交网站仅提供移动服务[②]。

说到移动社交，不得不提到微博和微信。微博的“鼻祖”是 Twitter（中文称为推特），Twitter 是由 Obvious 公司于 2006 年推出的社交网络及微博客服务的网站，是全球互联网访问量最大的十个网站之一。它允许用户将自己的最新动态和想法以短信形式发送给手机和网站，而不仅仅是发送给个人。在中国，最流行的微博是新浪公司于 2009 年推出的新浪微博，截至 2014 年 9 月，新浪微博的月活跃用户数为 1.67 亿[③]。移动社交的浪潮一波又一波向前进，微博刚刚兴起，微信又出现了。微信是腾讯公司于 2011 年推出的面向智能手机用户的 SNS。微信的魅力在于好友圈的内容分享和语音分享，微信的普及速度极快，截至 2014 年年末，微信的活跃用户数已经达 5 亿[④]。移动社交网络不仅降低了人们开展社交活动的时间成本和物质成本，同时扩大了社交的范围和影响，这就使得移动社交成为移动时代人们生活的重要组成部分[⑤]。

2. 移动学习

移动学习[⑥]（mobile learning，M-learning）是指通过移动设备来传达学习内容，这些设备包括 PDA、手机等手持设备。移动学习能够紧跟着学习者的需要而发生，促进学习效率的提高，满足人们按需、按时、随地学习的需要。移动学习能有效使用移动计算技术获取教育信息、教育资源和教育服务，给学习者带来全新的学习感受。与其他学习模式相比，移动学习具有学习便捷

① 毛刚. 图书馆用户需求生态服务系统研究. 吉林大学博士学位论文，2013.
② 特班. 商务智能管理视角. 北京：机械工业出版社，2012.
③ 2014 年新浪微博用户发展报告. http：//www.199it.com/archives/324955.html.
④ 腾讯去年净赚 238 亿微信活跃用户数达 5 亿. http：//finance.ifeng.com/a/20150318/13563799_0.shtml.
⑤ 王建宙. 移动时代生存. 北京：中信出版社，2014.
⑥ 黄荣怀，Jyri Salomaa. 移动学习——理论・现状・趋势. 北京：科学出版社，2008.

性、碎片化学习、交互及时性、学习个性化等特点[①②]。国外移动学习和云教育的应用已经涵盖了高等教育和基础教育等领域[③]，斯坦福大学学习实验室面向在校大学生开发了基于手机的外语个性化练习平台；北爱尔兰通过实施“课堂”项目，使小学教师和学生可以通过移动终端访问欧洲第一朵“教育云”，使用和下载各类教育资源。国内移动学习的终端应用也如火如荼地大批出现，涌现了一批具有代表性的移动学习产品，如网易公开课、掌上新东方、沪江听力酷、猿题库、幼儿教育、网易有道词典等。Ambient Insight 的一份报告《美国移动学习市场产品及服务：预测分析》表明，美国移动学习市场的 5 年（从 2010 年至 2014 年）年度增长率为 13.7%，该市场的收入将在 2015 年达到 18 亿美元。

3. 移动阅读

移动阅读[④]指以手机、平板电脑、电子阅读器等移动终端为阅读载体，通过在线、下载等方式浏览电子小说、报纸、图书、杂志、动漫和其他文献等的阅读行为。随着移动互联网网速的不断提升，Wi-Fi 覆盖率的不断提高，手机内存和存储容量的不断增大，移动阅读已经成为一种时尚和一道风景线，在地铁上、公交车上、机场等地方，随时都可以看到利用智能手机、平板电脑、Kindle 等设备进行阅读的用户。移动阅读充分满足了人们碎片化阅读需求，已经成为快速发展的移动互联网领域中最受瞩目的应用之一。古人藏书汗牛充栋，今人把图书馆装在口袋里；古人读书废寝忘食，今人手机不离手。这是移动阅读发展的真实写照。移动阅读普及率极高，易观智库数据[⑤]显示，2013 年年底中国移动阅读用户数超 8 亿人，使用频率仅次于手机即时通信和手机搜索。基于海量用户行为和调查数据，网易云[⑥]发布的《2014 年移动阅读报告》称，2014 年，中国人移动阅读的图书量已经超过 14 亿册。不管是运营商还是互联网公司，都加强了对移动阅读的投入。2013 年 5 月，由浙江在线、红旗出版社、中国移动阅读基地联合主办的“中国 • 浙江无线内容生产基地”在浙江落户，这是全国首家无线内容生产基地。2013 年 12 月，中国电信天翼阅读 2.0 版本上线。移动阅读产品层出不穷，如盛大旗下的云中书城（网址：www.yuncheng.com）、掌阅科技的 iReader（网址：http：//www.zhangyue.com/）平台、腾讯的 QQ 阅读（网址：http：//book.qq.com/）、网易的云阅读（网址：

① 白宇宇. 基于 Android 的移动学习交互平台设计. 北京交通大学硕士学位论文，2015.
② 马庆伟. 大学生移动学习现状研究. 中国电力教育，2014，(2)：246-247.
③ 李桂英. 基于云教育平台的移动学习模型研究. 西北大学硕士学位论文，2014.
④ 官建文. 中国移动互联网发展报告（2014）. 北京：社会科学文献出版社，2014.
⑤ 易观分析：中国移动阅读市场趋势预测 2014-2017. http：//www.enfodesk.com/SMinisite/maininfo/articledetail-id-418653.html.
⑥ 网易云阅读：2014 年移动阅读用户调查. http：//news.mydrivers.com/1/377/377037.htm.

http：//yuedu.163.com/index）等。移动阅读市场规模持续增长，2013 年中国移动阅读市场规模达到 62.5 亿元，比 2012 年增长 80.1%；2014 年达 88.4 亿元[①]。

4. 移动电子商务

移动电子商务[②]就是利用手机、PDA 等无线终端进行的 B2B、B2C、C2C 或 O2O 的电子商务。相对于传统的电子商务，移动电子商务增加了移动性和移动终端的多样性，具有开放性、无处不在、随时随地等特点[③]，成为电子商务未来发展的趋势。通过智能手机、平板电脑等移动终端购物、订票、预订酒店等行为已经深入人心，网民手机购物的使用比例由 28.9%提升至 38.9%[④]，几乎所有的购物网站都提供手机客户端平台，如淘宝网、京东商城、苏宁易购、当当网等。移动电子商务正在前所未有地改变着社会开展生产、交换、分配和消费的方式，成为转变经济发展方式的重要推动力量和建设创新型国家的战略性产业。除了庞大的用户基础和明显的移动优势外，移动电子商务发展还具有良好的政策机遇，2012 年，工信部发布的《电子商务十二五发展规划》[⑤]中明确提出要持续推动移动电子商务的发展，加强移动电子商务技术与装备的研发力度，完善移动电子商务技术体系。中国电子商务研究中心的监测数据显示[⑥]，我国移动电子商务用户规模逐年递增，2012 年用户规模为 2.5 亿人，较 2011 年增长 67%。中国移动电子商务交易规模增长迅猛[⑥]，2009 年仅为 25.6 亿元，2012 年便增长至 965 亿元。

5. 移动搜索

移动搜索[⑦]通常是指在移动通信网络中，用户利用各种移动终端、通过多种接入方式（SMS、WAP、IVR 等）搜索 Web 或 WAP 站点网页内容、移动增值服务内容及本地信息，以实现信息随时随地获取的搜索方式。移动搜索的出现，真正打破了地域、网络和硬件的局限性，满足了用户随时随地搜索的服务需求。移动搜索与互联网搜索存在较大的差异[⑧]，互联网搜索主要以关键词搜索为主，移动搜索方式更加多样化，包括关键词搜索、语音搜索和图像

① 移动阅读市场规模 88.4 亿元天津人爱美食烹饪书. http：//www.tianjinwe.com/tianjin/tjcj/201501/t20150124_771418.html.

② 移动电子商务. http：//baike.baidu.com/subview/41363/17306125.htm.

③ 李庆艳，金铎，张文安，等. 移动电子商务发展趋势探讨. 电信科学，2011，(6)：6-13.

④ 第 34 次中国互联网络发展状况统计报告. http：//www.cnnic.net.cn/gywm/xwzx/rdxw/2014/201407/W020140721559080702009.pdf.

⑤ 《电子商务“十二五”发展规划》发布. http：//www.miit.gov.cn/n11293472/n11293832/n11293907/n11368223/14527814.html.

⑥ 官建文，唐胜宏. 中国移动互联网发展报告（2013）. 北京：社会科学文献出版社，2013.

⑦ 王继民，李雷明子，孟凡，等. 基于用户日志的移动搜索行为分析. 图书情报工作，2013，57（19）：102-106，120.

⑧ 官建文. 中国移动互联网发展报告（2012）. 北京：社会科学文献出版社，2012.

搜索等，甚至包括基于位置服务（location based services，LBS）的搜索，输入方式也更加多样化，除了文字输入外，还可通过语音、二维码、摄像头图像等进行输入，这些新的输入方式避免了烦琐的键盘输入，使用更为快捷。在中国的移动搜索领域，有百度、谷歌（Google）、宜搜、腾讯搜搜和搜狗等多家移动服务商。据权威流量统计机构 CNZZ 数据中心[①]的数据，2015 年 3 月，中国移动端网民使用搜索引擎比例：百度搜索份额为 79.61%，位列第一；神马搜索份额以 13.35% 紧随其后；搜狗搜索份额占 5.80%，位列第三。据艾媒咨询发布的《2014 上半年中国移动搜索市场研究报告》[②]，截至 2014 上半年，中国移动搜索用户规模达 4.67 亿人，中国移动搜索市场规模达 20.30 亿元。未来的移动搜索可能不再是搜索框，每一个应用都是小型的综合垂直搜索工具，比如，手机地图应用，点击“附近”，就可以显示附近的加油站、餐馆、商城等内容，无需用户的任何信息输入。除了互联网公司之外，数字资源商也纷纷推出移动学术搜索工具，比如，中国知网（CNKI）的搜索 APP——手机知网、EBSCO 公司的 EBSCOhost Mobile 等。

1.2 移动图书馆概述

移动互联网的发展使用户获取和使用信息的方式产生了巨大的变革，在图书馆的读者持有并使用大量且飞速增长的移动终端的环境中，移动搜索、移动学习和移动阅读在读者中的普及度和接受度不断提升。读者对于使用移动终端访问文献资源和享受信息服务提出了新的需求，作为服务提供方的图书馆，如何兑现“以读者为中心”的理念，如何提供适合“移动”的资源与服务，如何构建依托移动互联网平台的服务平台，是图书馆顺应读者新的信息获取和阅读行为需求变化所必须要研究和解决的问题。随着图书馆开始为移动用户提供各项移动服务，移动图书馆的概念也在逐渐成型和完善。

1.2.1 移动图书馆的概念

移动图书馆译自英文中的 Mobile Library 或者 M-Libraries，原指“汽车图

① CNZZ 数据：移动搜索百度第一、神马第二. http://www.tompda.com/article/34177.htm.
② 2014 上半年中国移动搜索市场研究报告. http://www.douban.com/note/417765181/.

书馆”或“流动书车”（bookmobile）①。美国图书馆协会县级图书馆工作组（the County Libraries Group of the Library Association）早在1949年就将其定义为“设计、配备和运行的一种运载工具，尽可能远地提供比临时分馆更加实用的服务”②。汽车图书馆用来行使图书馆的部分职能，内部安装有用于放置图书的书架，当汽车图书馆行驶到服务点并停下来的时候，读者可以便捷地阅读和借阅图书。汽车图书馆经常被用于给没有设立图书馆的一些农村和郊区的读者提供服务，是图书馆文献服务的一种延伸。国内外的许多公共图书馆依然在提供汽车图书馆服务，不定期走进校园和居民小区，受到民众的欢迎和好评，如英国萨塞克斯县图书馆③、十堰市图书馆④、烟台市图书馆⑤、福建省图书馆⑥等。

汽车图书馆的出现，弥补了由于图书馆服务区域设置而造成的服务功能缺陷，使得图书馆的服务得到了一定程度的延伸。但由于受到时空约束，这种流动性的图书馆还难以提供全方位的服务，难以满足用户随时随地获取图书馆信息服务的需求。随着远程网络通信的发展，传统意义上的移动图书馆又增添了新的内容，移动图书馆被赋予了新的定义和内涵，泛指图书馆提供的移动服务，用户通过移动终端享受图书馆资源和服务。本书后续的研究中提到的移动图书馆特指图书馆通过移动终端提供移动服务，而不是汽车图书馆或者流动图书馆。

尽管移动图书馆的研究和应用非常广泛和丰富，但是业界对于移动图书馆的说法和定义还没有统一的观点。对于图书馆通过移动终端提供的移动服务，有专家称之为无线图书馆、手机图书馆、掌上图书馆、移动图书馆、移动数字图书馆、移动信息服务等。朱海峰⑦认为，无线图书馆是用户使用便携式设备，以微博、无线电等接入方式获取所需文献信息的数字图书馆，是数字化图书馆的进一步扩展。茆意宏等⑧提出，图书馆利用手机移动通信网这个新媒体平台来延伸自己的服务，为用户提供更实时、更方便的信息服务，这种新的应用系统

---

① Bookmobile. WIKIPEDIA. https：//en.wikipedia.org/wiki/Bookmobile.

② Want P. The history and development of mobile libraries. Library Management，1990，11（2）：5-14.

③ Sussex County Mobile Library. http：//www.sussex.lib.de.us/libraries/sussex-county-mobile-library.

④ 市汽车图书馆将“精神食粮”送进大川学校. http：//www.sy.e21.edu.cn/gov/open_show.php?news_id=47418&class_id=262.

⑤ 汽车图书馆开进世秀社区. http：//www.wj001.com/car/news/2015-06-09/645689.html.

⑥ 福建省图书馆汽车图书馆5月出车安排表近日出炉. http：//news.fznews.com.cn/fuzhou/20150503/5545826b588d3.shtml.

⑦ 朱海峰. 数字化图书馆的发展——无线图书馆. 图书馆理论与实践，2002，（6）：14-15.

⑧ 茆意宏，吴政，黄水清. 手机图书馆的兴起与发展. 大学图书馆学报，2008，（1）：3-6，27.

简称为手机图书馆系统。江波等[①]提出掌上图书馆是通过掌上设备可获取的图书馆服务的集合。黄群庆[②]提出移动图书馆是指移动用户通过移动终端设备（如手机、PDA）等，以无线接入方式接受图书馆提供的服务。赖永波[③]提出移动数字图书馆是数字图书馆电子信息资源服务的延伸，依托比较成熟的移动通信技术、无线网络技术及多媒体技术，为读者提供电子信息资源服务，读者可以不受时间、地点和空间的限制，通过使用各种移动终端设备就可以获取、利用图书馆的电子信息资源。茆意宏[④]提出，图书馆移动信息服务是面向移动（环境下的）用户、通过移动/无线信息网络与手持移动信息终端向用户提供的信息服务，可以简称为图书馆移动服务。江波等[①]认为，掌上图书馆、手机图书馆与移动图书馆三者所覆盖的移动终端设备不一样，掌上图书馆的外延最大，移动图书馆次之，手机图书馆最小，但是实现覆盖所有掌上设备的掌上图书馆难度较大。

为了更好地了解国内学者对于移动图书馆的观点和理解，笔者以中国知网的中国学术期刊网络出版总库为检索数据库，分别检索篇名含有“无线图书馆”“手机图书馆”“掌上图书馆”“移动图书馆”“移动数字图书馆”和“移动信息服务”的期刊论文，检索结果见表 1.1。从表 1.1 可以看出，“移动图书馆”的期刊论文最多，自 2014 年以来，篇名含有“移动图书馆”的期刊论文的数量占绝对优势，由此可以看出国内学者对“移动图书馆”的认可度极高。因此，本书后续的描述和研究均采用“移动图书馆”，泛指图书馆通过移动终端面向用户提供的各项移动服务。

表 1.1　中国知网期刊数据库中的常见移动图书馆服务检索词及其论文检索结果

检索途径	检索词	论文检索结果/篇	2014 年以来的论文数量/篇
篇名	无线图书馆	50	10
篇名	手机图书馆	272	44
篇名	掌上图书馆	23	5
篇名	移动图书馆	589	291
篇名	移动数字图书馆	152	29
篇名	移动信息服务	166	54

注：检索日期为 2015 年 7 月 19 日

① 江波，覃燕梅. 掌上图书馆、手机图书馆与移动图书馆比较分析. 图书馆论坛，2012，(1)：69-71，88.
② 黄群庆. 崭露头角的移动图书馆服务. 图书情报知识，2004，(5)：48-49.
③ 赖永波. 从数字图书馆到移动数字图书馆：服务功能演进与实现途径. 情报杂志，2011，(5)：165-168.
④ 茆意宏. 面向用户需求的图书馆移动信息服务研究. 北京：中国书籍出版社，2013.

国内外学者对于移动图书馆的概念没有统一的定义，下面介绍几种具有代表性的移动图书馆的定义。

Gill Needham 和 Mohamed Ally[①]认为，移动图书馆通过手机、PDA 等移动设备传送信息和学习资料，让任何人在任何时候和地点都可以获取图书馆服务。

Yang Cao 等[②]认为，移动图书馆就是以无线接入方式连接用户终端设备的一种信息系统。

Sarah-Jane Saravani 和 Haddow[③]认为，移动图书馆是通过移动终端传送的图书馆信息服务。

宋恩梅和袁琳[④]提出，移动图书馆是用户将有声书、电子书、视频音乐等数字馆藏资源下载到手机、iPod、Kindle 等设备上进行阅读和使用的一种服务方式。

高春玲认为[⑤⑥]，移动图书馆泛指所有通过智能手机、Kindle、iPad、MP3/MP4、PSP 等移动终端（手持设备）访问图书馆资源，进行阅读和图书馆业务查询的服务方式。

黄群庆[⑦]认为，移动图书馆是移动用户通过移动终端设备（如手机、PDA 等），以无线接入方式接受图书馆提供的服务，是在移动环境下把图书馆服务搬上移动空间。

胡振华与蔡鑫[⑧]认为，移动图书馆是依托比较成熟的无线移动网络、国际互联网及多媒体技术，使人们不受时间、地点和空间的限制，通过使用各种移动设备（如手机、PDA、e-book 等）来方便灵活地查询、浏览与获取图书馆的图书信息及相关服务。

赵夏丽与李峥[⑨]提出，移动图书馆是指依托无线移动网络、互联网及多媒体技术，使人们不受时间、地点和空间的限制，通过使用各种移动设备来方

① Needham G，Ally M. M-Libraries：Libraries on the Move to Provide Virtual Access. London：Facet Publishing，2008.

② Cao Y，Tin T，McGreal R，et al. The Athabasca University Mobile Library Projects：Increasing the Boundaries of Anytime and Anywhere Learning for Students. New York：Proceeding of the 2006 International Conference on Wireless Communications and Mobile，2006.

③ Saravani S-J，Haddow G. The mobile library and staff preparedness：Exploring staff competencies using the unified theory of acceptance and use of technology model. Australian Academic and Research Libraries，2011，42（3）：179-190.

④ 宋恩梅，袁琳. 移动的书海：国内移动图书馆现状及发展趋势. 中国图书馆学报，2010，（5）：34-48.

⑤ 移动通信. http：//baike.baidu.com/subview/19195/13774144.htm.

⑥ 高春玲. 中美移动图书馆服务 PK. 图书情报工作，2011，55（9）：63-66，44.

⑦ 黄群庆. 崭露头角的移动图书馆服务. 图书情报知识，2004，（5）：48-49.

⑧ 胡振华，蔡鑫. 移动图书信息服务系统. 现代图书情报技术，2004，（4）：18-20.

⑨ 赵夏丽，李峥. 移动图书馆的发展和前景分析. 软件导刊，2012，（7）：130-131.

便灵活地进行图书馆文献信息的查询、浏览与获取的一种新兴的图书馆信息服务。

王海花[①]认为，移动图书馆是数字图书馆的扩展和延伸，它是先进的移动通信技术在图书馆服务上的充分应用，它实现了图书馆传统业务和功能向移动互联网的移植，是真正“移动”着的图书馆。

从以上定义可以看出，关于移动图书馆的定义主要有四种观点：系统说（移动图书馆是一种信息服务系统[②]）、服务说（移动图书馆是图书馆的一项服务[③]）、服务方式说（移动图书馆是一种新的服务方式[④~⑥]）和移植说（移动图书馆是图书馆业务和功能在移动互联网上的移植[⑦]）。首先，“移植说”不够准确，毕竟移动图书馆的部分服务并不在数字图书馆服务之列，如位置服务、照相扫描等，况且并不是所有的数字图书馆服务都可以移植到移动图书馆中来。其次，“系统说”更多是从技术层面阐述，移动图书馆是通过无线互联网进行数据传输和信息交互，和桌面互联网没有本质区别，技术只是图书馆实现各项服务的手段。最后，“服务说”也不够全面，“服务说”认为移动图书馆是图书馆提供的一项新服务，其实大部分移动图书馆的功能和服务与传统图书馆并无区别，如 OPAC（联机公共查询目录）查询、借阅记录查询、数字资源检索、通知公告、参考咨询等，所不同的只是用户使用的终端由个人计算机和笔记本电脑换成了智能手机、平板电脑等移动终端。综合而言，笔者认为“服务方式说”更为准确，移动图书馆是图书馆在移动时代的背景下通过移动终端面向读者服务的一种新的服务方式，其服务内容和图书馆的大多数服务一致，部分移动服务充分利用和集成移动终端的特点，从而方便用户，使得用户可以更加方便地利用移动互联网享受图书馆的资源和服务，以此来实现图书馆服务的泛在化，最终有效提升用户服务体验。

---

① 王海花. 高校移动图书馆平台建设实证研究. 兰州大学硕士学位论文，2013.

② Cao Y，Tin T，McGreal R，et al. The Athabasca University Mobile Library Projects：Increasing the Boundaries of Anytime and Anywhere Learning for Students. New York：Proceeding of the 2006 International Conference on Wireless Communications and Mobile，2006.

③ 胡振华，蔡鑫.移动图书信息服务系统. 现代图书情报技术，2004，(4)：18-20.

④ Needham G，Ally M. M-Libraries：Libraries on the Move to Provide Virtual Access. London：Facet Publishing，2008.

⑤ 宋恩梅，袁琳. 移动的书海：国内移动图书馆现状及发展趋势. 中国图书馆学报，2010，(5)：34-48.

⑥ 高春玲. 中美移动图书馆服务 PK. 图书情报工作，2011，55（9)：44，63-66.

⑦ 黄群庆. 崭露头角的移动图书馆服务. 图书情报知识，2004，(5)：48-49.

1.2.2 移动图书馆的发展历程

对于移动图书馆的探索，最早可以追溯到 1993 年。美国电话电报公司（ATRT）、南贝尔活动电话公司（Bell South Cellular）及诺泰伯技术公司（Notable Technologies）以南亚拉巴马州立大学图书馆为试点，发起了“无屋顶图书馆”（The Library Without a Roof）项目[①②]，对使用具备蜂窝通信能力的 PDA 访问图书馆 OPAC 和使用商业在线数据库等服务的可行性和前景进行测试。1993 年 11 月 6 日成功地借助无线电话通信技术，便携式电脑与该图书馆的电脑检索系统连通了。测试人员在距离南亚拉巴马州立大学图书馆 20 英里远的湖畔，检索了该图书馆数字化的图书目录。“没有墙壁的图书馆”进一步演变为“没有屋顶的图书馆”。不过，后来由于技术不成熟等原因该项目未能成功地大面积普及，却是用户通过移动终端访问图书馆服务的一次突破性尝试。

随着移动互联网的不断发展，对移动图书馆的探索也在不断向前推进，可以说，移动互联网的每次进步，都可以看到移动图书馆发展的身影。1999 年，日本的 DoCoMo 公司推出 i-Mode[③]商业模式，这是全球最早开展的移动互联网业务。i-Mode 推出后的第二年，基于 i-Mode 的手机书目检索系统就被成功开发和使用。2000 年 9 月，日本富山大学图书馆就已经开发出基于 i-Mode 手机的书目查询系统；2001 年 5 月，日本东京大学图书馆也成功开发 i-Mode 手机书目查询系统[④]。除了日本，欧洲在移动通信技术方面也是比较先进的。芬兰赫尔辛基技术大学图书馆[⑤]于 2001 年 9 月起开始提供手机图书馆服务，这是一种基于短信、使用 GSM 网络的移动图书馆服务，将芬兰 Portalify 公司开发的 Liblet 系统应用于芬兰赫尔辛基技术大学图书馆，服务内容包括到期提醒、图书续借、预约通知、借阅记录查询、短信咨询等。另外，亚洲的韩国也是较早实现移动图书馆服务的国家之一。IDB（Internet Database） Engine™ 是韩国无线数据库解决方案专门企业 WISEngine 公司研制的对多个不同的数据库或数据源可以综合查询的核心技术。2001 年 7 月，韩国西江大学与 WISEngine

① Foster C D. PDAs and the library without a roof. Journal of Computing in Higher Education，1995，7（1）：85-93.

② 俞禅. 美国出现“没有屋顶的图书馆”. 衡阳师范学院学报，1994，（2）：111.

③ i-Mode. http：//baike.baidu.com/view/655161.htm.

④ Negishi M. Mobile Access to Libraries：Librarians and User Experience for “I-Mode” Applications in Libraries. Libraries for life：Democracy，Diversity，Delivery（68th IFLA Council and General Conference：Conference Programme and Proceedings），2002：1-15.

⑤ Pasanen I. Around the world to Helsinki University of technology：New library services for mobile users. Library Hi Tech News，2002，19（5）：25-27.

签订协议，推出基于 IDB 的手机图书馆服务，主要的移动服务内容有 OPAC 检索、查看搜索的图书是否借出、预定借出图书、查看图书位置等[①]，另外，可以查阅借阅情况、借出图书的期满日、借出图书的归还预定日、归还图书逾期等信息。

2001 年 11 月，中国移动正式推出的“移动梦网”[②]服务；2002 年 5 月，中国移动在全国范围内推出的 GPRS 业务，都为中国移动互联网的发展奠定了坚实的基础。国内图书馆界迅速跟进，推出面向手机用户的移动信息服务。2003 年 12 月 1 日，北京理工大学图书馆[③]率先推出手机短信息服务，服务内容包括图书到期提醒、预约到书提醒、账号绑定等。茆意宏等[④]详细调研了国内图书馆的手机图书馆服务情况，2004 年，香港大学图书馆开通了手机图书馆服务。2005 年，上海图书馆、吉林省图书馆、辽宁省图书馆、济南市图书馆、厦门市图书馆、北京工业大学图书馆、浙江工业大学图书馆等单位也陆续开通手机图书馆服务，主要的服务内容均为以短信通知为主，内容相对单一，功能性较差。2007 年，重庆大学图书馆推出“手机图书馆”服务[⑤]，这是重庆大学图书馆推出的手机短信服务平台。“手机图书馆”短信服务是指用户通过手机，以无线接入方式接受图书馆提供的各项短信服务。“手机图书馆”主要可以实现如图书到期通知、预约通知等功能，服务内容更为丰富，并增加了部分可以办理的服务功能，包括图书查询、图书续借、图书预约、新书通报、意见反馈、证件挂失等。

由于短信服务（Short Messaging Service，SMS）的信息内容形式较为单一，部分图书馆开始为读者提供彩信服务。彩信服务[⑥]（Multimedia Messaging Service，MMS）模式是指图书馆通过电信运营商的彩信通道提供信息服务的模式。它不同于短信的最大特色就是支持多媒体功能，能够传递包括文字、图像、声音、数据等各种多媒体格式的信息。2011 年 4 月，首都图书馆针对信息时代资讯传播的新特点，与北京移动联合推出了“国学彩信·鉴赏入门”彩信服务业务[⑦]。它们将海量的馆藏国学信息进行加工整合，制作成图文并茂的手机彩信并推送给读者，其内容主要为中国历史文物的鉴赏知识，分中学版和大众版。中学版紧扣中学教材，分门别类地介绍教材中涉及的书法、绘画、工艺品等艺

① 黄群庆. 崭露头角的移动图书馆服务. 图书情报知识，2004，(5)：48-49.
② 移动梦网. http：//baike.baidu.com/view/7592.htm.
③ 崔宇红. 基于手机短信平台的图书馆信息推送服务. 大学图书馆学报，2004，(4)：67-68.
④ 茆意宏，吴政，黄水清. 手机图书馆的兴起与发展. 大学图书馆学报，2008，(1)：3-6，27.
⑤ 重庆大学手机图书馆概述. http：//lib.cqu.edu.cn/htm/mlib.jsp.
⑥ 手机彩信. http：//baike.baidu.com/view/68241.htm.
⑦ 读彩信学鉴赏品国学——首都图书馆借助新媒体推出国学彩信信息服务. http：//www.clcn.net.cn/modules/information/view.php?id=88.

术门类，并精选代表性物件进行赏析。大众版则面向成年人群，既鉴赏陶瓷、玉器、书画、家具等收藏热点，也介绍织染、刺绣、剪纸等各种民间艺术，以及传统文化的各个相关方面。2011 年 11 月，为了使广大读者及时获取电子资源的最新信息、快速把握学术研究动向，清华大学图书馆针对不同学科，整合《清华大学学报（自然科学版）》、*Nature* 等上百种被 SCI、EI 收录的热门电子期刊最新文章信息，推出电子期刊最新信息彩信推送服务[①②]。读者访问清华大学无线移动数字图书馆系统的 Web 平台，一次订阅后可定时接收到多种期刊的最新文章目次彩信。2013 年，泰达图书馆档案馆与中国移动天津滨海分公司合作建立了国内首个公共图书馆彩信服务平台[③]，并率先推出了《信息摘编》决策支持简报的彩信手机报服务。国家图书馆和上海图书馆也有类似的彩信推送服务。

随着移动互联网的发展，手机上网的设想和概念在世界各地开始流行，WAP 上网逐渐成为大众的首选。1997 年 6 月，移动通信界的四大公司爱立信、摩托罗拉、诺基亚和无线星球组成了 WAP 论坛[④⑤]，目的是建立一套适合不同网络类型的全球协议规范。WAP1.0 版也在 1999 年 5 月正式发行。2001 年 8 月，WAP2.0 正式发布。WAP 的出现使移动互联网有了一个通行的标准，这标志着移动互联网标准的成熟。通过 WAP 技术[⑥]可以将互联网的大量信息及各种各样的业务引入到移动终端中，同时，在传输网络上，WAP 不仅支持现有的各种移动网络，如 GSM、CDMA、PHS 等，还可以支持第三代移动通信系统。WAP 逐渐成为当时移动信息服务平台的最佳选择。使用 WAP 技术建设手机图书馆网站或者移动门户网站成为图书馆提供移动服务的首选，也满足了用户通过移动设备检索馆藏查询、查看指南、查询展览信息和开馆时间、存取电子期刊论文等的需求。2006 年 7 月 3 日，湖南理工学院成为国内第一家开通 WAP 手机服务的图书馆[⑦]（网址：http：// lib.hnist.cn/weixinclient/wap/source/ home.php），如图 1.2 所示。随后成都理工大学图书馆（网址：http：//mlib.cdut.cn）、国家图书馆（网址：http：// wap.nlc.gov.cn）、东莞图书馆（网址：http：//m.5read.com/ dg）、上海图书馆（网址：http：// m.library.sh.cn）等也相继开通了移动 WAP 网站服务。美国波尔州立

① 清华大学图书馆推出电子期刊最新信息彩信推送服务. http：//www.caigou.com.cn/News/Detail/79756.shtml.

② 彩信服务. http：//lib.tsinghua.edu.cn/m/mms.html.

③ 泰达图书馆档案馆推出决策参考彩信手机报服务. http：//www.teda.gov.cn/html/teda_index2011/MYQ/2013-12-31/Detail_596740.htm.

④ 无线应用通讯协议. http：//baike.baidu.com/view/660335.htm?fromtitle=WAP&fromid=207452&type=syn.

⑤ 詹舒波. WAP——移动互联网解决方案. 北京：北京邮电大学出版社，2000.

⑥ 林颖，孙魁明. 基于 WAP 的图书馆移动信息服务体系及 WAP OPAC 应用实例. 现代图书情报技术，2007，(9)：80-83.

⑦ 张文彦，张瑞贤. 美中 WAP 手机图书馆发展现状比较. 图书馆杂志，2009，(7)：64-68.

大学图书馆（Ball State University Library）在 2008 年已经创建了移动版网站（网址：http：// www.bsu.edu/libraries/mobile/）①，如图 1.3 所示，该网站能够为图书馆用户提供 OPAC 检索、计算机使用状态查询、空间预约、开放时间查询等服务。

图 1.2　湖南理工学院图书馆手机网站

注：截图时间为 2015 年 7 月 23 日

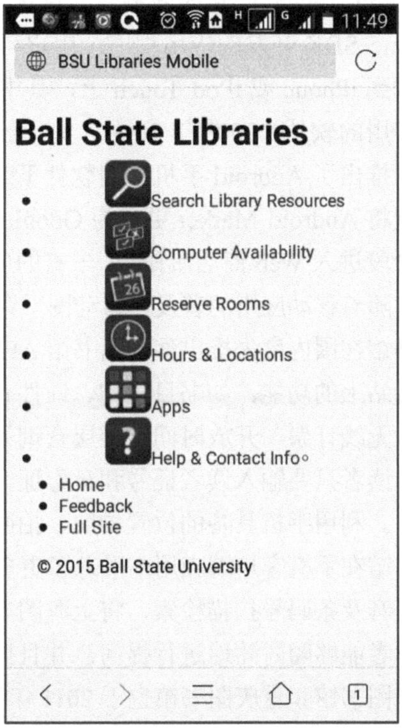

图 1.3　波尔州立大学图书馆移动版门户网站

注：截图时间为 2015 年 7 月 23 日

2010 年，苹果公司宣布不支持 Flash 之后，HTML5 迅速成为热点。网页开发者利用 HTML5 就能制作出高品质的图像、字体、动画及过渡效果，而不必依赖第三方插件（如 Flash），大幅度地改良了之前 HTML4 的一些缺陷，尤其支持离线访问，使其直接可以挑战 Native App，形成 Web App。用其制作出来的网页有和 App 一样的体验效果，且其安全性要远好于 App。未来 HTML5 技术②将逐渐进入移动网站建设中，为读者呈现功能更加丰富、体验更加良好的移动图书馆站点。

2007 年，苹果公司推出的 iPhone 产品，可以说开启了智能手机的新时代，彻底颠覆了人们对于移动电话的理解。2008 年 3 月，苹果对外发布了针对

① Kroski E. Library mobile initiatives. Library Technology Reports，2008，44（5）：33-38.
② 黄悦深. 基于 HTML5 的移动 Web App 开发. 图书馆杂志，2014，（7）：72-77.

iPhone 的软件开发工具包（Software Development Kit，SDK），供用户免费下载，以便第三方应用开发人员开发针对 iPhone 和 iTouch 的应用程序。同年 7 月 11 日，苹果应用商店（Apple Store）[①]正式上线，其是一个由苹果公司为 iPhone 和 iPod Touch 创建的服务，允许用户从 iTunes Store 浏览和下载一些使用 iPhone SDK 开发的应用程序。用户可以购买或免费试用，让该应用程序直接下载到 iPhone 或 iPod Touch 上，其中包含游戏、日历、翻译程式、图库及许多实用的软件。2008 年 10 月，为了给 Android 平台用户提供更多的应用，谷歌也推出了 Android 手机应用软件下载店——Android Market。2013 年 3 月，谷歌将 Android Market 更名为 Google Play Store[②]。移动互联网正式从围墙花园阶段进入 Web 商店阶段[③]，丰富的应用极大地扩展了智能手机的功能。

随着移动应用的普及，移动图书馆也进入了移动应用阶段。2010 年，上海图书馆在国内率先推出移动图书馆 APP[④]（图 1.4）。客户端包含了上海图书馆手机网站上的功能，如书目查询、证件有效期查询等，增加了讲座查询、展览查询、无线订票、开放时间与楼层查询等，并集成了“我的图书馆”的个性化服务，读者只要输入读者证号和身份证，即可进行续证、查阅借阅历史、续借等操作。利用手机具备的位置导航、拍照、语音输入等特点和多媒体功能，上海图书馆在手机客户端应用中融入了更多个性化服务，例如，在 OPAC 查询中增加语音及条码号扫描检索，将上海图书馆的“网上知识导航站”搬到手机上，让读者能够随时随地进行提问，并且提供全市图书馆的位置导航服务。其后，国家图书馆和重庆图书馆也于 2011 年开通移动图书馆应用服务。移动客户端已经成为国内外图书馆移动服务的重要形式，根据魏群义等[⑤]在 2013 年 5 月的调研结果，在国家图书馆及中国省级公共图书馆中，有 17 家图书馆开通了移动图书馆服务，其中 13 家图书馆提供移动 APP 服务；在美国顶尖 25 家公共图书馆中，有 21 家图书馆提供移动图书馆服务，其中 17 家拥有图书馆 APP。

微信是近几年相当流行和火爆的手机应用程序，对图书馆的移动服务也产生了积极的影响。微信（WeChat）[⑥]是腾讯公司于 2011 年 1 月 21 日推出的一个为智能终端提供即时通信（IM）服务的免费应用程序，微信支持跨通信运营商、跨操作系统平台通过网络快速发送免费语音短信、视频、图片和文字，同

① 苹果应用商店. http：//baike.baidu.com/view/2872719.htm.

② Google Play Store. http：//baike.baidu.com/view/8058648.htm.

③ 郎为民. 大话移动互联网. 北京：机械工业出版社，2012.

④ 张磊. 上海图书馆移动服务实践与创新. 图书情报工作，2013，57（4）：11-15.

⑤ 魏群义，袁芳，贾欢，等. 我国移动图书馆服务现状调查——以国家图书馆和省级公共图书馆为对象. 中国图书馆学报，2014，（3）：50-63.

⑥ 微信. http：//baike.baidu.com/subview/5117297/15145056.htm.

时，也可以使用共享流媒体内容的资料和基于位置的社交插件“摇一摇”“朋友圈”“公众平台”等服务插件。截止到 2015 年第一季度，微信已经覆盖中国 90%以上的智能手机，月活跃用户达到 5.49 亿人，用户覆盖 200 多个国家，超过 20 种语言。随着微信公众号的推出，图书馆纷纷入驻微信，通过微信为读者提供移动图书馆服务。根据陈明[①]在 2014 年 11 月针对“985”高校图书馆的调研，84.6%的“985”高校图书馆开通微信公众平台。根据张丹丹等[②]在 2014 年 9 月的针对省级公共图书馆的调研，开通微信公众平台的省级图书馆有 19 个，开通率为 61%，有 11 个省级公共图书馆的微信公众平台通过了认证。国内较早开通微信服务的图书馆是北京第二外国语学院图书馆[③]（开通时间为 2012 年 10 月，微信号：bisulib），如图 1.5 所示，它提供的服务主要有开馆时间、新书推荐、检索查询（我的借还情况、图书检索、CNKI 知网检索、外文资源检索）。

图 1.4 上海图书馆移动图书馆客户端

图 1.5 北京第二外国语学院图书馆微信公众号

① 陈明. 985 高校图书馆微信公众平台调查研究. 农业图书情报学刊，2015，(5)：91-93.
② 张丹丹，杨思洛. 省级公共图书馆微信公众平台利用情况调查和分析. 图书馆，2015，(6)：60-63.
③ 邓巍. 崭露头角的图书馆微信服务. 图书情报论坛，2013，(5)：38-41.

1.2.3 移动图书馆的服务模式

随着移动图书馆的发展，移动图书馆服务模式也呈现出多样化的趋势。何谓移动图书馆的服务模式，梁欣①对移动图书馆服务模式作如下定义，移动图书馆服务模式是指伴随着无线网络通信技术的进步，图书馆所采取的不同类型的移动服务实现方式。图书馆界的专家学者①~④普遍认为移动图书馆服务模式包括短信、WAP 网站与客户端应用等三种服务模式。江波等⑤认为，移动图书馆有五种服务模式，分别为短信、彩信、网站、APP 客户端和微信。笔者认为短信和彩信同属于短信息服务模式，没有必要将其分为两种服务模式，可以将短信和彩信合并为一种模式。另外，WAP 只是移动网站的实现技术之一，HTML5 等技术也将成为移动网站的重要实现技术，所以“WAP 网站”的称谓不够准确，应该称为“移动网站”。综上所述，移动图书馆的服务模式有四种，分别为短信息、移动网站、客户端应用和微信。

1. 短信息

短信息服务模式是指图书馆通过手机短信息方式提供相关信息服务的模式。短信息是率先被普遍应用的移动图书馆服务模式，也是历史最为悠久、使用范围最广、利用门槛最低的服务方式之一。

短信息服务模式的优势在于用户覆盖面广、速度快、性能稳定、费用低及操作简便。其优势主要体现在五个方面：①对于移动通信网络的覆盖面广。短信息服务对移动网络接入环境（如移动通信网络的类型、带宽、速率等因素）并没有太高的要求，无论是传统的 2G 网络，还是最新的 3G、4G 网络，只要移动通信网络能覆盖的地方，都是短信服务模式的覆盖范围。②移动终端的适应性强。短信息是与手机语音服务相并列的基础服务，短信服务不要求用户连接移动互联网，移动终端无需太高的软硬件配置，几乎所有的手机终端都能符合要求。③速度快，性能稳定。短信发送速度快，在移动网络正常情况下可以实现即时传达，信息传递非常稳定。另外，使用短信群发功能可以在短时间内完成重要信息的群体传递。④费用低。短信服务使用的成本非常低，个人收发短信只需 0.1 元/条，“套餐”方式使价格更为低廉。⑤操作

① 梁欣，过仕明. 移动图书馆服务模式探索. 图书情报工作，2013，57（9）：58-64.
② 高春玲. 中美移动图书馆服务 PK. 图书情报工作，2011，55（9）：44，63-66.
③ 魏群义，侯桂楠，霍然. 移动图书馆理论研究与实践应用综述. 图书情报知识，2012，（1）：80-85.
④ 施国洪，夏前龙. 移动图书馆研究回顾与展望. 中国图书馆学报，2014，（2）：78-91.
⑤ 江波，覃燕梅. 我国移动图书馆五种主要服务模式的比较研究. 图书馆论坛，2014，（2）：59-62，89.

简便。短信服务模式对用户的技能与素养要求较低，短信服务作为手机的基本功能，其操作简单、方便，只要用户具备基本的文化基础，就能很快掌握其应用方法。短信息服务模式的缺点在于消息格式简单，仅支持简单文本，无法传输图像、音频、视频等信息，因信息容量小，内容形式单一，难以实现复杂信息检索，交互性能较差。由于短信息的信息内容形式较为单一，部分图书馆[①~④]开始为读者提供彩信服务，彩信服务支持多媒体功能，能够传递包括文字、图像、声音、数据等各种多媒体格式的信息，但是发送成本相对较高。

短信息服务主要有四种服务形式：①信息推送服务，如专题信息推送、到期催还、预约到达通知、新书推介、讲座通知、欠费提醒、读者卡过期提醒等；②信息查询服务，如开放时间、借阅记录查询、新书查询、图书馆概况、联系方式等；③业务办理服务，如图书续借、读者卡挂失、图书预约等；④信息咨询服务，如意见与建议、咨询馆员等。部分服务需要读者通过手机绑定账号，完成账号验证才能开通，如查询借阅记录、图书续借、图书预约等。

短信息服务已经成为大部分图书馆提供的基本移动服务。国家图书馆[⑤]为读者提供了较为丰富的短信息服务，包括预约到达通知、图书催还、图书续借、读者卡挂失、读者卡过期提醒、读者意见与建议等，读者使用自己的手机按指定格式发送读者卡号和密码到国家图书馆短彩信服务代码106988106988，系统自动为手机开通服务，同时给该读者发送确认信息，即可完成短信服务的开通。表 1.2 为国家图书馆的短信服务操作指令集[⑥]。还有部分图书馆[⑦~⑩]定题制作专题信息，为读者进行专题彩信推送。短信息咨询在美国公共图书馆中的应用更为普遍，读者只需要将所要咨询的问题编辑成短信发送至指定号码即可完成问题提交，馆员通过短信直接回复读者的问题，

---

① 读彩信学鉴赏品国学——首都图书馆借助新媒体推出国学彩信信息服务. http：//www.clcn.net.cn/modules/information/view.php?id=88.

② 清华大学图书馆推出电子期刊最新信息彩信推送服务. http：//www.caigou.com.cn/News/Detail/79756.shtml.

③ 彩信服务. http：//lib.tsinghua.edu.cn/m/mms.html.

④ 泰达图书馆档案馆推出决策参考彩信手机报服务. http：//www.teda.gov.cn/html/teda_index2011/MYQ/2013-12-31/Detail_596740.htm.

⑤⑥ 国家图书馆短信服务介绍. http：//mobile.nlc.gov.cn/library/m/2012-11-14/detail_378992.html.

⑦ 读彩信学鉴赏品国学——首都图书馆借助新媒体推出国学彩信信息服务. http：//www.clcn.net.cn/modules/information/view.php?id=88.

⑧ 清华大学图书馆推出电子期刊最新信息彩信推送服务. http：//www.caigou.com.cn/News/Detail/79756.shtml.

⑨ 彩信服务. http：//lib.tsinghua.edu.cn/m/mms.html.

⑩ 泰达图书馆档案馆推出决策参考彩信手机报服务. http：//www.teda.gov.cn/html/teda_index2011/MYQ/2013-12-31/Detail_596740.htm.

如纽约公共图书馆（New York Public Library）、旧金山公共图书馆等。

表 1.2　国家图书馆的短信服务操作指令集

功能	指令	功能说明
获取开通服务帮助信息	DZ#GT	发送 DZ#GT 后系统将引导读者完成短信服务开通的操作
绑定手机号	DZ#KT#读者卡号#密码	读者卡用户手机绑定服务
图书续借	DZ#XJ#条码号	办理图书续借业务的操作
读者卡挂失	DZ#GS	办理读者卡挂失业务的操作
读者意见与建议	DZ#YJ#意见建议	向图书馆反馈个人意见建议的操作
查看帮助	DZ#H	查看所有的操作指令
解除绑定	DZ#TD	退订掌上国图读者服务短信的操作

2. 移动网站

随着移动互联网的发展，手机上网的设想和概念在世界各地开始流行，WAP 上网逐渐成为大众的首选。利用 WAP 等技术，打造适合手机访问的移动网站成为图书馆移动服务的新选择，移动网站功能丰富，交互便捷，是运用广泛的服务模式。相对于以信息推送见长的短信服务，图书馆 WAP 服务在信息查询和交互功能上的优势更加明显，这在很大程度上弥补了短信服务的不足①。

移动网站服务模式②是指构建手机、平板电脑等移动设备能够访问的网站来提供移动图书馆相关信息服务的模式。读者通过手机等移动设备登录图书馆移动网站，能够像在电脑上登录图书馆网站那样查看图书馆公告、查询馆藏书目和借阅记录、预约和续借图书等，而只要能够接入无线网络，这些操作随时随地都可以进行。移动网站的实现主要有两种方式：纯粹的移动网站（如 WAP 网站）、移动优化的 Web 网站。纯粹的移动网站主要采用 WAP 技术，随着 HTML5 的发展，未来 HTML5 有望成为图书馆移动网站构建的重要选择。

移动网站的功能非常丰富，除了传统的查询功能外，还可以集成数字资源检索、个人图书馆、全文阅读等功能。清华大学图书馆③打造的 WAP 网站不仅具有 OPAC 检索、个人图书馆等常规功能，还集成了数字化全文数据库、

① 宋恩梅，袁琳. 移动的书海：国内移动图书馆现状及发展趋势. 中国图书馆学报，2010，(5)：34-48.

② 江波，覃燕梅. 我国移动图书馆五种主要服务模式的比较研究. 图书馆论坛，2014，(2)：59-62，89.

③ 窦天芳，张成昱，张蓓，等. 移动互联网与传统互联网的服务融合——以清华大学图书馆 WAP 网站建设为例. 图书情报工作，2011，55 (9)：67-70，84.

异构电子资源数据库检索等功能。东南大学图书馆[①]利用 WAP 技术完成了移动网站的开发，实现了用户登录、馆藏目录查询、电子资源检索等功能。国家图书馆的移动网站掌上国图（WAP 地址：http：//wap.nlc.gov.cn/）集成了手机知网，可以在线阅读中国知网的海量文献。

除了采用 WAP、HTML5 等技术外，也有图书馆对 Web 网站进行移动优化，以方便移动终端的访问，满足用户的移动访问需求。2012 年，科罗拉多大学安舒茨医学校区（University of Colorado Anschutz Medical Campus）的健康科学图书馆[②]针对移动终端访问需求对图书馆的现有网站进行了优化，如果系统检测到访问的设备为智能手机，就自动跳转到移动优化页面，从而提升了移动用户的访问体验。成都医学院图书馆[③]的做法与此非常类似。

3. 客户端应用

2007 年，苹果公司推出的 iPhone 产品，开启了智能手机的新时代，彻底颠覆了人们对移动电话的理解。随着苹果应用商店和 Google Play Store 等应用商店的上线，丰富的应用程序极大地扩展了智能手机的功能，只需要安装相应的客户端应用即可通过手机完成购物、订票、旅游预订、支付、银行等业务。移动图书馆的客户端应用模式就是指图书馆针对移动终端开发的应用程序，图书馆发布 APP 供读者下载和安装，用户通过移动图书馆客户端享受图书馆提供的各项服务。客户端由于具有安装简单、功能丰富、升级方便、离线使用等优势，且可以集成手机的扫描、GPS 等模块功能，已经成为移动图书馆的重要服务模式，深受读者喜爱。根据魏群义等[④]的调研，在国家图书馆及中国省级公共图书馆中，有 17 家图书馆开通了移动图书馆服务，其中 13 家图书馆提供移动图书馆 APP 服务；在美国顶尖 25 家公共图书馆中，有 21 家图书馆提供移动图书馆服务，其中 17 家图书馆拥有图书馆 APP。

4. 微信

微信是近几年相当流行和火爆的手机应用程序，随着公众账号的推出，各个图书馆纷纷入驻微信，通过微信为读者提供移动图书馆服务，微信逐渐成为图书馆开展移动服务的新领地，微信图书馆逐渐成为图书馆提供微信服

---

① 罗涛，朱莹. 基于 WAP 的移动图书馆的研究与实现——以东南大学图书馆为例. 图书馆杂志，2013，32（8）：66-71.

② Yeh S-T，Fontenelle C. Usability study of a mobile website：The Health Sciences Library，University of Colorado Anschutz Medical Campus，experience. Journal of the Medical Library Association，2012，100（1）：64-68.

③ 曾满江，李勇文，刘娟，等. 提升用户体验的移动图书馆网站优化研究——以四川移动手机图书馆项目为例. 现代图书情报技术，2012，（1）：85-91.

④ 魏群义，袁芳，贾欢，等. 我国移动图书馆服务现状调查——以国家图书馆和省级公共图书馆为对象. 中国图书馆学报，2014，（3）：50-63.

务的代名词。微信图书馆[①]是指通过腾讯微信公众平台，来实现与图书馆自动化系统的对接，以实现基本的图书馆功能，如书目查询、借阅情况查询、预约、续借等，并能实现信息推送、信息交互等功能。重庆大学图书馆于 2014 年 3 月开通微信图书馆服务（微信公众号：cdweitu，如图 1.6 所示），主要有资源信息（超星发现、OPAC 检索、语音检索、借阅信息、书评中心）、智慧图书馆（阅览室订座、二维码门禁、社会服务、个人中心）和信息快递（通知公告、讲座培训、新书通报、试用数据库、联系我们）三个模块，同时为读者提供图书借阅超期提醒等人性化服务。

图 1.6　重庆大学微信图书馆

注：截图时间为 2015 年 8 月 30 日

① 周培培，席闯，潘洁. 移动图书馆与微信图书馆的比较研究. 大学图书情报学刊，2015，(2)：17-20.

微信不仅拥有用户数量多的优势，同时具有个性化与多媒体化的特征，其传播对象呈现出年轻化和高学历的特点，与高校图书馆的服务对象具有较高的重合度。另外，微信建设成本低、支持多平台，腾讯的微信平台是免费的，并为所有单位提供开放的 API 接口。微信图书馆在国内图书馆中的渗透率较高，已经成为移动图书馆不可忽视的一种服务形式。根据陈明[①]的调研，“985”高校中 84.6%的院校图书馆开通了微信服务。根据张丹丹等[②]的调研，61%的省级公共图书馆开通了微信公众平台，其中有 11 个省级公共图书馆的微信公众平台通过了认证，认证率为 58%。

1.2.4 移动图书馆四种服务模式的比较

江波等[③]将短信息服务模式分为短信息和彩信息，并对于移动图书馆的服务模式的优点和缺点进行了分析和详细比较。对移动图书馆的四种服务模式进行的综合比较，如表 1.3 所示。

表 1.3 移动图书馆四种服务模式综合比较表

服务模式	读者覆盖率	服务多样性	服务主动性	读者交互性	建设维护成本	日常服务成本
短信息	高	较差	好	较差	低	较高
移动网站	较低	较好	差	较好	较高	低
客户端	低	好	较好	好	高	低
微信	低	好	较好	好	较低	低

从表 1.3 可以看出，短信的读者覆盖率最高，因为几乎所有的智能手机都支持短信功能，并且一般的功能手机因无法安装应用程序，所以无法使用客户端和微信服务；从服务的多样化和功能的多样化来看，短信服务较差，客户端和微信的功能最为丰富，移动网站次之；从服务的主动性来看，短信的主动性最高，信息的达到率极高，移动网站因为需要打开浏览器才可以使用，所以主动性最差。短信由于交互性最差，难以实现有效的用户交互。从建设成本来看，短信服务系统搭建最为经济，其次是微信，因为微信平台是免费的，并且自动实现了跨平台。客户端则是最昂贵的移动服务模式，开发成本高，如果要覆盖 iOS、Android、WP（Windows Phone）等移动平台的话，开

① 陈明. 985 高校图书馆微信公众平台调查研究. 农业图书情报学刊，2015，(5)：91-93.
② 张丹丹，杨思洛. 省级公共图书馆微信公众平台利用情况调查和分析. 图书馆，2015，(6)：60-63.
③ 江波，覃燕梅. 我国移动图书馆五种主要服务模式的比较研究. 图书馆论坛，2014，(2)：59-62，89.

发成本将大幅提高，而且后续的维护成本也非常高。因发送短信营运商需要收费，所以短信的日常服务成本较高。从图书馆移动服务运行情况来看，为了满足各类移动终端用户的使用需求，大部分图书馆都尽量覆盖了以上四种服务模式，如重庆大学图书馆、上海图书馆、国家图书馆等。部分图书馆采用自行开发和维护移动图书馆的方式，造成技术部门的运行维护压力较大，如何做到既提升读者的覆盖面，又相对缩减移动服务的运行成本，这是一个需要解决的难题，也是本书重点研究的问题之一。

1.3 云服务有关概念

1.3.1 云计算与云服务的定义

云计算的定义有多种说法。对于到底什么是云计算，至少可以找到 100 种解释。现阶段广为接受的是美国国家标准与技术研究院（NIST）的定义，云计算[①②]是对基于网络的、可配置的共享计算机资源池能够方便的、随需访问的一种模式。这些可配置的共享资源计算池包括网络、服务器、存储、应用和服务。在云计算的概念中，硬件和软件都是资源，并被封装为服务，用户可以通过网络按需地访问和使用，这也是云计算的核心原则。

云计算服务，即云服务。中国云计算服务网的定义[③]是：云计算服务指可以拿来作为服务提供使用的云计算产品，包括云主机、云空间、云开发、云测试和综合类产品等。

1.3.2 云计算的基本特征

在云计算中，软硬件资源以分布式共享的形式存在，可以被动态地扩展和配置，最终以服务的形式供用户使用。一般来说，云计算的基本特征[④]有以

① 雷万云. 云计算技术、平台及应用案例. 北京：清华大学出版社，2012.
② 云计算. http：//baike.baidu.com/view/1316082.htm.
③ 云计算服务. http：//baike.baidu.com/view/6696909.htm.
④ 郎为民. 大话云计算. 北京：人民邮电出版社，2012.

下几点。

1. 按需服务

按需分配，是云计算平台支持资源动态流转的外部特征表现。“云”是一个庞大的资源池，包括网络、服务器、存储、应用和服务，用户根据自身需求进行选择和购买，云计算服务甚至可以像自来水、电、煤气那样计费。

2. 虚拟化

云计算支持用户在任意位置使用各种终端获取各项应用服务。用户所请求的资源来自“云”，应用在“云”中某处运行，但实际上用户无需了解、也不用担心应用运行的具体位置。只需要一个终端（个人计算机甚至手机），就可以通过网络服务来完成各项工作任务。

3. 高可靠性

用户总是担心存储在电脑中的重要资料会因为软硬件故障而丢失，云计算出现之前，用户一般采用移动硬盘、电脑互相备份等方式进行资料备份。如今市面上琳琅满目的云存储服务将彻底打消用户的顾虑，轻松实现重要资料的安全存储和备份，这就是云服务带来的高可靠性。“云”使用了数据多副本容错、计算节点同构可互换等措施来保障服务的高可靠性，使得云计算比本地计算机更为安全和可靠。

4. 通用性

云计算并不针对特定的应用，在“云”的支撑下可以构造出千变万化的应用，同一个“云”可以同时支撑不同的应用运行。

5. 高可扩展性

高可扩展性是指一种对资源快速和弹性地提供，并且同样对资源快速和弹性地释放的能力。对用户来说，“云”的规模可以动态伸缩，满足应用和用户规模增长的需要。云计算可以弹性地提供所利用的资源，用户可根据需要随时增加或减少所使用的资源。用户可以利用的资源看起来似乎是无限的，并且可在任何时间、任何地点按需求获取任意数量的资源。

6. 极其廉价

由于“云”的特殊容错措施可以采用极其廉价的节点来构成云，“云”的自动化集中式管理方式使大量企业无需负担日益高昂的数据中心管理成本，“云”的通用性使资源的利用率较之传统系统大幅提升，因此，用户可以充分享受“云”的低成本优势。

7. 潜在的危险性

云计算服务除了提供计算服务外，还必然提供了存储服务，这就带来了数据安全的潜在危险。政府机构、商业机构（特别像银行这样持有敏感数据的商业机构）对于选择云计算服务应保持足够的警惕。信息社会中“信息”是至关重要的。所有这些潜在的危险，都是商业机构和政府机构选择云计算服务，特别是国外机构提供的云计算服务时，不得不考虑的一个重要的前提。

1.3.3 云计算的三大服务模式

云计算的主要概念都源自“一切皆服务”，云计算的三大服务模式分别为基础设施即服务（Infrastructure as a Service，IaaS）、平台即服务（Platform as a Service，PaaS）和软件即服务（Software as a Service，SaaS）。

1. IaaS

IaaS 为客户提供完善的计算机基础设施服务（含硬件和底层软件），为客户提供处理、存储、网络，以及基础计算资源，通过创造虚拟的数据中心，把内存、I/O 设备、存储和计算机能力集中起来形成一个虚拟的资源池，并根据客户对资源的实际使用量或占用量进行收费。IaaS 就像云中的标准厂房，可供电、供水、供气。客户租用标准厂房后，只需要再购置机器和雇佣工人即可。

IaaS 具有免维护、经济性高、标准开放、应用支持广泛、可扩展性强的特点[①]。目前 IaaS 的代表产品有亚马逊 EC2、IBM Blue Cloud、思科 USC 和 Joyent 等。

2. PaaS

PaaS 是指以服务形式为开发人员提供开发环境、服务器平台和硬件资源，使其能够在这个平台上开发新的应用，或者扩展已有的应用。用户并不需要管理和控制云的基础设施、网络、服务器、操作系统或者存储，但用户可以控制部署应用，对应用环境进行配置。

与当前基于本地的开发和部署环境相比，PaaS 平台具有开发环境友好、

① 郎为民. 大话云计算. 北京：人民邮电出版社，2012.

服务类型丰富、管理监控精细、可扩展性强、采用多租户机制、整合率高等优点[1]。其典型的产品包括 Salesforce 的 Force.com、Google 公司的 Google APP Engine、微软的 Windows Azure 平台、亚马逊的 AWS 云计算平台和 Heroku 等。

3. SaaS

SaaS 是最成熟、最知名，也是应用最为广泛的一种云计算模式。SaaS 指提供商通过互联网为用户提供应用软件服务，用户通过按需付费的方式从提供商订购并使用应用软件服务，不需要购买软件和相应的基础设施，也无需对软件进行升级和维护。SaaS 模式，对于用户来说实现了零安装、零维护和零剩余。

与传统桌面软件相比，SaaS 的优势在于使用简单、安全性高、初始成本低等。其典型产品包括 Google Apps、Salesforce CRM、Microsoft Office Web Apps 和用友伟库 CRM 等[1]。

1.3.4 云计算的部署模式

云计算的部署模式包括私有云（Private Cloud）、公有云（Public Cloud）和混合云（Hybrid Cloud）。[2]

1. 私有云

私有云是指某个企业单独构建和使用云环境，IT 能力通过企业内部网，在防火墙内以服务的形式为企业内部用户提供，私有云的所有者不与其他企业或组织共享任何资源。

2. 公有云

公有云是由若干企业和用户共同使用的云环境，业务和功能以服务的形式，通过互联网来为广泛的外部用户提供。

3. 混合云

混合云是整合了公有云和私有云所提供服务的云环境。用户根据自身因素和业务需求选择合适的整合方式，制定其使用混合云的规则和策略。

① 郎为民. 大话云计算. 北京：人民邮电出版社，2012.
② 虚拟化与云计算小组. 云计算实践之道战略蓝图与技术架构. 北京：电子工业出版社，2011.

1.4 云服务在图书馆中的应用

云计算作为一种 IT 基础设施与服务的交付和使用模式，它的出现深刻地影响着互联网的服务模式。图书馆的职责是信息组织和知识传递，图书馆历来是 IT 新技术实践的重要场所，新技术的应用常常在图书馆率先开启。联机计算机图书馆中心（Online Computer Library Center，Inc.，OCLC）启动的“Web 级合作型图书馆管理服务”是图书馆界接受云服务的重要标志性事件[①②]。2009 年 4 月，OCLC 宣布推出基于 WorldCat 书目数据的“Web 级合作型图书馆管理服务”，这是图书馆界公认的第一个云计算服务[③]，这也宣布了图书馆界正式进入云服务时代。美国国会图书馆与 DuraSpace 公司合作的 DuraCloud 项目是图书馆对云服务进一步应用的重要见证[④⑤]。该试点项目的主要目的是检测云技术在维持数字内容永久访问上的性能。DuraCloud 项目通过云计算，使一个机构在不需要本地构建技术基础设施的情况下能够提供数据的存储和访问。尽管云服务在云存储、云基础设施服务、图书馆管理系统（LIS）等方面给图书馆带来了机遇[⑤]，但也有学者担心云服务会给图书馆管理带来不小的挑战。胡小菁与范并思[⑥]认为，云服务时代图书馆管理面临的挑战包括可替代性问题、标准问题、数据安全和保密问题、知识产权问题。机遇与挑战并存，随着云计算的不断发展，云计算在图书馆的应用逐渐增多，并得到图书馆界的认可。

1.4.1 图书馆云服务平台

云计算给图书馆的自动化系统、图书馆管理系统、数字图书馆平台带来了新的理念，图书馆云服务平台层出不穷。云计算已经深入到图书馆的业务管理平台。OCLC 已经为图书馆提供了全套云计算图书馆信息管理服务产品[⑦]，

① OCLC. OCLC Announces Strategy to Move Library Management Service to Web Scale. http：//www.oclc.org/news/releases/200927.htm.

② OCLC 的云计算图书馆自动化系统. http：//catwizard.net/posts/20090427070718.html

③ 刘炜. 图书馆需要一朵怎样的“云”?. 大学图书馆学报，2009，(4)：2-6.

④ NDIIPP. Dura Cloud to Test Cloud Technologies for Digital Preservation. http：//digital-scholarship.org/digitalkoans/2009/07/15/duracloud-to-test-cloud-technologies-for-digital-preservation/.

⑤ 孙坦，黄国斌. 基于云服务的图书馆建设与服务策略. 图书馆建设，2009，(9)：1-6.

⑥ 胡小菁，范并思. 云计算给图书馆管理带来挑战. 大学图书馆学报，2009，(4)：7-12.

⑦ 温钊健. OCLC Worldcat 云计算数字图书馆模型. 图书情报工作，2012，56（15）：54-60.

该产品包括联合合作编目、馆际互借资源共享、WorldCat.org、WorldCat Local、QuestionPoint、Contentdm、流通管理、采购管理、版权管理等九个功能模块①，涵盖了图书馆几乎所有服务和业务管理工作。对 Worldcat 数字图书馆而言，云计算技术为其本身和成员馆都带来了巨大的效益，其效益主要体现在以下两方面：大幅提高信息资源利用率、充分整合信息资源。Proquest 公司也已宣布将推出纯 SaaS 架构的图书馆自动化管理系统 ITOTA。

在中国，采用云计算打造的图书馆云服务平台不也少。结合云计算、SaaS、Web2.0、SOA 等技术，基于 CALIS“十五”成果和三期建设目标，王文清和陈凌②提出了 CALIS 云战略和相应的数字图书馆云服务平台（即 Nebula 平台）模型。该模型适合于构建大型分布式的公共数字图书馆服务网络，能将分布在互联网中各个图书馆的资源和服务整合为一个整体，形成一个可控的自适应的新型服务体系。谢原等③提出了图书馆联盟云计算服务平台的架构设计，并实现了吉林省图书馆联盟云服务平台建设，云平台包括书刊管理子平台、知识发现与获取子平台、数字资产管理子平台、云存储子平台和基础架构服务子平台等。魏达贤和谢强④基于云计算技术提出的国家数字图书馆基层服务云，旨在实现服务云内各级数字图书馆之间的资源与服务的共建共享，为读者提供一个资源丰富、获取便捷的数字图书馆服务云，主要建设内容有硬件资源的云共享、数字资源的云建设、业务系统的云服务和信息资源的云服务。赵美凯⑤基于 Eucalypts 构建了数字图书馆私有云服务系统，成功地将数字图书馆系统中的统一检索、数字仓储、资源加工、网页采集、论文提交等各子系统，以及图书馆自动化系统灵活部署到数字图书馆私有云中的不同虚拟机上。刘乃强等⑥提出了图书馆 SaaS 知识服务云平台应用体系结构，构建图书馆 SaaS 模式知识服务云平台。2015 年 6 月，内蒙古医科大学“数字图书馆”系统门户成功上线（网址：http：//lib.notefirst.com/libnews/19172/default.aspx），图书馆携手 IBM 利用云计算等创新技术，基于 IBM-PMC 云管理平台，首次携手国内高校图书馆打造“云图书馆”。

---

① 周津慧，初景利. 分报告七：OCLC 考察报告. 数字图书馆论坛，2011，(1)：61-70.

② 王文清，陈凌. CALIS 数字图书馆云服务平台模型. 大学图书馆学报，2009，(4)：13-18，32.

③ 谢原，张静鹏，周秀霞. 图书馆联盟云计算服务平台的设计与实现——以吉林省图书馆联盟云服务平台建设为例. 情报科学，2012，30 (12)：1854-1857.

④ 魏达贤，谢强. 基于云计算的国家数字图书馆基层“服务云”研究. 国家图书馆学刊，2012，(4)：41-47.

⑤ 赵美凯. 基于 Eucalypts 的数字图书馆私有云服务系统的研究与实现. 北京邮电大学硕士学位论文，2012.

⑥ 刘乃强，武巍泓. 构建图书馆 SaaS 模式知识服务云平台. 图书馆工作与研究，2010，(9)：28-31.

1.4.2 云存储平台

云存储[①]是指通过集群应用、网格技术或分布式文件系统等功能，将网络中大量的各种不同类型的存储设备通过应用软件集合起来协同工作，共同对外提供数据存储和业务访问功能的一个系统。与传统的存储设备相比，云存储不仅仅是一个硬件，而且是一个由网络设备、存储设备、服务器、应用软件、公用访问接口、接入网和客户端程序等多个部分组成的复杂系统。随着数字资源的不断增加，加之图书馆数字化进程的不断推进，图书馆面临的存储压力不断增加，主要是硬件增加带来的预算压力，还有安全存储的压力。云存储服务为图书馆存储带来了新的选择。云存储服务为图书馆节约了数据存储、维护和管理等多项成本，借助云存储服务，图书馆可以提供内容更加丰富的服务。

马晓亭和陈臣[②]基于亚马逊网络服务（AWS）研究，提出了一种基于 AWS 云服务平台的数字图书馆云基础设施构建方案，该建设方案具有较高成本收益、可靠、灵活、全面的特点。李爱勤等[③]将云存储引入数字图书馆资源存储中，构建了基于体系结构、拓扑结构及功能模块三方面的数字图书馆资源云存储方案。随着图书馆界对云计算的认识不断深入，图书馆采用云存储的案例逐渐增多。为减少重复建设与投入，提高资源利用率，温州构建了一个区域联盟的图书馆数据云存储服务中心[④]，建成了一个功能全面、资源丰富、全市图书馆共享的数字资源库，数据中心以温州大学图书馆机房作为主要的云存储数据中心。云存储中心的建立有力地推动了图书馆联盟成员馆之间的信息资源共享，改进了图书馆的服务方式，提升了服务效果，更广泛地发挥了图书馆联盟的作用。伞红和王涛[⑤]采用 IBM 服务交付管理器（IBM Service Delivery Manager，ISDM）打造了湖北省图书馆云计算中心，云平台管理包含云计算资源管理平台、云计算计费管理平台、云计算安全平台等。云计算中心不仅提供更好的基础架构及信息资源共享，提高业务系统的稳定性，同时克服业务访问瓶颈，降低了维护运营费用。加利福尼亚大学图书馆的数字图书馆运维体系曾遇到经费短缺、技术压力和安全隐患三方面的问题，向校园私有云和专业开放云迁移的组合策略成为解决这些问题的首要对策。通过渐

① 云存储. http：//baike.baidu.com/view/2044736.htm.

② 马晓亭，陈臣. 基于亚马逊 AWS 云服务的数字图书馆云计算基础设施构建. 情报科学，2013，31（1）：46-51.

③ 李爱勤，鲍凌云，冯晓娜. 数字图书馆资源云存储模型研究. 现代情报，2012，32（2）：48-50.

④ 邹晴枫. 区域联盟图书馆云计算服务中心的构建——以温州大学图书馆为例. 图书馆理论与实践，2014，（6）：92-95.

⑤ 伞红，王涛. 图书馆的云计算中心建设——以湖北省图书馆为例. 图书馆杂志，2012，（12）：68-71.

进式的分批次过程，图书馆集成系统、馆际互借系统、内容管理系统和校外访问代理系统先后迁移到软件商托管云、OCLC 公共云和校园私有云平台，最终实现图书馆基于 IaaS 层的全面云端化[①]。

1.4.3 数字资源服务

随着数字图书馆的迅速发展，数字资源成为图书馆文献资源的重要部分。保持数字资源访问服务的稳定性，是所有图书馆技术部门的重要工作，事关读者对图书馆服务的满意度。如果不考虑资源长期保存这个因素，数字资源走向云服务是必然的。因为在云服务环境下，数字资源访问更为稳定和高效，而且有利于解决高峰时段资源访问速度慢的瓶颈。高校图书馆数字资源采购联盟（Digital Resource Acquisition Alliance of Chinese Academic Libraries，DRAA）于 2011 年启动高校图书馆集团采购管理系统 DRAA 新门户建设项目[②]，新门户体系架构中的“云”思想主要体现在硬件虚拟化、服务联合化、数据云朵化三个方面。新门户的建设部分实现图书馆资源迁出和存储整合，定期收集、整合、维护和存储资源数据，实现本馆引进资源的导航与评估功能，避免了各成员馆资源重复整合却又难以共享的问题。美国俄亥俄州图书馆与信息合作网（Ohio LINK）使用亚马逊云服务管理一些公共数字资源，匹兹堡大学使用 EC2 服务托管该馆的网站，用 S3 服务备份图书馆集成系统，并且还计划用 Flickr 和 EC2 服务管理未来的数字馆藏资源[③]。

1.5 移动图书馆研究现状

1.5.1 移动图书馆用户研究

用户是图书馆服务体系构建的核心，所有服务都是以用户为中心。对于移动图书馆用户的研究，一直以来都是学界研究的热点，主要包括用户需求、

① 严潮斌，于国辉，段漉希，等. 加州大学图书馆多平台云迁移策略研究. 图书情报工作，2013，57（11）：49-54.

② 吴元业. 图书馆联盟云计算应用研究——以 DRAA 新门户为例. 图书馆论坛，2014，（3）：103-106.

③ 陆颖隽，郑怡萍，邓仲华. 美国图书馆的云服务. 图书与情报，2012，（3）：16-21.

用户行为和用户差异研究等。

在用户需求研究方面，国内外学者开展了深入的研究。Jonathan Hey 等①采用以用户为中心的设计方法，根据教师、学生、家长对移动图书馆服务改善非正式环境中科技学习的理解进行用户需求分析，并基于需求分析结果提出移动图书馆基础结构的设计开发建议。Seema Chandhok 等②采用问卷法和访谈法，调查了远程学习者对各种移动图书馆服务类型的需求情况（包括入学状态查询、通知服务、短信服务、微博展示等），并提出了集成电子资源和其他信息服务的移动学习图书馆服务模型。Jamie Seeholzer 等③采用焦点小组方式，对肯特州立大学的学生使用移动网页的体验、感知、期望展开调研，研究表明学生对于通过移动互联网使用研究数据库、OPAC、咨询服务、短信服务等非常感兴趣。Joel Cummings 等④采用开放式问卷调查方式，调研学生对于使用移动终端访问图书馆各项服务的意愿，结果表明 58.4%的学生愿意使用 PDA、手机等设备检索图书馆 OPAC。Yoo-Seong Song 等⑤针对伊利诺伊州立大学（UIUC）商学院的国际学生展开调研，结果发现 82%的国际学生拥有智能手机，24.8%的学生拥有平板电脑，仅 11.9%的学生有电子书阅读器；学生使用移动终端的最主要用途是交流，其次是访问社交网络和信息检索。Gillian Nowlan⑥针对加拿大的七个学术图书馆进行调研，结果发现 95.4%的学生拥有智能手机，75%的智能手机用户使用手机访问移动网络。Ivana Pazur⑦调研了克罗地亚的科学家对于移动服务的态度，调研表明大多数科学家拥有智能手机、平板电脑或平板手机，且它们主要用于非学术目的（包括短信、Email、打电话和照相）；64%的科学家表示需要图书馆的移动服务，30%的人表示无法决定。Amit Kumar⑧针对印度贾瓦哈拉尔·尼赫鲁大学的学生开展移动服务

① Hey J，Sandhu J S，Newman C，et al. Designing mobile digital library services for pre-engineering and technology literacy. International Journal of Engineering Education，2007，23（3）：441-453.

② Chandhok S，Babbar P. M-learning in distance education libraries：A case scenario of Indira Gandhi National Open University. The Electronic Library，2011，29（5）：637-650.

③ Seeholzer J，Salem J A. Library on the go：A focus group study of the mobile web and the academic. library. College & Research Libraries，2011，72（1）：9-20.

④ Cummings J，Merrill A，Borrelli S. The use of handheld mobile devices：Their impact and implications for library services. Library Hi Tech，2010，28（1）：22-40.

⑤ Song Y-S，Lee J-M. Mobile device ownership among international business students：A road to the ubiquitous library. Reference Services Review，2012，40（4）：574-588.

⑥ Nowlan G. Going mobile：Creating a mobile presence for your library. New Library World，2013，114（3/4）：142-150.

⑦ Pazur I. Attitude of the Rudjer BoškovicInstitute's scientists to the small screen mobile devices library services. Library Hi Tech，2014，32（4）：628-644.

⑧ Kumar A. Students opinion about thesuccess of mobile technology in libraries：A case study of Jawaharlal Nehru University（JNU），New Delhi. New Library World，2014，115（9/10）：471-481.

调研，研究表明大部分学生利用智能手机享受移动服务的乐趣，并愿意使用图书馆的移动服务。中国的学者也开展了大量的用户需求研究。茆意宏[①]通过分类、分层随机抽样方式对北京、南京、上海、杭州、深圳等地用户对图书馆移动信息服务需求进行调查分析，结果表明，在信息内容需求方面，图书馆用户对专业性阅读和休闲性阅读都有需求，对专业性阅读需求程度高于休闲性阅读，内容载体形式以图书、期刊和报纸为主。周怡等[②]针对复旦大学学生的移动服务需求进行调查，结果表明，学生对于借阅到期提醒、预约到馆提醒、馆藏目录查询、续借、预约、查询个人借阅情况、WAP 网站访问等都有较高的需求。李文芳等[③]针对华中科技大学图书馆读者进行了移动图书馆需求的问卷调查，调查发现，81.8%的被调查者表示愿意通过移动设备随时随地检索图书馆资源和获得图书馆服务。

移动用户行为研究方面，朱多刚[④]提出感知有用性、感知易用性、感知成本、使用态度、使用行为意向变量间相互影响关系的假设，形成高校学生对移动图书馆使用行为意向的影响因素概念模型。在对武汉市高校学生问卷调研的基础上，通过结构方程模型分析，结果表明：感知有用性对使用行为意向具有显著的正向影响；感知有用性对使用态度具有显著的正向影响；感知易用性对感知有用性有正向显著影响；感知成本对使用态度有显著负向影响；使用态度对使用行为意向有显著正向影响。Chiao-Chen Chang[⑤]使用整合型科技接受模式（UTAUT）和结构方程模型（SEM）研究大学图书馆用户使用移动图书馆程序的用户行为意向，并提出移动程序的效率直接影响用户的使用意愿。Danielle Andre Becker 等[⑥]针对亨特大学的学生开展调查研究，研究发现越来越多的学生将移动终端用于教育和学习，即使在可以使用笔记本电脑和个人计算机的情况下，学生也非常愿意使用移动终端。Shun Han Rebekah Wong[⑦]对于移动网站和移动 APP 两种服务形式进行用户偏好调研，结果发现

① 茆意宏. 面向用户需求的图书馆移动信息服务. 中国图书馆学报，2012，38（1）：76-86.

② 周怡，张敏，李莹. 复旦大学移动图书馆用户需求及体验的调查与分析. 上海高校图书情报工作研究，2012，（2）：28-34.

③ 李文芳，方红，刘红丽. 高校移动图书馆建设：基于华中科技大学移动图书馆用户需求的调查与分析. 高校图书情报论坛，2012，11（2）：34-37，50.

④ 朱多刚. 高校学生使用移动图书馆的行为意向研究. 图书情报知识，2012，（4）：75-80.

⑤ Chang C-C. Library mobile applications in university libraries. Library Hi Tech，2013，31（3）：478-492.

⑥ Becker D A，Bonadie-Joseph I，Cain J. Developing and completing a library mobile technology survey to create a user-centered mobile presence. Library Hi Tech，2013，31（4）：688-699.

⑦ Wong S H R. Which platform do our user sprefer：Website or mobile app? Reference Services Review，2012，40（1）：103-115.

用户对于这两种服务形式的使用基本一致，没有明显的偏好性。郑德俊[①]从访问目的、服务项目的重要性评价、平台的偏好，以及对移动图书馆服务缺陷的感知等视角开展用户需求的调查，结果表明：用户对调查项目的重要性排序是不相同的，在使用方式的偏好和不满因素方面是有差异的，且不同性别、不同学历层次的用户也存在一定的认知差异。

用户差异研究方面，Alexia Hudson[②]研究了文化多样性和性别对移动服务的影响，结果表明男性白人和女性非裔美国人更加愿意通过移动设备使用咨询服务，女性白人更愿意通过移动终端使用电子图书和电子杂志。Tiong-Thye Goh[③]研究了性别对于短信检索服务的影响。Pnina Shachaf 等[④]对文化多样性与用户需求在虚拟参考咨询服务环境下的关系进行了研究，识别了跨文化用户群体使用虚拟服务时在信息选择行为方面的共性和差异，为馆员满足跨文化用户需求提供了帮助。Noa Aharony[⑤]则调研了馆员对于移动服务的态度。

1.5.2 移动技术在移动服务中的应用

随着移动技术的发展和进步，移动技术在移动图书馆中得到了更多的应用，既丰富了移动服务的内涵，又提升了用户体验。当前在移动服务中应用的移动技术主要有二维条码、位置服务、虚拟现实和响应式网页设计（Responsive Web Design，RWD）。

二维条码是移动互联网时代的重要应用元素之一。智能手机的普及使得二维条码的核心价值凸显，被广泛用于移动广告、移动票务等领域[⑥]。二维条码[⑦]是指在一维条码的基础上扩展出另一维具有可读性的条码，它使用黑白矩形图案表示二进制数据，经设备扫描可获取其中所包含的信息。常见的二维

① 郑德俊，沈军威，张正慧. 移动图书馆服务的用户需求调查及发展建议. 图书情报工作，2014，58（7）：46-52.

② Hudson A. Measuring the impact of cultural diversity on desired mobile reference services. Reference Services Review，2010，38（2）：299-308.

③ Goh T-T. Exploring gender differences in SMS-based mobile library search system adoption. Educational Technology & Society，2011，14（4）：192-206.

④ Shachaf P，Snyder M. The relationship between cultural diversity and user needs in virtual reference services. The Journal of Academic Librarianship，2007，33（3）：361-367.

⑤ Aharony N. Librarians' attitudes towards mobile services. Aslib Proceedings：New Information Perspectives，2013，65（4）：358-375.

⑥ 许统. 手机二维码在国内的发展及应用. 电脑与信息技术，2011，（6）：62-63.

⑦ 二维码. http：//baike.baidu.com/view/132241.htm.

条码有 QR 码，QR 码由日本 Denso-Wave 公司于 1994 年 9 月研制成功。QR 是英文 Quick Response 的缩写，即快速反应之意，源自发明者希望二维码的内容可以被快速解码。二维码在日本、韩国和美国的图书馆中得到了广泛的应用①，日本的图书馆使用二维码，方便用户扫描进入图书馆的手机登录端口、个人图书馆、查询借阅记录、预约讲座等；韩国的图书馆使用二维码验证读者身份、查询借阅情况等；美国的图书馆允许用户使用二维码将资源下载到手机中。二维码技术在中国图书馆界也得到了广泛的应用。清华大学图书馆②将在 OPAC、迎新导引、读者手册获取和密集书架控制等场景中广泛应用二维条码技术，读者扫描二维码直接获取题名、索书号及馆藏地等信息；新生通过智能手机识别二维条码，可以很快获取适用于手机显示的楼层平面图；将读者手册制作成手机电子书，以二维条码的形式发布在相关网站或者宣传海报上供读者下载；扫描二维码还可以自动开启密集书架。上海图书馆③将二维码应用在图书馆馆藏的展示服务中。在 2009 年上海图书馆馆藏家谱精品展上，上海图书馆尝试了二维码的技术，将其用于向读者和参观人员推出数字展览信息服务。在展览中参观者可以利用手中任何一款可拍照手机读取二维码，以获取展品的信息介绍和照片，手机上不仅可以立刻显现出展品的相关信息，而且可以利用该链接定位到上图的家谱网站，浏览丰富的家谱内容。重庆大学图书馆④将二维码用于微信图书馆服务，读者扫描二维码不仅可以进行身份验证，通过门禁，还可以预定自习座位。王金秀⑤通过对“211”高校图书馆中二维码技术的应用调查，发现应用二维码技术的高校图书馆主要集中在直辖市和华东地区，应用领域包括书目检索系统、移动图书馆、微博、微信等方面。

位置服务⑥又称定位服务，位置服务是由移动通信网络和卫星定位系统结合在一起提供的一种增值业务，通过一组定位技术获得移动终端的位置信息（如经纬度坐标数据），并将其提供给移动用户本人或他人及通信系统，实现各种与位置相关的业务，实质上是一种概念较为宽泛的与空间位置有关的新型服务业务。GPS 模块已经成为智能手机的标准配置，为移动图书馆的

① 孙晓瑜，王荣宗. 国外手机二维码技术在图书馆中的应用及启示. 图书馆学研究，2011，(6)：23-25.

② 张蓓，张成昱，姜爱蓉，等. 二维条码在移动图书馆服务拓展中的应用探索. 图书情报工作，2013，57（4)：21-24.

③ Google Play Store. http：//baike.baidu.com/view/8058648.htm.

④ 重庆大学“高大上”占座方式：图书馆微信扫码. http：//edu.people.com.cn/n/2014/0911/c1053-25639446-2.html.

⑤ 王金秀. 我国高校图书馆二维码技术应用调查研究. 国家图书馆学刊，2014，(4)：58-63.

⑥ 位置服务. http：//baike.baidu.com/view/3214499.htm.

位置服务（如交通引导、书架定位和引导等）提供了基本的硬件条件。美国很多公共图书馆[①]的移动图书馆都提供了位置服务，通过 Google 地图为读者进行交通路线导航，以便尽快抵达图书馆。陈国钢[②]提出基于室内位置服务的图书馆服务传导模式，并基于传导特点衍生出签到、导览、跟踪、社区交流等新型服务。周朴雄等[③]在分析了移动信息服务的现状和移动信息推送需求的基础上，结合已有的信息推送技术，提出了一种基于 Agent 和位置服务的移动信息推送服务模型。Jim Hahn[④]提出了基于位置服务的推荐服务系统，以便读者获取更多有关的纸本和电子资源。近几年大热的室内定位技术，通过检测室内 Wi-Fi、蓝牙、RFID、LED 等的信号强度和物理位置计算移动终端位置，提供基于室内位置的增值服务，根据室内位置推送及时、有用的信息，变革服务、提高效率。室内定位还提供用户流动分析工具，统计每个服务场所的人流流量、平均逗留时间，以更好地了解用户和优化服务。薛涵[⑤]以哈尔滨工程大学图书馆借阅书库为实验环境，研究基于 WLAN 的室内定位技术和虚拟现实技术设计并实现实时虚拟导航的图书定位系统。此系统可以为读者实时提供所处位置与书籍存放地点之间的路线导航，方便读者更准确、及时地找到所需书籍。

增强现实[⑥]（Augmented Reality，AR）是一种实时地计算摄影机影像的位置及角度，并加上相应图像的技术，这种技术的目标是在屏幕上把虚拟世界套在现实世界并进行互动。孙翌等[⑦]提出通过位置信息可与图书馆的特色库结合起来实现移动增强现实，尤其是强化旅行（augmented walking tour）领域，可以用于历史特藏文献的展示。强化旅行是让用户在移动场所直接从图书馆数据库中调用相关资料，如照片、历史记录、录音、视频等。例如，2011 年，弗吉尼亚海滩公共图书馆（Virginia Beach Public Library）[⑧]与 Tagwhat 公司合作，将数字化后的本地历史特藏与该公司开发的“景点伟大故事”（Great Stories

① 魏群义，袁芳，贾欢，等. 我国移动图书馆服务现状调查——以国家图书馆和省级公共图书馆为对象. 中国图书馆学报，2014，（3）：50-63.

② 陈国钢. 基于室内移动位置服务技术的图书馆服务策略探究. 图书馆建设，2012，（10）：42-44.

③ 周朴雄，秦雷. 基于 Agent 和 LBS 的移动信息推送服务研究. 情报杂志，2012，（6）：173-176.

④ Hahn J. Location-based recommendationservices in library book stacks. Reference Service Review，2011，39（4）：654-674.

⑤ 薛涵. 基于 WLAN 的图书馆室内定位技术研究. 图书馆杂志，2014，（12）：81-86，98.

⑥ 增强现实. http：//baike.baidu.com/view/104668.htm.

⑦ 孙翌，李鲍，高春玲. 微信在图书馆移动服务中的应用研究与实践. 图书情报工作，2014，58（5）：35-40.

⑧ Library Partners with Tagwhat Mobile App to Lauch New Chapter in Local Story telling. http：//www.vb-gov. com/news/Pages/selected.aspx?release=171.

at Places）应用程序结合，用户通过应用程序观看景点时，关于该景点的资料就会出现在屏幕上，随着用户观看方位和角度的改变，所看到的信息也有所不同。Jim Hahn①提出移动虚拟现实的应用包括物理书架浏览、图书馆导航、脸部识别等领域。美国伊利诺伊大学厄巴纳-香槟分校通过在移动终端上使用光学字符识别（OCR）接口识别相关文本信息②，并关联相关信息（如课程、授课教授、相关参考信息）为学生提供便利，并且计划通过识别索书号定位图书和提供相关图书信息。

响应式网页设计③（Responsive Web Design，RWD）是美国著名网站设计师伊桑-马科特（Ethan Marcotte）于 2010 年提出的概念。响应式网页设计的理念是：集中创建页面的图片排版大小，可以智能地根据用户行为，以及使用的设备环境（系统平台、屏幕尺寸、屏幕定向等）进行相对应的布局调整。杨晴虹等④对美国前 100 名的高校图书馆进行移动服务调研，提出利用网站响应式设计模式，将是高校图书馆移动服务的未来趋势。许多国外知名大学和图书馆的移动门户网站也都采用了响应式网页设计模式，国内高校图书馆也已经有不少设计案例。毕剑等⑤使用响应式网页设计技术，在 Drupal 开发平台下，结合 HTML5、CSS3、JavaScript 技术，实现云南大学图书馆响应式门户网站的设计和开发，能自动适应个人计算机端、平板电脑端和智能手机端等不同设备的正常使用。刘智惠等⑥以 HTML5 和 CSS3 结合 JavaScript 语言为基础，采用并改造 Bootstrap 架构，实现了图书馆网站的响应式设计，结果表明在个人计算机端和移动设备端均能达到比较理想的显示效果。

1.5.3 移动图书馆系统平台及其实现研究

前面提到，移动图书馆的服务模式有短信息、移动网站、客户端应用和

① Hahn J. Mobile augmented reality applications for library services. New Library World，2012，113(9/10)：429-438.

② Hahn J. Research Support with Optical Character Recognition Apps. http：//m-lib5.lib.cuhk.edu.hk/files/pdf/presentation/1c_02.pdf.

③ 响应式网页设计. http：//baike.baidu.com/view/9876268.htm.

④ 杨晴虹，程志超，刘燕权. 美国高校图书馆移动服务现状调查与分析. 图书与情报，2015，(3)：83-89.

⑤ 毕剑，刘晓艳，张禹. 使用响应式网页设计构建图书馆移动门户网站——以云南大学图书馆为例. 现代图书情报技术，2015，(2)：97-102.

⑥ 刘智惠，薛晶晶，卢倩芸. 面向不同设备的响应式网页设计——Web 移动图书馆. 现代图书情报技术，2014，(11)：95-101.

微信等四种。短信服务模式是应用最早的移动服务模式，因技术非常成熟，近年来这方面的研究非常少。关于移动图书馆系统平台的研究主要集中在移动网站、客户端应用和微信这三种模式上。系统平台为移动图书馆服务提供了基础支撑，有关它的设计、构建与实现，国外相关研究文献并不多见，而国内却有很多研究者对其进行过专题研究。

关于移动网站的研究与实现，Yang Cao 等①提出了一种能够在各种移动设备上呈现的移动网页平台，使学生能随时随地使用任何移动设备参与移动学习活动。林颖等②提出基于 WAP 的图书馆移动信息服务技术框架，并结合北京师范大学图书馆自动化系统 ALEPH 500，实现一个基于 WAP 的灵活可扩展的移动终端在线书目检索系统（WAPOPAC）。曾瑞等③和孟勇④探讨了基于 WAP 技术设计并实现一个功能较完善的移动图书馆系统原型；方玮等⑤探讨了基于资源整合的手机图书馆 WAP 服务系统的设计和实现。北京大学图书馆⑥、上海图书馆⑦、清华大学图书馆⑧、东南大学图书馆⑨、浙江师范大学图书馆⑩、桂林理工大学图书馆⑪等均利用 WAP 技术实现移动网站的开发，实现了用户登录、馆藏目录查询、电子资源检索等功能。郑成铭等⑫通过对以内容管理系统为框架的移动图书馆服务平台各个模块的设计，提出了移动图书馆服务平台整体模型。吴政⑬基于 Struts 设计模式及 Web Services 技术，提出与系统无关、与平台无关、与终端无关的通用手机图书馆系统的体系结构设计与解决方案。

---

① Cao Y，Tin T，McGreal R，et al. The Athabasca University Mobile Library Project：Increasing the Boundaries of Anytime and Anywhere Learning for Students. Proceedings of the 2006 International Conference on Wireless Communications and Mobile Computing. ACM，2006：1289-1294.

② 林颖，孙魁明. 基于 WAP 的图书馆移动信息服务体系及 WAP OPAC 应用实例. 现代图书情报技术，2007，(9)：80-83.

③ 曾瑞，赵跃龙. 基于 WAP 技术的移动图书馆研究与设计. 图书情报工作，2009，53（21）：106-109.

④ 孟勇. 基于 WAP 的移动图书馆系统的设计与实现. 现代情报，2010，30（9）：92-95.

⑤ 方玮，张成昱，窦天芳. 基于资源整合的手机图书馆系统的设计和实现. 现代图书情报技术，2009，(6)：76-80.

⑥ 聂华，朱本军. 北京大学图书馆移动服务的探索与实践. 图书情报工作，2013，57（4）：16-20.

⑦ 张磊. 上海图书馆移动服务实践与创新. 图书情报工作，2013，57（4）：11-15.

⑧ 窦天芳，张成昱，张蓓，等. 移动互联网与传统互联网的服务融合——以清华大学图书馆 WAP 网站建设为例. 图书情报工作，2011，55（9）：67-70，84.

⑨ 罗涛，朱莹. 基于WAP的移动图书馆的研究与实现——以东南大学图书馆为例. 图书馆杂志，2013，32（8）：66-71.

⑩ 丁夷. WAP 技术在图书馆无线门户网站中的应用. 情报探索，2011，(5)：105-107.

⑪ 陈茫，周力青. 基于 WAP2.0 的移动数字图书馆应用研究. 图书馆杂志，2010，(8)：52-56，49.

⑫ 郑成铭，詹庆东. 基于内容管理的移动图书馆服务平台构建. 情报理论与实践，2011，34(5)：105-109.

⑬ 吴政. 通用手机图书馆系统的设计与实现. 现代图书情报技术，2009，(1)：98-104.

关于移动图书馆客户端的研究与实践。Jingru Hoivik[①]为挪威国家图书馆设计了基于 Android 平台的 APP，实现的功能包括文本搜索、位置搜索、语音搜索、条码扫描等。杨萌等[②]利用基于 Drupal 构建南京工业大学移动图书馆的调查问卷模块，实现了移动图书馆 APP 服务。杨艳妮[③]搭建基于 Android 移动图书馆 APP 的系统架构与框架，并实现功能模块设计及 UI 设计，为移动图书馆 APP 建设提供具体的解决方案。Ying-Hung Pu 等[④]设计了台南大学图书馆的移动 APP 系统，其功能包括最新消息、馆藏查询、新书通报、记录查询、楼层咨询等。上海图书馆针对流行的智能手机系统 Android、iOS 分别发布了手机客户端，通过手机客户端向读者提供了许多个性化、创新性的功能，如无线订票、查询开馆时间、我的图书馆、网上知识导航站、位置导航服务等。APP 分为原生态 APP、Web APP 和混合型 APP，目前来看混合型 APP 的发展趋势更好，Web APP 存在一些功能不足，如无法调用摄像头。

微信具有用户群体广泛、免费、跨平台等优势，在图书馆中的普及非常快，利用微信公众号与服务号推广图书馆的资源和服务成为一种时尚，相应的技术研究有不少。江波[⑤]基于微信构建移动图书馆 APP 服务系统，系统具有灵活开放、功能强大、全平台支持等优点。陈刚[⑥]和李白杨[⑦]均从技术实现角度讨论图书馆微信公众平台服务号的设计与开发。

关于移动图书馆的建设方式，魏群义等[⑧]对国家图书馆和省级公共图书馆的移动服务进行调研，结果发现 76.5%的图书馆选择成熟产品，主要产品有超星移动图书馆和书生移动图书馆，并根据图书馆的具体需求进行一些功能定制，比如，超星公司推出的移动图书馆 APP+[⑨]。仅有国家图书馆、上海图书馆等技术开发能力较强的少数图书馆，选择自主研发移动图书馆系统。

---

① Hoivik. Global village：Mobile access to library resources. Library Hi Tech，2013，31（3）：467-477.

② 杨萌，彭蕾. 基于 Drupal 构建移动图书馆的研究. 图书馆学研究，2012，（4）：36-37，26.

③ 杨艳妮，明均仁，张杰. 基于 Android 的移动图书馆 APP 功能设计与实现. 图书馆学研究，2015，（7）：23-30.

④ Pu Y-H，Chiu P-S，Chen T-S，et al. The design and implementation of a mobile library APP system. Library Hi Tech，2015，33（1）：15-31.

⑤ 江波，覃燕梅. 基于微信的移动图书馆 APP 服务系统设计与实现. 现代情报，2013，（6）：41-44.

⑥ 陈刚，刘坤，刘毅，等. 图书馆微信公众平台服务号的设计与开发. 大学图书情报学刊，2015，（3）：44-48.

⑦ 李白杨，白广思. 面向知识咨询的图书馆移动服务设计与实现——以微信公共平台为例. 图书馆学研究，2013，（19）：69-72.

⑧ 魏群义，袁芳，贾欢，等. 我国移动图书馆服务现状调查——以国家图书馆和省级公共图书馆为对象. 中国图书馆学报，2014，（3）：50-63.

⑨ Zhai D L. Like Oxygen Library. http：//m-lib5.lib.cuhk.edu.hk/files/pdf/presentation/3a_03.pdf.

1.5.4 移动图书馆云服务研究

云计算技术与移动通信技术的结合是一种新的趋势所向。应用云计算模式从根本上改变图书馆信息获取、保存的方式及服务理念，基于传统互联网的图书借阅、浏览服务及一些个性化服务，完全可以延伸到读者的移动终端上。针对如何利用云计算更好地为用户提供移动图书馆服务，国内外学者开展了一定的研究，总体而言，移动图书馆云服务理论研究偏多，应用实践和案例研究偏少。

师晓青[①]对云环境下手机图书馆服务优势、服务内容和存在的问题进行了初步探讨，云环境下手机图书馆的优势在于统一移动通信标准和降低终端设备要求。吕蕴红[②]分析了云计算在移动图书馆建设中的优势及面临的挑战，提出了在云计算环境下移动图书馆建设的构想。Jingru Hoivik [③]提出云技术最适合移动设备，将图书馆资源存储在云端提供全球移动访问，实现真正的全球图书馆网络。申飞驹[④]阐述了基于云计算的移动图书馆建设思想，提出了移动图书馆整体架构，将系统分为高阶应用层、业务层、数据层。施海燕[⑤]认为云计算对移动图书馆产生了深远的影响，主要包括改变现有移动图书馆模式、整合最丰富的数字图书资源、创建自主多元的虚拟图书社区、对移动图书馆终端设备的要求大幅降低。林佩玲[⑥]分析区域联盟图书馆移动服务的需求，探讨的在智慧城市背景下区域联盟移动图书馆新的功能拓展模式，包括个性化服务、SNS、个人移动学习服务等方面。朱朝晖[⑦]提出了一个基于云服务的图书馆系统模型，探讨了基于云计算的移动图书馆系统的主要功能和系统架构。李若等[⑧]从信息资源云整合、快速资源部署、虚拟化存储、多终端访问等方面分析云技术为区域移动图书馆开展信息化服务带来的优势，提出基于云技术的区域移动图书馆平台的架构模式，总结基础设施层、数据存储层、基础服务层、业务应用层、应用展示层所发挥的具体

① 师晓青. 基于云计算的手机图书馆服务研究. 图书馆工作与研究，2011，(5)：58-60.
② 吕蕴红. 基于“云”环境的移动图书馆构想. 图书馆学刊，2012，(2)：100-101，142.
③ Hoivik Global village：mobile access to library resources. Library Hi Tech，2013，31（3)：467-477.
④ 申飞驹. 基于云计算的移动图书馆建设探析. 商业时代，2013，(15)：54-55.
⑤ 施海燕. 云计算和移动图书馆. 图书馆建设，2009，(9)：10-12.
⑥ 林佩玲. 智慧城市背景下的区域联盟移动图书馆建设. 图书情报工作，2013，57（12)：51-55.
⑦ 朱朝晖，王翔，周冠宇. 基于云计算的移动图书馆系统的研究与设计. 移动通信，2011，(9)：29-33.
⑧ 李若，高鸿雁. 面向区域移动图书馆的云平台构建研究. 情报科学，2014，32（9)：48-51.

作用。

1.5.5 移动图书馆国际学术会议

移动图书馆是国内外图书馆与情报界的研究和应用热点，并召开了多次国际学术会议，连续举办的会议有手持图书馆员联机会议和国际移动图书馆会议。仅在 2010 年，图书馆联盟系统（Alliance Library System）、教育社区（Learning Times）和 Infoquest 机构又紧锣密鼓地联合举办了两次“手持图书馆员联机会议”（Handheld Librarian Online Conference）。第二届手持图书馆员联机会议于 2010 年 2 月 17 日和 18 日在科罗拉多州立大学图书馆召开，第三届手持图书馆员联机会议于 2010 年 7 月 28 日和 29 日召开①。

当然，影响更大的当属国际移动图书馆会议（The International M-Libraries Conference）。首届国际移动图书馆会议于 2007 年 11 月在香港公开大学召开，会议主要的报告人有 Joan K. Lippincott、Agnes Kukulska-Hulme 和 Mohamed Ally，会议旨在探索和分享如何为手持设备用户提供移动图书馆。其后在 2009 年、2011 年、2012 年分别举行了第二届、第三届和第四届会议。截止到 2015 年 12 月，最近的一次会议是 2014 年在香港举办的第五届国际移动图书馆会议（http：// m-lib5.lib. cuhk.edu.hk），来自五大洲 24 个国家和地区的 243 名与会专家和代表，围绕“移动图书馆：从设备到人”（M-libraries：From Devices to People）的主题，对图书馆采用移动技术所面临的挑战和策略、图书馆移动技术的最佳实践、可穿戴技术对于图书馆未来的影响、移动与教育教学相结合、利用移动技术提升全民信息获取等方面进行了研讨②。国内清华大学图书馆的姜爱蓉应邀参会③，并做了题为“移动技术在中国大学图书馆的应用”的大会主题报告。第六届国际移动图书馆会议于 2016 年 5 月 16～18 日在香港公开大学举办，会议主题为“智能图书馆：为变化的世界重新改造图书馆”（Smart Libraries：Re-inventing Libraries for a Changing World）（http：// www.m-libraries.org/）。

---

① 高春玲. 解读美国移动图书馆发展的昨天、今天和明天. 数字图书馆论坛，2010，（11）：25-32.

② 姚飞，姜爱蓉. 移动图书馆：从设备到人——2014 年第 5 届国际移动图书馆会议综述. 现代图书情报技术，2015，（1）：1-8.

③ 姜爱蓉. 移动技术在中国大学图书馆的应用. http：//m-lib5.lib.cuhk.edu.hk/files/pdf/presentation/keynote03_jiangairong.pdf.

1.6 移动图书馆走向云服务

随着移动互联网的迅速发展、智能手机的不断普及，各项服务的移动化势不可挡。如今通过智能手机购物、订票、订酒店、上网看新闻、收发邮件、阅读等已经司空见惯，甚至手机银行的服务都已经非常普及。移动就是一切，以前通过个人计算机才能完成的功能和操作，现在通过智能手机基本都能完成。可以预见，服务移动化的趋势将会继续进行下去，将会继续深刻地影响民众的生活方式。对很多学生来说，手机不再仅仅是通信工具，更是一种手持式信息检索工具。移动图书馆的推出，满足了读者随时随地阅读文献和享受服务的需求，使得图书馆服务无处不在、无所不在，这也正是未来图书馆发展的趋势和目标，即实现图书馆服务的泛在化。

随着全球移动图书馆项目的推进，移动图书馆服务的普及率不断提升，服务模式走向多样化，移动图书馆正走向蓬勃发展的时期。但是移动图书馆的发展隐患已经呈现，目前的移动图书馆建设呈现功能单一化、资源孤岛化、投入产出比不高的趋势，移动服务基本是桌面服务的简单移植，缺乏创新，难以吸引读者使用；移动图书馆与数字图书馆相脱离，移动资源建设模式单一，缺乏优质的阅读资源，难以满足读者的阅读需求，无法与商业阅读平台竞争用户；现阶段移动图书馆系统投入较大，而实际服务效益不高，使得国内外不少图书馆及其主管部门或投资方对推出移动服务的态度较为谨慎，如何降低移动图书馆的运行成本是需要思考的重要问题。所以我们必须对移动图书馆现有的服务模式、运行模式进行创新，否则移动图书馆服务将逐步失去对用户的吸引力。

云计算和云服务为移动图书馆的运行模式提供新的思路，云计算将为移动图书馆注入新的活力。移动图书馆云服务就是指采用云服务理念的移动服务的新模式，是云计算在移动图书馆服务中的应用案例。移动图书馆云服务是指将云计算理念和技术融入当前移动图书馆运行和管理模式中，打破当前孤立和封闭的移动服务系统，通过整合云服务产业链，重塑云服务生态系统，梳理图书馆、资源商、移动平台服务商、读者之间的角色关系和利益关系，为移动用户提供高质量移动图书馆服务的新理念和新思路。首先，云计算不要求终端具有很高的配置，这和智能手机的特点非常相符；其次，通过云服务的方式可以有效整合图书馆的数字资源，更好地解决移动资源的版权问题，真正发挥图书馆的文献资源优势，凸显内容为主的用户需求，更好地满足移动用户的移动阅读需求；最后，云服务模式将有效降低移动图书馆运行和维护的成本，减轻图书馆的经费压力，提升经费使用绩效，使得更多的图书馆快速推出移动图书馆服务。

第2章 移动图书馆服务调研

由于移动互联网的飞速发展，智能手机的普及率不断提升，越来越多的图书馆倾向并开始为移动用户提供移动服务。当然，也有部分国家和地区，如日本和中国香港，对移动服务保持谨慎态度①，这种保守态度可能与缺乏策略性视角、技术专家、资金等相关。全面了解中外图书馆移动服务的现状，对于图书馆管理者的项目决策和服务规划非常重要。为了更加全面地了解中美移动图书馆的服务现状，尤其是美国顶尖学术图书馆和公共图书馆如何提供移动服务，包括服务模式、运行模式、移动资源、是否采纳响应式网页设计、云服务实践等，本章将采用文献综述法和网络调研法对中美图书馆的移动服务现状进行调研，采用问卷调查法获取用户对于移动服务的体验和感受，利用案例分析法发现当前移动服务运行中存在的问题，考察移动图书馆服务的有效性，以期为后续的移动图书馆云服务的架构设计与研究提供更好的参考。

① 姚飞，姜爱蓉. 移动图书馆：从设备到人——2014年第5届国际移动图书馆会议综述. 现代图书情报技术，2015，(1)：1-8.

2.1 中美高校移动图书馆服务现状调研及其对比研究

2.1.1 研究方法

移动图书馆服务是近年来的研究热点，吸引了国内外不少学者参与其中。通过对中外文献数据库的检索发现，近年来不断有学者对中美高校图书馆移动服务现状开展调研，并进行系统的对比研究，相关研究论文的详细情况见表 2.1。从表 2.1 可以看出，期刊论文一共有 15 篇，最早的调研开始于 2010 年 4 月，最近一次的调研时间为 2015 年 4 月。近两年调研产出的期刊论文就有 4 篇。鉴于相关研究成果较为充实和详尽，已经可以较为完整地反映当前中美高校移动图书馆服务的现状，所以决定不再开展类似的调研工作，避免重复劳动和相似研究，本小节主要采用文献综述法开展研究和分析。

2.1.2 移动服务的普及情况

为了满足读者使用移动终端检索馆藏文献和阅读电子资源的需求，中国高校图书馆纷纷启动移动图书馆项目建设，移动服务的发展非常迅速。以中国“985”高校图书馆为调研对象，2011 年、2012 年和 2013 年的移动图书馆普及率分别为 35.9%[①]（14/39）、51.3%[②]（20/39）和 82.1%[③]（32/39），2015 年普及率达到 97%[④]（38/39）。如果将调研的范围进一步扩大，移动图书馆普及率将会明显降低，覃凤兰[④]在 2012 年针对“211”高校图书馆的移动服务进行调研，结果发现仅 19.8%（23/116）的图书馆提供移动服务。

① Li A G. Mobile library service in key Chinese academic libraries. The Journal of Academic Librarianship，2013，39（3）：223-226.

② 魏群义，侯桂楠，霍然，等. 国内移动图书馆应用与发展现状研究——以“985”高校和省级公共图书馆为调研对象. 图书馆，2013，（1）：114-117.

③ 覃凤兰. “211 工程”高校图书馆移动服务调查分析与对策研究. 国家图书馆学刊，2013，（1）：26-32.

④ 曹鹏，明均仁，段欣余. 国内图书馆 APP 移动服务调查与分析. 图书馆学研究，2015，（16）：77-83，101.

表 2.1 中美高校移动图书馆现状及其对比的期刊论文列表

序号	作者	研究论文题目	调研时间	调研对象
1	宋恩梅等①	移动的书海：国内移动图书馆现状及发展趋势	2010年4月	中国16家图书馆（10家高校图书馆，6家公共图书馆）
2	何贤英等②	中美高校移动图书馆发展现状比较研究	2010年11月	中国和美国排名各前20的大学图书馆
3	高春玲③	中美移动图书馆服务 PK	2010年11月	中美各排名靠前20的高校及公共图书馆（共80家）
4	郭婵④	中美高校图书馆 APP 服务比较研究	2011年4月	美国综合排名前40位的大学图书馆、中国“985”高校图书馆
5	Aiguo Li⑤	Mobile Library Service in Key Chinese Academic Libraries	2011年9月	中国“985”高校图书馆
6	魏群义等⑥	国内移动图书馆应用与发展现状研究——以“985”高校和省级公共图书馆为调研对象	2012年4月	中国“985”高校图书馆、省级公共图书馆
7	覃凤兰⑦	“211工程”高校图书馆移动服务调查分析与对策研究	2012年上半年	116所“211”高校图书馆
8	龙泉等⑧	国内外高校图书馆移动服务现状及比较分析	2012年4月至2012年5月	“985”高校图书馆、大学排名前30位的国外高校图书馆
9	叶莎莎等⑨	国内外移动图书馆的应用发展综述	2012年10月	15 个国家的127家图书馆（美国占78%）；中国大陆141家图书馆及港澳台10家图书馆（均包含公共馆和高校馆）
10	过仕明等⑩	国内移动图书馆服务模式发展现状与趋势调研	2013年4月至2013年9月	中国“985”高校的图书馆和36所省级公共图书馆（包括香港、澳门和台湾）
11	刘奕捷等⑪	美国图书馆移动服务发展现状——纽约州图书馆的调查	2013年年底	美国纽约州图书馆（1082家公共图书馆和145家高校图书馆）

---

① 宋恩梅，袁琳. 移动的书海：国内移动图书馆现状及发展趋势. 中国图书馆学报，2010，（5）：34-48.

② 何贤英，孙华玮. 中美高校移动图书馆发展现状比较研究. 新世纪图书馆，2012，（3）：59-60，5.

③ 高春玲. 中美移动图书馆服务 PK. 图书情报工作，2011，55（9）：44，63-66.

④ 郭婵. 中美高校图书馆 APP 服务比较研究. 图书馆学研究，2015，（7）：80-85，96.

⑤ Li A G. Mobile library service in key Chinese academic libraries. The Journal of Academic Librarianship, 2013，39（3）：223-226.

⑥ 魏群义，侯桂楠，霍然，等. 国内移动图书馆应用与发展现状研究——以“985”高校和省级公共图书馆为调研对象. 图书馆，2013，（1）：114-117.

⑦ 覃凤兰. “211工程”高校图书馆移动服务调查分析与对策研究. 国家图书馆学刊，2013，（1）：26-32.

⑧ 龙泉，谢春枝，申艳，等. 国内外高校图书馆移动服务现状及比较分析. 情报杂志，2013，32（2）：173-177.

⑨ 叶莎莎，杜杏叶. 国内外移动图书馆的应用发展综述. 2013，57（6）：141-147.

⑩ 过仕明，梁欣. 国内移动图书馆服务模式发展现状与趋势调研. 大学图书馆学报，2014，（1）：90-96.

⑪ 刘奕捷，吕荣胜，刘燕权. 美国图书馆移动服务发展现状——纽约州图书馆的调查. 图书情报工作，2014，58（12）：17-25.

续表

序号	作者	研究论文题目	调研时间	调研对象
12	朱轶婷等[①]	中美日高校图书馆面向移动学习服务的比较研究	2014 年 4 月至 2014 年 5 月	中国、美国和日本 60 所世界一流大学的图书馆（每个国家 20 所）
13	Yanquan Liu 等[②]	A Library in the Palm of Your Hand：Mobile Services in Top 100 University Libraries	2014 年 3 月至 2014 年 4 月	美国排名前 100 名的高校图书馆
14	杨晴虹等[③]	美国高校图书馆移动服务现状调查与分析	2014 年 10 月	美国排名前 100 名的高校图书馆
15	曹鹏等[④]	国内图书馆 APP 移动服务调查与分析	2015 年 4 月	39 所“985”高校图书馆

相对而言，美国高校图书馆的移动服务则更为普及。根据高春玲[⑤]在 2010 年的调研，在美国排名前 20 的大学中，90%的图书馆提供移动服务；而在中国排名前 20 的大学中，移动图书馆普及率仅为 35%。2011 年，郭婵[⑥]对美国综合排名前 40 位的大学图书馆开展调研，发现 70%的图书馆提供移动 APP 服务，而中国“985”高校中有 38.5%的图书馆提供 APP 服务。针对美国高校图书馆的最近的一次调研为 2014 年 10 月，Yanquan Liu 和杨晴虹等[⑦⑧]针对美国排名前 100 的高校图书馆开展调研，结果发现 92.6%的图书馆提供电子书刊服务，88%的图书馆提供移动 OPAC 服务，81.6%的图书馆提供移动网站服务，29.2%的图书馆提供移动 APP 服务，81.7%提供移动数据库服务。

微信作为一种具有中国特色的移动服务模式，近年来在中国高校图书馆中得到了广泛的应用。根据韩娟娟[⑨]在 2014 年 10 月开展的调研，“211”高校开设图书馆微信公众账号的数量为 55 所，覆盖率为 48%。截止到 2014 年 11 月，39 所“985”高校中开通微信公众平台的高校图书馆达 33 个，开通率高

① 朱轶婷，宋庆功，宋玲玲，等. 中美日高校图书馆面向移动学习服务的比较研究. 图书馆学研究，2014，（20）：69-74.

② Liu Y Q，Briggs S. A library in the palm of your hand：Mobile services in top 100 university libraries. Information Technology and Libraries，2015，34（2）：133-148.

③ 杨晴虹，程志超，刘燕权. 美国高校图书馆移动服务现状调查与分析，图书与情报，2015，（3）：83-89.

④ 曹鹏，明均仁，段欣余. 国内图书馆 APP 移动服务调查与分析. 图书馆学研究，2015，（16）：77-83，101.

⑤ 高春玲. 中美移动图书馆服务 PK. 图书情报工作，2011，55（9）：63-66，44.

⑥ 郭婵. 中美高校图书馆 APP 服务比较研究. 图书馆学研究，2015，（7）：80-85，96.

⑦ Liu Y Q，Briggs S. A library in the palm of your hand：Mobile services in top 100 university libraries. Information Technology and Libraries，2015，34（2）：133-148.

⑧ 杨晴虹，程志超，刘燕权. 美国高校图书馆移动服务现状调查与分析. 图书与情报，2015，（3）：83-89.

⑨ 韩娟娟. 高校图书馆微信公众账号服务研究——以“211”高校为例. 图书馆学研究，2015，（11）：29，78-85.

达为 84.6%[①]。

2.1.3 移动服务模式

在第 1 章中提到，移动图书馆有短信息、移动网站、客户端应用和微信等四种服务模式。根据龙泉[②]在 2012 年 4 月的调研，国内“985”高校图书馆的移动服务主要以短信和移动网站为主，采用客户端模式的图书馆较少，在 23 家开通移动服务的图书馆中，仅有 7 家图书馆提供图书馆客户端，这和高春玲[①]在 2010 年 11 月的调研结果非常相似。近年来，高校图书馆的客户端应用增长非常迅速。截止到 2015 年 4 月，39 家“985”高校图书馆中有 38 家已经开通移动 APP 服务[③]。微信也已成为一种重要的移动服务模式，84.6%[④]的“985”高校图书馆开通了微信服务。可以看出，中国顶尖高校图书馆的移动服务模式非常丰富，基本涵盖了短信、移动网站、客户端应用和微信等四种形式，能够满足用户多层次的移动服务需求，客户端应用和微信已经成为重要的移动服务模式。

与中国相比，美国高校图书馆的移动服务更早普遍采用客户端应用模式。早在 2010 年，全美排名前 20 的高校图书馆中，已经有 50%的图书馆采用客户端模式提供移动服务，移动网站和客户端是美国高校图书馆的重要移动服务模式[①]。根据杨晴虹等在 2014 年 10 月的调研，美国排名前 100 位的高校图书馆中，覆盖率高的移动服务模式依次为移动网站、短信息和客户端应用。

2.1.4 移动服务内容

随着移动服务在图书馆中的不断普及，移动服务内容与功能成为业界关注的重点。2014 年 4 月，朱轶婷等[⑤]分别选取中美顶尖 20 所高校图书馆的移动服务进行对比研究，选取了书目检索、数据库检索、电子书等 23 项服务进

① 陈明. 985 高校图书馆微信公众平台调查研究. 农业图书情报学刊，2015，27（5）：91-93.

② 龙泉，谢春枝，申艳，等. 国内外高校图书馆移动服务现状及比较分析. 情报杂志，2013，32（2）：173-177.

③ 曹鹏，明均仁，段欣余. 国内图书馆 APP 移动服务调查与分析. 图书馆学研究，2015，(16)：77-83，101.

④ 陈明. 985 高校图书馆微信公众平台调查研究. 农业图书情报学刊，2015，27（5）：91-93.

⑤ 朱轶婷，宋庆功，宋玲玲，等. 中美日高校图书馆面向移动学习服务的比较研究. 图书馆学研究，2014，(20)：69-74.

行统计，统计结果见图 2.1（横轴为移动服务类型，纵轴为提供此项服务的图书馆数量）。从图 2.1 可以看出，中国顶尖高校图书馆在学习资源类服务（包括书目检索、数据库检索、电子书和原文传递）方面占有一定的优势，但是在学习工具（包括预约计算机、预约座位、预约研修间、APP 推荐、开馆时间、交通指南）和学习交互类服务（包括实时虚拟咨询、表单咨询、联系学科馆员、咨询电话、常见问题）方面与美国图书馆存在明显的差距。比较而言，美国顶尖高校图书馆的移动服务更为丰富，更加注重学习工具的提供及读者交互。

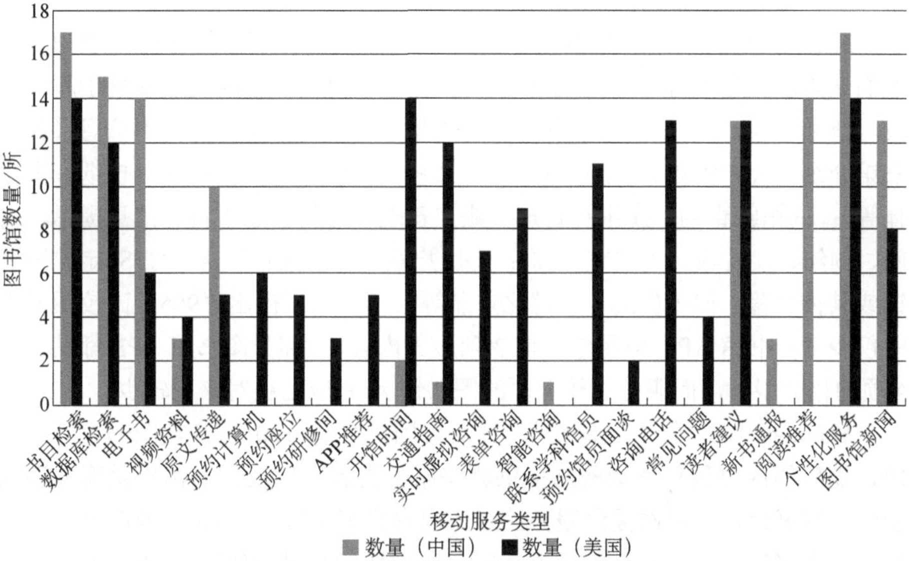

图 2.1　中美顶尖高校图书馆移动服务对比表

注：美国 20 所顶尖高校图书馆中，有 14 所图书馆开通了移动服务。
中国 20 所顶尖高校图书馆中，有 17 所图书馆开通了移动服务。

在学习工具的提供与科研支持方面，美国顶尖高校图书馆倾向于为移动用户提供硬件服务预约、空间服务预约和 APP 推荐服务。美国顶尖高校图书馆通过移动图书馆开展预约计算机、预约座位和预约研修间的比例分别为 43%、36%和 14%，中国图书馆在数字图书馆网站上大部分都提供阅览座位和研修间的申请、预约服务，但是很遗憾没有将此项服务集成到移动终端。APP 推荐服务是指馆员根据师生的学习需求，向师生推荐各类优秀的 APP。36%的美国顶尖图书馆通过移动图书馆提供此项服务，为读者筛选和推荐有助于读者学习和研究的各类 APP 软件，往往能省去读者寻找 APP 的烦琐，值得中国高校图书馆借鉴。

在移动咨询和读者交互方面，朱轶婷等[①]的调查结果显示美国高校图书馆提供的多样化的咨询方式，包括实时咨询、表单咨询、面谈、电话咨询等，可以满足读者不同程度的咨询需求，值得中国高校图书馆学习和参考。例如，哈佛大学等美国高校将咨询服务整合成 ask a library 服务，其中包括表单咨询、实时虚拟咨询、学科馆员服务、常见问题等，而且各个服务相互关联。表单咨询系统能自动形成问题库，并照读者问题的常见程度、最新提问时间两种方法排序；同时对问题进行学科分类，将问题和馆员的回答列出来，并提供相应学科馆员的电话和 E-mail。

2015 年 4 月，曹鹏等[②]调研了中国“985”高校图书馆的移动 APP 服务，他们认为就服务内容而言，APP 移动服务在国内图书馆的发展尚处于起步阶段。曹鹏等[②]将移动服务内容分为七种类型，分别为：①馆方基本信息（如图书馆介绍、公告资讯、讲座信息等）；②移动阅读（图书、期刊、报纸、多媒体等）；③馆藏查询；④用户管理（账户管理、借阅信息查询、消息提示、借阅、预约、续借等）；⑤参考咨询；⑥用户互动；⑦其他服务（GPS 定位图书馆或具体书籍、扫码借阅、个性化定制等）。曹鹏等[②]提出“985”高校图书馆中仅少量图书馆 APP 应用包括前 3 项服务内容，大部分图书馆 APP 都具有前 4 项的相关服务，而服务比较全面的图书馆 APP 应用相对来说较少。

Yanquan Liu 等[③]和杨晴虹等[④]针对美国排名前 100 的高校图书馆开展调研，调研的内容包括移动网站提供哪些服务内容，以及图书馆提供哪些咨询服务。图书馆移动网站提供服务的服务内容见表 2.2，图书馆开放时间、目录检索、图书馆联系信息、电子书刊等服务的比例超过 90%。另外，所有受访图书馆都提供移动咨询服务，通过社交媒体链接提供参考咨询服务是最为创新的一项服务，21.88%的受访图书馆提供此项服务。

表 2.2　美国排名前 100 名的高校图书馆移动网站服务内容组成[⑤]

服务内容	提供此项服务的图书馆比例/%	服务内容	提供此项服务的图书馆比例/%
馆际互借	26.67	电子书刊	92.60
用户登录账户	53.33	图书馆联系信息	96.64

① 朱轶婷，宋庆功，宋玲玲，等. 中美日高校图书馆面向移动学习服务的比较研究. 图书馆学研究，2014，(20)：69-74.

② 曹鹏，明均仁，段欣余. 国内图书馆 APP 移动服务调查与分析. 图书馆学研究，2015，(16)：77-83，101.

③ Liu Y Q，Briggs S. A library in the palm of your hand：Mobile services in top 100 university libraries. Information Technology and Libraries，2015，34（2)：133-148.

④⑤ 杨晴虹，程志超，刘燕权. 美国高校图书馆移动服务现状调查与分析. 图书与情报，2015，(3)：83-89.

续表

服务内容	提供此项服务的图书馆比例/%	服务内容	提供此项服务的图书馆比例/%
书刊续借	56.67	目录检索	96.67
数据库查询	70.00	图书馆开放时间	100.00
短信服务	77.20		

2.1.5 开发模式与运行模式

移动图书馆的开发模式主要有选择成熟产品和自主研发两种。根据曹鹏等[①]在 2015 年 4 月的调查，38 所开通移动服务的中国“985”高校图书馆全部选择成熟的移动图书馆产品，没有图书馆自主研发移动图书馆系统。从选用的移动图书馆产品来看，76.3%（29/38）的图书馆选用超星移动图书馆[②]，13.1%（5/38）的图书馆选择书生移动图书馆[③]，其他图书馆选择乐致安公司[④]和江苏汇文公司[⑤]的产品。图书馆选用国内的成熟产品，移动服务不仅上线周期短，并且具有一定的移动资源优势，供应商（如超星公司和书生公司）不仅提供移动图书馆平台，同时附带很多移动阅读资源，可以有效提升移动服务对读者的吸引力。

美国高校移动图书馆的开发模式与中国基本一致。Yanquan Liu 和杨晴虹等[⑥⑦]根据调研提出，图书馆使用由第三方提供或创建的应用程序比开发一个内部应用程序更为普遍，原因应该是受限于自行开发和维护应用程序的专业技术和费用。

采用 SaaS 云服务模式是移动图书馆运行模式的重要趋势[⑧]。根据调研，选用超星移动图书馆产品的高校图书馆全部采用 SaaS 云服务模式，不仅免除了软硬件的投入，同时减轻了技术维护的工作量。不过选择成熟产品的劣势在于同一产品的移动服务内容基本都是一样的，难以凸显图书馆的特色和个性。所以，选择成熟产品的同时，加强个性化的开发与定制，将是未来移动图书馆发展的重要方向。

---

① 曹鹏，明均仁，段欣余. 国内图书馆 APP 移动服务调查与分析. 图书馆学研究，2015，(16)：77-83，101.

② 超星移动图书馆. http：//baike.baidu.com/view/8065177.htm.

③ 书生移动图书馆. http：//baike.baidu.com/view/6219278.htm.

④ 手机图书馆 Mobi+. http：//www.smartlib.cn/do/list.php?fid=9.

⑤ 手机图书馆门户. http：//www.libsys.com.cn/mobile_opacnew.php.

⑥ Liu Y Q，Briggs S. A library in the palm of your hand：Mobile services in top 100 university libraries. Information Technology and Libraries，2015，34（2）：133-148.

⑦ 杨晴虹，程志超，刘燕权. 美国高校图书馆移动服务现状调查与分析. 图书与情报，2015，(3)：83-89.

⑧ 魏群义，侯桂楠，霍然，等. 国内移动图书馆应用与发展现状研究——以“985”高校和省级公共图书馆为调研对象. 图书馆，2013，（1）：114-117.

2.2 中美公共图书馆移动服务调研及其对比研究

移动图书馆服务具有用户泛在化的特性，这一点和公共图书馆用户群体的泛在化特征非常一致，移动阅读对于公共图书馆提倡的全民阅读推广来说也将是一个新的思路，加之智能手机的不断普及和手机上网用户的不断增加，综合而言，在公共图书馆推广移动图书馆服务具有很好的用户基础和应用前景。近年来，中美公共图书馆积极推动移动服务的发展，利用移动图书馆向农村地区提供信息服务成为公共图书馆拓展用户群和推广新服务的新途径。中国学者对于中美公共图书馆的移动服务现状进行了调研，并开展对比研究，相关论文见表 2.3。

表 2.3　中美公共图书馆移动服务现状及其对比的期刊论文列表

序号	作者	研究论文题目	调研时间	调研对象
1	高春玲①	中美移动图书馆服务 PK	2010 年 11 月	中美排名靠前的 20 所高校及公共图书馆（共 80 家）
2	姜颖②	我国移动图书馆服务现状及发展对策——中美移动图书馆服务的比较分析	2011 年 5 月	中美公共图书馆中各选取 10 所图书馆
3	魏群义等③	国内移动图书馆应用与发展现状研究——以“985”高校和省级公共图书馆为调研对象	2012 年 4 月	中国“985”高校图书馆、省级公共图书馆
4	过仕明等④	国内移动图书馆服务模式发展现状与趋势调研	2013 年 4 月至 2013 年 9 月	中国“985”高校的图书馆和 36 家省级公共图书馆（包括香港、澳门和台湾地区）
5	魏群义等⑤	我国移动图书馆服务现状调查——以国家图书馆和省级公共图书馆为对象	2013 年 5 月至 2013 年 6 月	国家图书馆、31 所省级公共图书馆；并与美国 25 家顶尖图书馆进行对比分析
6	刘奕捷等⑥	美国图书馆移动服务发展现状——纽约州图书馆的调查	2013 年年底	美国纽约州图书馆（1082 家公共图书馆和 145 家高校图书馆）

① 高春玲. 中美移动图书馆服务 PK. 图书情报工作，2011，55（9）：63-66，44.

② 姜颖. 我国移动图书馆服务现状及发展对策——中美移动图书馆服务的比较分析. 图书馆建设，2011，（12）：75-78.

③ 魏群义，侯桂楠，霍然，等. 国内移动图书馆应用与发展现状研究——以“985”高校和省级公共图书馆为调研对象. 图书馆，2013，（1）：114-117.

④ 过仕明，梁欣. 国内移动图书馆服务模式发展现状与趋势调研. 大学图书馆学报，2014，（1）：90-96.

⑤ 魏群义，袁芳，贾欢，等. 我国移动图书馆服务现状调查——以国家图书馆和省级公共图书馆为对象. 中国图书馆学报，2014，（3）：50-63.

⑥ 刘奕捷，吕荣胜，刘燕权. 美国图书馆移动服务发展现状——纽约州图书馆的调查. 图书情报工作，2014，58（12）：17-25.

表 2.3 中的 6 篇论文中仅文献 5 专门研究中国公共图书馆移动服务的现状，并与美国公共图书馆进行对比研究。上述相关研究基本反映了中美公共图书馆的移动服务现状，比如，移动服务的覆盖率、服务模式和移动服务功能等，但是在最新移动技术的应用和服务模式的调研方面仍存在一定的不足。首先，响应式网页设计是一项新的移动技术，对于移动网站的设计和服务产生了重要的影响，但对于中美公共图书馆采用响应式网页设计的情况缺乏详细的调研。其次，微信作为移动服务的一种新模式，在国内公共图书馆界得到了广泛的应用，但对于微信服务在公共图书馆中的普及情况、相关服务功能等的调研较为缺乏。最后，从表 2.3 可以看出，最近的一次调研时间为 2013 年年底，鉴于移动服务的发展非常迅速，非常有必要重新开展调研，以便全面了解中美公共图书馆的移动服务现状，并分析当前移动服务所存在的问题。

2.2.1 研究对象

公共图书馆体系是图书馆体系的重要组成部分，具有分布广泛、群体众多的特点。在中国，省级图书馆是公共图书馆体系的优秀代表，基本代表了各省公共图书馆的最高服务水平，能够反映中国公共图书馆的移动服务发展水平，因此国内部分的调研以国家图书馆和中国 31 家省级公共图书馆为调查对象。国家图书馆承担了公共图书馆的部分职能，也是国内最早开通移动服务的图书馆，因此将其作为调查对象之一。在调研期间，内蒙古自治区图书馆和西藏自治区图书馆的主页一直无法打开，无法了解其移动服务开展的基本情况，所以本次移动服务调研的中国公共图书馆数量为 30 家。

美国公共图书馆体系非常发达，基本上代表了全球公共图书馆界的最高水平。2011 年，OCLC 发布了《全美顶尖 25 家公共图书馆馆藏分析报告》[①]，将纽约公共图书馆等 25 家图书馆称为全美顶尖的 25 家公共图书馆，它们代表了美国公共图书馆的顶尖水平。所以，美国部分的调研对象就选择纽约公共图书馆、波士顿公共图书馆（Boston Public Library）和底特律公共图书馆（Detroit Public Library）等 25 家图书馆。调研期间，迈阿密-戴德县公共图书馆系统（Miami-Dade Public Library System）和拉斯韦加斯-克拉克县图书馆系统（Las Vegas-Clark County Library System）的图书馆主页一直无法打开，无

① Lavoie B. The top 25 US public libraries' collective collection，as represented in WorldCat. https：//www.oclc.org/content/dam/research/publications/library/2011/lavoie-ndpl.pdf.

法了解其移动服务开展的基本情况，所以本次移动服务调研的美国公共图书馆数量为 23 家。

2.2.2 研究方法

研究方法主要采用网络调研法和对比分析法。首先，通过网络调研方法，查找公共图书馆的网站，梳理其是否推出了移动图书馆服务，并查找移动网站的地址、移动客户端的名称及微信公众号名称。其次，联系公共图书馆的技术馆员索取测试账号或者借用同行账号，完成测试前的准备工作。最后，使用获取的账号通过智能手机逐一访问移动网站，安装并使用移动 APP，部分问题通过电话、邮件等方式咨询图书馆的技术馆员，调研内容包括图书馆主页是否采用响应式网页设计、移动服务模式（短信息/移动网站/客户端/微信）、移动服务功能（调研的三种服务模式包括移动网站、客户端和微信，重点调研馆藏书目检索、电子书刊阅读、音视频服务等 34 项移动服务，详见表 2.4）、移动咨询服务模式（实时咨询/表单咨询/电话咨询/学科馆员/邮件咨询/短信咨询）、客户端所支持的操作系统平台、系统开发模式、移动 APP 开发商、系统运行模式、移动阅读资源量、提供的其他 APP 服务等。在对中美公共图书馆的移动服务调研基础上，从服务模式、移动服务内容、移动阅读资源、系统运行模式等方面，与美国顶尖公共图书馆进行对比分析，希望找到值得中国图书馆借鉴的地方。

表 2.4　移动服务的功能序号与服务对照表

1. 馆藏目录检索	2. 电子书刊阅读	3. 音频、视频资料	4. 数字资源检索	5. 移动文献数据库
6. 数字资源阅读	7. 数字资源下载	8. 文献传递	9. 参考咨询服务	10. 读者留言/反馈
11. SNS 服务（图书评论、微博）	12. 社交网站访问链接	13. 推荐购书	14. 开放时间	15. 读者指南（读者导引、到馆路线、FAQ、联系我们）
16. 通知与公告	17. 短信息服务（预约提醒、到期提醒）	18. 书刊推介（新书推荐、热门推荐）	19. 我的图书馆（借阅历史、当前借阅、预约、续借、收藏夹、检索历史、浏览历史等）	20. 订阅功能（RSS 订阅、订阅期刊、讲座订阅、报纸订阅）
21. 位置服务（查找最近的图书馆、图书馆导航、书架导航）	22. 增强现实	23. 近场通信技术（NFC）	24. 扫描条码	25. 语音识别
26. 优秀 APP 推荐	27. 预约空间服务（研修室、阅览座位）	28. 预约硬件（计算机）	29. 二维码/条码借阅证	30. 读者证挂失
31. 图书转借	32. 停车位查询/预约	33. 预约取书	34. 手机自助借书	

可以看出在数字资源服务方面，微信并没有提供相应的服务。

尽管微信服务属于一项新的移动服务，存在服务功能不够丰富的问题，不过部分公共图书馆的微信服务还是呈现出一定的创造性。上海图书馆和重庆图书馆均通过微信向绑定账户的用户提供二维码/条码借阅证服务，通过微信自动生成的二维码读者证可以替代传统的纸质借书证的部分功能，如借阅图书、二维码门禁等，这些服务不仅具有人性化的特点，而且很炫、很酷，对年轻读者具有很强的吸引力。浙江省图书馆的微信还提供停车位查询功能，读者在前往图书馆之前可以查询停车位的空余情况，以决定是否驾车前往图书馆。

6. *移动客户端的服务功能*

1）移动服务功能

移动图书馆的客户端是图书馆针对移动终端开发和可供安装的应用程序，客户端由于具有安装简单、功能丰富、离线使用、升级方便等优势，并可以集成手机的照相、GPS 等模块功能，已经成为移动图书馆的重要服务模式，深受读者的喜爱。在被调研的 30 家中国公共图书馆中，全部提供移动服务，其中 73.3%（22/30）的图书馆提供移动客户端供读者下载和使用。中国公共图书馆移动客户端的服务功能统计图如图 2.7 所示。每所图书馆平均提供的移动服务数量为 14.7 项，相对于移动网站（11.8 项/所）和微信（6.93 项/所）而言，客户端的移动服务更为丰富一些。

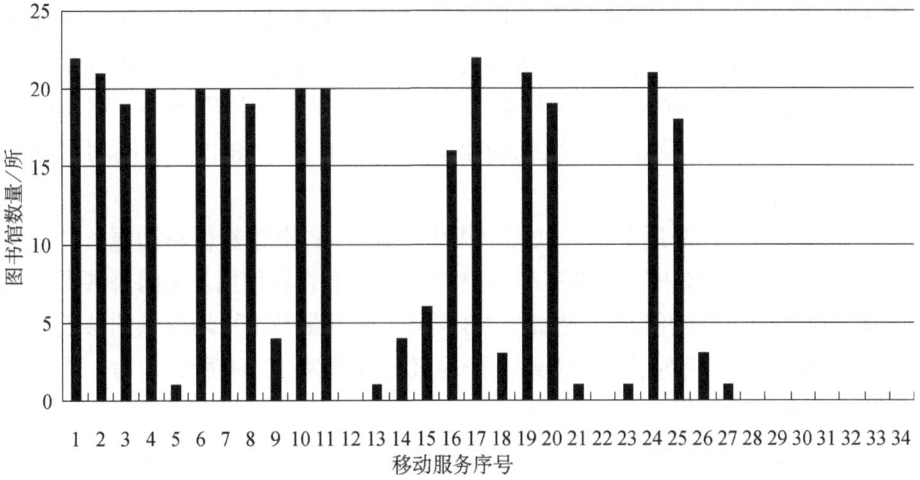

图 2.7 中国公共图书馆移动客户端的服务功能统计图

注：移动服务序号对应的服务功能参见表 2.4

从图 2.7 可以看出，在中国公共图书馆客户端的服务中，最常见的服务依次为馆藏目录检索、短信息服务（预约提醒、到期提醒）、电子书刊阅读、我的图书馆（借阅历史、当前借阅、预约、续借、收藏夹、检索历史、浏览历史等）、扫描条码、数字资源检索、数字资源阅读、数字资源下载、读者留言/反馈、SNS 服务（图书评论、微博）、音频/视频资料、文献传递、订阅功能（RSS 订阅、订阅期刊、讲座订阅、报纸订阅）、语音识别和通知与公告。仅有国家图书馆、上海图书馆、重庆图书馆和浙江图书馆提供移动咨询服务，提供服务的比例为 18.2%（4/22），4 所图书馆提供的咨询方式均为表单咨询，仅有国家图书馆还提供电话咨询服务。

中国公共图书馆的移动服务呈现三个特点：首先，移动服务的丰富性，图书馆提供的移动服务平均数量为 14.7 项/所；其次，丰富的数字资源服务，数字资源检索服务不仅覆盖率高，而且服务体系较为完整，90.9%（20/22）的公共图书馆都提供数字资源检索、数字资源阅读、数字资源下载、数字文献传递等服务；最后，服务具有良好的个性化和交互性，90.9%（20/22）的图书馆同时提供了订阅功能、SNS 服务（书评）、我的图书馆等个性化服务。然而也存在两个方面的问题，首先，部分图书馆的移动服务体系不完整，部分重要服务缺失。虽然通知公告属于基本服务，但是仍有 27.3%（6/22）的公共图书馆未提供移动通知公告服务。移动图书馆作为一项新服务，应该重视读者咨询服务，但是目前仅有 18.2%（4/22）的图书馆提供移动咨询服务，难以满足读者随时咨询的需求。其次，移动服务缺乏一定的创新性，与智能终端结合较差，没有根据智能终端的特点开发相应的移动服务，仅有浙江图书馆提供基于 GPS 模块的位置服务。利用手机扫描推荐购书是一项非常人性化的服务，也仅有浙江图书馆支持利用移动终端推荐购书。

在被调研的 23 所美国公共图书馆中，22 所图书馆提供移动服务，其中 95.5%（21/22）的图书馆提供移动客户端供读者下载和使用。美国公共图书馆移动客户端的服务功能统计图如图 2.8 所示。每所图书馆平均提供的移动服务数量为 12.1 项，相对于移动网站（平均服务数量为 10 项/所）而言，客户端的移动服务更为丰富一些。

从图 2.8 可以看出，最常用的 10 项移动服务有馆藏目录检索、我的图书馆（借阅历史、当前借阅、预约、续借、收藏夹、检索历史、浏览历史等）、扫描条码、读者指南（读者导引、到馆路线、FAQ、联系我们）、预约取书、开放时间、电子书刊阅读、位置服务（查找最近的图书馆、图书馆导航、书架导航）、音频/视频资料、SNS 服务（图书评论、微博）。相对于中国公共图书馆，移动咨询服务在美国公共图书馆中更为普及，38.1%（8/21）的图书馆提供移动咨询服务，咨询服务方式统计图如图 2.9 所示。从图 2.9 可以看出，美国公共图书馆常用的咨询方式为电话咨询和短信咨询。

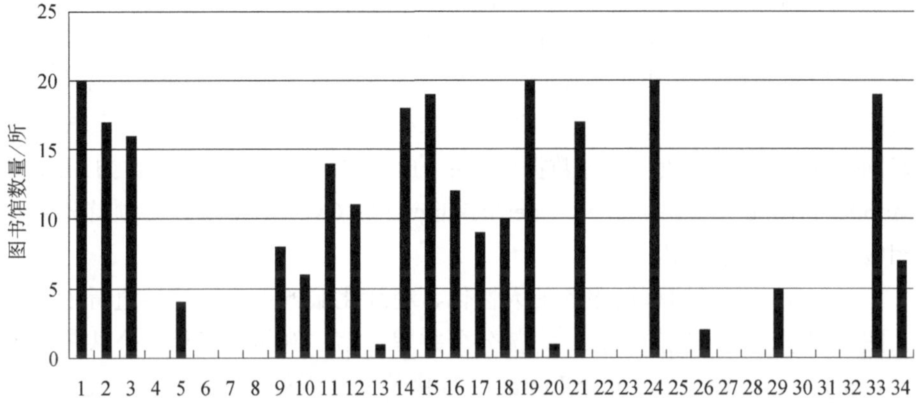

图 2.8　美国公共图书馆移动客户端的服务功能统计图

注：横坐标为移动服务序号，移动服务序号对应的服务功能参见表 2.4

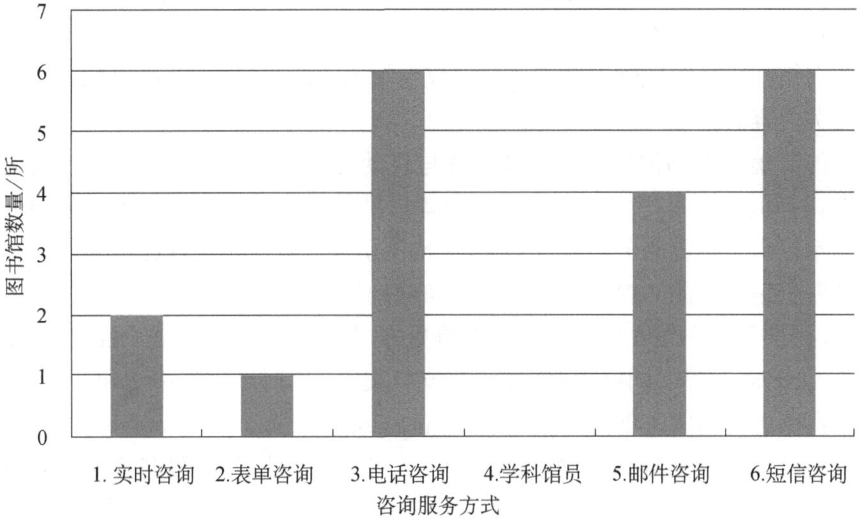

图 2.9　美国公共图书馆移动客户端的移动咨询服务方式统计图

根据图 2.7 和图 2.8 的统计数据，对中美公共图书馆的客户端提供的移动服务进行对比分析，找出各自的优势和不足，为日后移动服务体系的构建提供参考。

（1）中国公共图书馆（平均移动服务数量为 14.7 项/所）提供了比美国公共图书馆（平均移动服务数量为 12.1 项/所）更为丰富的移动服务。中国图书馆提供了较为丰富的数字资源服务，数字资源检索服务不仅覆盖率高，而且服务体系较为完整，90.9%（20/22）的公共图书馆提供数字资源检索、数字资源阅读、数字资源下载、数字文献传递等服务。美国图书馆基本未涉及数字资源检索、数字资源阅读、数字资源下载、数字文献传递等服务，主要提供的资源服务有电子书和有声读物。相比美国图书馆，中国公共图书馆基于海量的元数据库提供了功能完善的数字资源检索与获取服务，用户体验较为良好，而美国图书馆一般是通过数据库自带的APP提供数字资源检索，如EBSCO Mobile、World Book Mobile、OneClickdigital 和 OverDrive 等，必须首先下载相应的 APP 才能使用。

（2）美国图书馆移动服务的人性化、精细化服务更佳，这是值得中国公共图书馆学习和借鉴的地方。大部分公共图书馆，例如，洛杉矶公共图书馆（County of Los Angeles Public Library）提供的公共服务通知非常人性化，用户不仅可以根据分馆、时间选择（今日通知、本周通知、本月通知），还可以根据读者年龄和主题进行选择。皇后区公共图书馆（Queens Borough Public Library）还支持客户端预约图书馆的活动。很多图书馆提供输入提醒功能，这对于输入不是特别方便的移动终端来说非常人性化。大部分使用 Boopsie 系统的图书馆都提供智能输入功能，例如，仅仅输入 ma twa 就可以找到 Mark Twain 的相关内容。

（3）美国图书馆提供的移动服务与移动终端的特性结合得更好。大部分图书馆都提供条码扫描功能，方便读者扫描条码、查找馆藏。美国大部分图书馆都提供了位置服务，通过 Google 地图引导读者进行交通路线导航。纽约公共图书馆提供的 OPAC 检索集成了馆藏地地图导航功能。

（4）美国图书馆在国际化方面做得更好，旧金山公共图书馆（San Francisco Public Library）提供的移动服务，不仅支持英文，同时还支持中文和西班牙语。如果在中国使用国王郡图书馆系统（King County Library System）提供的客户端，系统会自动切换到中文界面，非常人性化。纽约公共图书馆提供的图书推荐功能，不仅有新书通报，还有正订购的图书和纽约时报畅销书等。

（5）美国图书馆在馆藏丰富信息展示方面做得更好，例如，纽约公共图书馆、波士顿公共图书馆等图书馆提供的 OPAC 检索功能，不仅有馆藏状态，同时提供了目录、高精度封面、作者简介等丰富信息，国内图书馆在这一点上做得明显不足。

对移动服务的宣传不足是中美图书馆面临的共性问题。在不少图书馆的主页中难以找到移动图书馆服务的链接或相关介绍，例如，中国的河北省图书馆、广西壮族自治区图书馆、新疆维吾尔自治区图书馆、美国的克利夫兰公共图书馆（Cleveland Public Library）、亨内平县图书馆（Hennepin County Library）、杰克逊维尔公共图书馆（Jacksonville Public Library）等，美国图书馆部分 APP 信息是通过使用图书馆的咨询服务（ask librarian）获取的。

服务同质化是中国公共图书馆面临的一个重要问题，选用同一产品的图书馆移动服务几乎完全一样，不管是界面，还是具体的服务功能都是一样的，难以体现图书馆的个性化服务和特色。

2）客户端支持的移动系统平台

从附录 2 可以看出，中国公共图书馆的客户端全部支持 iOS 和 Android 平台，重庆图书馆还支持 Symbian 平台，不过暂时没有图书馆支持 WP 平台，略显不足。随着市场上 WP 平台手机越来越多，中国公共图书馆应主动开发基于 WP 平台的移动图书馆客户端，以满足 WP 手机用户的使用需求。

从附录 4 可以看出，美国公共图书馆客户端都支持 iOS 和 Android 平台，还有 31.8%（7/22）的图书馆支持 WP 和 Kindle 平台。所以，就平台兼容性和覆盖率来讲，美国公共图书馆优于中国公共图书馆。

3）系统开发模式与移动图书馆产品选用

一般来说，移动图书馆系统开发模式有自主开发和选用成熟产品两种方式。根据附录 2 中的数据，86.3%（19/22）的中国公共图书馆选择成熟产品，这在一定程度上反映出移动图书馆系统日趋完善，已经能够满足图书馆的服务需求。2013 年 5 月，魏群义等[①]的调研显示，76.5%的中国公共图书馆选择成熟产品，可以看出，选用移动图书馆成熟产品的图书馆比例有了一定的提升。可以预见，随着产品功能的不断改进，未来公共图书馆将更多地选择成熟的移动图书馆产品。在倾向于选用成熟产品这方面，中国图书馆与美国图书馆的情况基本一致，根据附录 4 中的数据，85.7%（18/21）的美国公共图书馆选用成熟的产品。

从选用的移动图书馆产品来看，中国公共图书馆中 80%（16/20）的图书馆选用超星移动图书馆系统，15%（3/20）选用书生移动图书馆系统，5%（1/20）选用翡翠科技的产品。（说明：浙江图书馆同时拥有超星移动图书馆和书生移动图书馆，所以总数量为 20。）美国公共图书馆采用的移动图书馆产品主要有

① 魏群义，袁芳，贾欢，等. 我国移动图书馆服务现状调查——以国家图书馆和省级公共图书馆为对象. 中国图书馆学报，2014（3）：50-63.

Boopsie 和 BiblioCommons 两种，另外还有 SirsiDynix、ChiliFresh 和 Hybrid Forge 等产品，详细情况见表 2.6。

表 2.6　美国公共图书馆移动图书馆产品选用情况统计表

移动图书馆产品名称	选用该产品的图书馆数量/所
Boopsie	8
BiblioCommons	7
SirsiDynix	1
ChiliFresh	1
Hybrid Forge	1

尽管中美公共图书馆都倾向于选用成熟的移动图书馆产品，但两者之间还是存在一定的差异。在中国，不管图书馆选用的是超星移动图书馆系统，还是书生移动图书馆系统，选用同样产品的图书馆都使用同一个客户端（同一个下载地址，客户端名称和标志都是一样的），用户进入移动图书馆系统之后首先选择所在的图书馆，再进入各自图书馆 APP，所有图书馆均没有专用的客户端和标志，难以体现图书馆的服务特色，同样难以对用户产生较好的服务认同感。用户也许会认为使用的是超星移动图书馆系统，而不是某个图书馆的移动客户端。

然而，美国公共图书馆就不一样，即使选用的是同一家公司的相同产品，也拥有独立的客户端名称和图书馆标志，相比而言，移动图书馆的个性化做得更好，这一点值得中国公共图书馆学习和参考。

4）云服务模式的采用

从附录 2 和附录 4 可以看出，采用成熟移动图书馆产品的图书馆，其移动客户端系统全部 SaaS 云服务运行模式，采用云服务模式能有效减轻图书馆运行维护的成本和压力，云服务 SaaS 模式已经成为移动图书馆的重要运行模式。比如，雄鹿县社区学院图书馆（BucksCounty Community College Library）① 选用 Boopsie 作为移动图书馆的解决方案，公司提供全套的云服务解决方案，图书馆所需要做工作很少，仅仅包括提供馆藏 Marc 数据、与图书馆管理系统的接口，还有图书馆的标志。

另外，移动阅读资源基本都采用云存储方式。所有移动阅读资源全部部署在云端，由资源提供商通过云服务为移动用户提供检索与获取服务，不需

① Johnstone B T. Boopsie and librarians：Connecting mobile learners and the library. Library Hi Tech News，2011，28（4）：18-21.

要图书馆进行额外的软硬件投入和系统维护工作，而且提升了服务的稳定性。

5）移动阅读资源量

通过移动图书馆随时随地获取和阅读文献资源是读者最喜爱的移动服务之一，尤其是文本格式的阅读资源可以保障读者最佳的阅读体验。从附录 2 可以看出，中国公共图书馆提供的移动资源非常丰富，涉及图书、期刊、报纸、学位论文、视频、网页、图片、新闻等。16 家选用超星移动图书馆系统的图书馆均拥有海量的移动阅读资源，包括 110 万种电子图书（其中文本书大概有 20 万种）、电子期刊 3000 种、音视频有 3 万多集、报纸有 300 种。超星移动图书馆的资源量与 2013 年相比，有了大幅度的提升。提供更多文本格式的阅读资源，将是推动移动阅读，吸纳更多读者使用移动图书馆服务的重要手段。图书馆在增加移动资源的同时，非常重视移动资源的版权，图书馆主要选择与资源商合作，在保障阅读资源供应的同时，很好地解决了版权难题。例如，国家图书馆选择与中国知网、读览天下合作，掌上国图集成了“手机知网”，提供期刊、会议论文、报纸、工具书等资源的移动检索、阅读与下载；“读览天下”则为读者提供电子书刊阅读服务。其他选择超星移动图书馆系统的图书馆，通过与超星公司合作解决电子图书、学术视频等移动资源的版权问题。

与美国公共图书馆相比，中国公共图书馆提供的移动资源更为丰富。美国公共图书馆的移动资源主要集中于 EPUB 电子图书和有声读物，基本上都由 OverDrive、OneClickdigital 和 Axis 360 等数据商提供，比如，截至 2015 年 9 月 20 日，波士顿公共图书馆拥有 452 236 种电子图书和有声读物，数量颇为可观。

需要注意的是，当前国内公共图书馆的移动阅读资源主要还是来自移动系统提供商，所有选用成熟产品的图书馆均没有与其他资源商合作，这造成移动阅读资源的来源较为单一，文献的丰富性有待提升。国内公共图书馆仅有国家图书馆、重庆图书馆提供的移动资源来自其他资源提供商，但是重庆图书馆客户端的电子图书下载需要收费。这一点，美国公共图书馆表现更为出色，尽管同样选择的是成熟移动图书馆产品，但是提供的移动资源基本都是来自 OverDrive、OneClickdigital 和 Axis 360 等数据商。主要原因就是国外的移动服务解决方案提供商与数字资源商保持了良好的合作，比如，Boopsie[①] 的合作伙伴就有 OverDrive、OneClickdigital、EBSCO、Axis 360、LexisNexis 等 30 余家数据提供商。

① Boopsie Star Partners. http：//www.boopsie.com/boopsie-stars/.

7. 图书馆提供的其他 APP 服务

随着移动服务的流行，除了图书馆之外，还有不少数字资源商纷纷开始为读者提供移动服务，如 EBSCO、Gale、LexisNexis 等。除了移动图书馆客户端之外，国内外公共图书馆也注重收集和提供各类 APP 服务，从附录 2 可以看出，中国公共图书馆提供的 APP 服务数量较少，具体 APP 名称和简介见表 2.7。

表 2.7　中国公共图书馆推荐 APP 的信息列表

APP 名称	推荐 APP 的图书馆	APP 简介
文津经典诵读	国家图书馆	从浩瀚如烟的中华典籍中选取具有代表性的名言警句，每日更新并推送服务
国图选粹	国家图书馆	展现国家图书馆优秀馆藏为目的应用，主要有以下几个主要功能模块：精彩聚焦、图文专题、文化视听、经典阅读
读览天下	重庆图书馆 首都图书馆	移动休闲期刊阅读平台，拥有综合性人文大众类期刊 1600 种
NFC 自助借书客户端	广东省中山图书馆	通过手机完成图书借阅服务，无需排队
馆馆通	浙江图书馆 湖北省图书馆	主要实现图书查询、续借、预约预借及用户空间、图书快递、图书馆信息发布及通知、咨询、微博一键分享、图书馆定位查询等功能体验
文化通	浙江图书馆	整合各类公共文化服务设施（图书馆、文化馆、博物馆、影剧院）的活动和地理信息，无缝嵌入数字阅读
移动知网	首都图书馆	移动学术阅读平台，整合了中国知网海量优质、权威的学术类资源，内容包含学术期刊、学位论文、会议论文、报纸、工具书系列产品
长江论坛	湖北省图书馆	湖北省图书馆的各类讲座信息
博看期刊移动客户端	湖北省图书馆	博看人文畅销期刊，移动阅读畅销期刊内容

从附录 4 可以看出，美国公共图书馆非常注重 APP 服务的推荐，为读者推荐各类优秀的 APP 资源，共有 10 家图书馆推荐了各类 APP[①~⑦]，APP 种类非常丰富，这对于提升读者的学习和科研效率非常有帮助，免去了读者查找 APP 的麻烦，具体 APP 名称和简介见表 2.8。例如，辛辛那提和哈密尔顿县公共图书馆（Public Library of Cincinnati and Hamilton County）为读者推荐了 15 个移动 APP。

① NYPL Mobile Apps for iPhone，Android and Mobile Web. http：//www.nypl.org/mobile-help.
② Mobile Library Apps. http：//www.colapublib.org/gomobile/.
③ Mobile Research and Library Tools. http：//www.cincinnatilibrary.org/mobile/resources.html.
④ Apps. http：//www.kcls.org/usingthelibrary/apps/.
⑤ Connect with MCPL：Apps. http：//montgomerycountymd.libguides.com/connect/apps.
⑥ Mobile Apps. http：//www.mymcpl.org/online-information/mobile-apps.
⑦ Mobile Resources Apps and Services for Mobile Phones，Tablets and eReaders. http：//sfpl.org/index.php?pg=2000821101.

表 2.8 美国公共图书馆推荐 APP 的信息列表

APP 名称	APP 简介	APP 名称	APP 简介
NYPL Biblion：World's Fair	纽约公共图书馆的馆藏特色展示	Biblion：Frankenstein and the Afterlife of Shelley's Circle	纽约公共图书馆的馆藏特色展示
OverDrive	电子图书、有声读物数据库	hoopla	提供流媒体视频、音乐和有声读物等内容
Zinio	电子杂志	Mango Mobile	语言学习软件
Freegal Music	音乐软件	Tutor.com To Go	家庭作业帮助软件
Access My Library	Gale 数字资源	OneClickdigital	有声读物数据库
Reference USA	求职类 APP	EBSCO Mobile	EBSCO 数据库的移动版
Gale eBooks	Gale 电子图书	Freading	EPUB 和 PDF 电子书
Homework Help Now from Brainfuse	家庭作业帮助软件	NoveList Plus Mobile	小说类电子图书
Signing Savvy	语言学习类软件	World Book Mobile	World Book 数据库
Worldcat Mobile	Worldcat 移动版	Treehouse	网站设计素材库
READometer	阅读软件	3M Cloud Library	EPUB 电子图书
Flipster	电子杂志	Lynda.com	在线学习平台
Kansas City Business Journal	电子期刊	Alexander Street	在线音乐
Axis 360	电子图书	enki	电子图书
Internet Archive	档案库		

2.3 移动图书馆用户调研

2.3.1 调研背景

2011～2015 年是中国互联网蓬勃发展的 5 年，在这 5 年中中国互联网取得了硕果累累的成绩。这期间，互联网基础环境全面优化，已经建成了覆盖网络更广、网络速度更快、国际通信能力更强的网络环境。在中国移动互联网飞速发展的大环境下，手机已经超越电脑成为中国网民首选的上网终端，在移动设备大量增长和设备智能化日新月异的环境中，作为信息服务机构的图书馆，则需要从移动互联网飞速发展的外部环境和用户对图书馆信息服务多元化、个性化需求的内部环境出发，把图书馆的资源和服务扩展到用户的身边，开创图书馆信息服务的新模式，移动图书馆服务开始出现并得到迅速发展。截止到 2015 年 12 月，全国 39 所“985”工程高校中共有 38 所高校开通了各自的移动图书馆服务，移动服务开通比例达 97%。

重庆大学图书馆早在 2007 年年底就已正式开通了手机图书馆服务，是“985”高校中开通移动图书馆服务较早的高校。重庆大学的移动图书馆服务模式主要有四种，分别为短信息、移动 WAP 网站、APP 和微信图书馆。由于短信息服务模式相对简单，所以本次调研仅考虑移动 WAP 网站、APP 和微信图书馆这三种服务模式。

短信息服务模式已经集成到图书馆管理系统中，主要用于图书超期提醒、预约到书提醒、通借通还服务提醒等服务。移动 WAP 网站（http: // g.superlib.com）采用“卓越联盟移动图书馆”系统，以 WAP 协议为网络通信协议，以手机浏览器为访问平台，为用户提供馆藏查询、期刊检索、报纸检索、学位论文检索及电子书阅读等信息服务。APP 采用的是“超星移动图书馆”定制平台，可以运行在 iOS 和 Android 系统的平板电脑、手机等移动设备上。用户下载和安装 APP 后，登陆后就可享受馆藏查询、学术资源检索、电子书阅读、报纸阅读、公开课、文献传递、音视频资源及 RSS 订阅等一站式移动信息服务。重庆大学微信图书馆（微信号：cdweitu，微信名称：重庆大学图书馆）于 2014 年 3 月正式开通运行，采用了服务号来进行深入定制，按照功能将菜单设计分为“资源信息”“智慧图书馆”和“信息快递”三大功能模块，如图 1.8 所示。用户使用微信关注图书馆的公众平台账号，然后根据提示完成图书馆账号的绑定，即可通过微信使用馆藏查询、电子书阅读、期刊检索、借阅信息等信息服务。

尽管图书馆提供了多样化的移动信息服务，但移动图书馆的效果依然不理想，用户体验差，究其原因就是缺乏对用户的深入调研，对用户的需求理解不够透彻。在移动互联网时代，图书馆如何更好地理解用户，了解用户的需求，以便为用户提供更好的移动图书馆服务是当前面临的重要课题。在此背景之下，我们以重庆大学图书馆用户为调研对象，进行侧重用户体验的调研。此次调研旨在回答图书馆用户究竟需要何种移动图书馆服务，用户对当前的移动图书馆服务的用户体验到底如何，针对当前存在的问题应提出怎样的建议。

2.3.2 调研方法

本次调研采用的方法是用户访谈法和调查问卷法。国际标准化组织将用户体验定义为“使用者在接触产品、系统、服务后，所产生的反应与变化，包含使用者的认知、情绪、偏好、知觉、生理与心理、行为”，即“这个东西好不好用，用起来方不方便”。因此，用户体验是主观的，注重实际应用时产生的效果。由于用户体验是使用者的主观体验，若采用传统的问卷调查方法，通过对问卷调查数据的分析很难得出有价值的信息。此外，被调查用户在填写问卷时还可能会出现心不在焉、随意填写等情况，因此，为了减小此次用户调研中存在的偏差，得到真实可靠的数据，采用将问卷调查法和用户访谈法相结合的调研方法。这样既可以获取到用户的真实体验，又可以收集到定量的样本数据。一旦确定被调查用户后，为了防止被调查用户出现私人空间效应，首先同用户进行非正式谈话以沟通感情、消除隔阂，缓解被调查用户的压力，同时收集用户的经历、个性、专长、兴趣等背景资料。调查开始后，用户填写问卷，完成问卷中的各种问题，同时调查者会同用户进行一对一的交流，了解用户在使用移动图书馆服务中的心理体验并及时记录下来。通过采用问卷调查法同用户访谈法相结合的方法，可以对用户使用移动图书馆的态度和动机有较深层次的理解，同时用户的体验是由测试用户亲口讲出，具体而准确，减小了可能存在的偏差。但此方法也存在成本较高、访谈结果处理较难、调查样本不大等缺点。本次调研时间为 2015 年 9～10 月。

2.3.3 调研过程

1. 准备阶段：调研用户的选择、问卷调查的设计、调研思路

此次调研的重点有两部分，第一部分是用户偏好哪种移动图书馆服务模式，第二部分则是用户使用移动图书馆服务后的体验，因此，在调研思路的设计上，选择了典型用户调研，即选取若干名具有代表性的用户进行个别的、深入的调查。

在被调研用户的选择上，为了准确把握本次用户调研的重点，我们将调研的目标群体选定为重庆大学的在读学生。此外，为了最大限度地消除此次调研中可能存在的偏差，我们在选择调研用户上尽量做到公平和公正，在充分考虑被调查用户的学历层次差异及不同学科背景后，最终从图书馆用户中招募了 50 人参加此次调查，包含本科生和研究生。所有的测试用户都需满足以下基本条件，即拥有手机并且能够使用重庆大学移动图书馆系统。此外，为了提高参与调研用户的积极性，每位用户还将获得一份奖品作为物质奖励。

此次用户调研的目的是通过用户访谈和问卷调查相结合的方法，了解用户偏好哪种移动图书馆服务模式，以及对当前移动图书馆系统的体验是怎样的。因此在问卷调查设计上，主要围绕这两点展开。

设计的调查问卷一共有21道问题，详见附录5，主要包括三个部分。①用户信息收集：对被调查用户的个人信息，以及用户持有的移动终端情况进行收集，包括用户的身份、专业背景、手机类型、手机系统、是否用过移动图书馆服务等。②用户任务：针对被调查用户预先设计 4 个小任务，这些任务皆是与移动图书馆系统的核心功能有关的，被调查用户需要逐个完成这些任务，包括使用馆藏查询功能检索指定的图书、使用学术资源检索功能检索指定的期刊、在数字资源中找到指定的报纸并阅读及检索指定的电子书，下载并进行阅读。③感受评价：用户结合完成以上 4 个任务的情况和自身感受，对移动图书馆系统进行综合评价，评价的内容包括用户是否愿意通过移动设备进行阅读、移动图书馆系统的各项功能是否可以正常使用、用户最喜欢的移动图书馆服务是什么，以及用户最希望增加哪些移动图书馆服务等。

2. 调研阶段：问卷调查

为了在真实的环境中获得客观的调查结果和用户体验，此次用户调研采取了现场调查，所有被调查用户就像往常使用他们的移动设备一样参与测试。为了使被调查用户不被外界环境干扰，选择了安静、舒适的学生活动室作为调查地点。此次移动图书馆用户调研可分为三部分。

（1）调查开始前。在调查开始前，我们会同被调查用户进行非正式谈话，通过电话的方式向用户告知调查时间、调查地点及注意事项等，同时简单了解用户的经历、个性、专长、兴趣等背景资料，以便消除隔阂、缓解被调查用户的心理压力。待被调查用户到达测试地点后，我们会同用户再次进行简单的谈话，让用户了解本研究的目的不是评价用户的水平或技能，无需感到紧张和担心。随后向用户介绍调查的流程，以及重庆大学移动图书馆服务的基本情况。

（2）调查进行中。待准备工作就绪后，调查便正式开始。用户首先需要完成问卷的第一部分——信息收集阶段，问卷调查中 1～10 题。当被调查用户完成问卷第一部分后，随即进入第二部分——任务完成阶段。用户需要仔细阅读任务要求，随后使用手机访问自己偏好的移动图书馆系统，并完成规定的任务，然后做出相应的评价。此外，用户还要按照任务的要求将检索到的信息填写到问卷上。被调查用户每完成一个任务，工作人员就与用户进行交流，询问该任务完成过程中心理感受如何、是否存在疑虑和问题等，同时将用户反馈的感受及时记录下来，以便以后分析之用。任务完成阶段所设计的任务（问卷调查中 11～14 题）有以下四个。任务 1：请在移动图书馆的馆藏文献中检索《内心的寂静》一书，并写下该书的出版社及责任者。任务 2：请在学术资源中检索《我国高校图书馆移动服务创新对策浅析》这篇论文，并写下该文献的作者及出版日期。任务 3：请在移动图书馆的数字资源中找到报纸——《北京晚报》，并写下该报第一条新闻的标题。任务 4：请在移动图书馆中找到《新闻摄影事务》（智慧主编），并写下该书的 ISBN 和出版日期。用户完成以上四个任务后，用户调研进入第三个部分——感受评价阶段（15～21 题），被调查用户需要结合自身给出完成以上四个任务的情况和感受，以及使用移动图书馆的经验和对移动图书馆的认识，并做出评价。

（3）调查结束后。完成以上三部分后，调查问卷基本结束，但对用户进行的访谈还未结束。在调查问卷结束后，我们会对被调查用户再次进行简短的访谈，倾听用户对移动图书馆系统的整体感受，询问用户对移动图书馆系统有何问题和意见等，访谈的内容，均会被及时记录下来，便于日后分析时使用。

2.3.4 调研结果与数据分析

1. 用户基本信息及移动设备使用情况

本次调研一共招募了 50 名在校学生，根据用户填写的信息进行统计，移动用户及设备使用统计表见表 2.9。可以看出，此次调研基本覆盖了各专业、不同学历结构的在校学生，样本具有良好的用户代表性。

通过数据分析不难看出，在 50 名被调查对象中，手机上网已经成为用户首选的上网方式，有高达 92%的用户几乎每天都会使用手机上网来获取各种信息；智能手机的普及率也相当的高，在用户所持有的智能手机中，性价比较高的 Android 系统的手机依然是大多数用户的选择，而小众的 WP 系统则用户较少。用户智能手机拥有率高、智能手机上网频率高等特点说明用户已经接受了移动互联网这一全新的互联网模式，移动图书馆在移动互联网的大背景下将会有更广阔的发展空间。

表 2.9 移动用户及设备使用统计表

用户性别	男性		女性
	29 人（58%）		21 人（42%）
学历结构	本科生		研究生
	25 人（50%）		25 人（50%）
专业背景	文史类	经管类	理工类
	15 人（30%）	19 人（38%）	16 人（32%）
手机类型	智能手机		非智能手机
	50 人（100%）		0 人
手机操作系统	Android	iOS	WP
	30 人（60%）	18 人（36%）	2 人（4%）
使用移动设备的频率	几乎每天都用	偶尔使用	从来不用
	46 人（92%）	4 人（8%）	0 人
经常使用的移动上网设备	智能手机	平板电脑	其他上网设备
	42 人（84%）	6 人（12%）	2 人（4%）

2. 用户对移动图书馆的认知行为分析

从移动图书馆的知晓度来看，50 名被调查用户中曾经使用过移动图书馆服务的用户仅有 19 人，占比 38%；听说过但没用过的用户达 24 人，从未听说过的用户 7 人，总计有 62%的用户从未使用过移动图书馆服务，这说明移动图书馆的服务知晓度不高，宣传推广工作还需进一步加强。此外，在参加此次调研的用户中，62%的用户都从未使用过移动图书馆服务，这对于收集用户体验和了解用户所需的移动图书馆服务有一定的帮助。

从用户得知移动图书馆的方式上来看（图 2.10），12 人通过网站主页公告得知，8 人通过宣传海报得知，24 人通过朋友、同学、老师介绍得知，所占比例分别为 24%、16%、48%；此外，通过报纸、微博、微信、论坛，搜索引擎和培训、讲座得知的用户分别为 3 人、1 人和 2 人，占比分别为 6%、2%、4%。由此可以看出，在移动图书馆推广工作上官方的公告通知、海报宣传推广效果较好，朋友、同学、老师的口耳相传对移动图书馆的推广起到了巨大作用，用户占比高达 48%。

从用户使用移动图书馆系统的目的上来看（图 2.11），馆藏查询、预约图书是用户使用量最大的服务，50 名被调查用户中有 35 人选择了此项，占比为 70%；其次为数据库资源服务，共有 30 人选择此项。阅读电子图书、电子期刊，使用“我的图书馆”功能，使用视频、音频资源及其他的用户数紧随其后，分别有 21 人、15 人、8 人、1 人，所占比例分别为 42%、30%、16%、

2%。不难发现，获取馆藏查询、预约图书、电子资源阅读、数据库服务等基础服务是用户使用移动图书馆的主要目的。

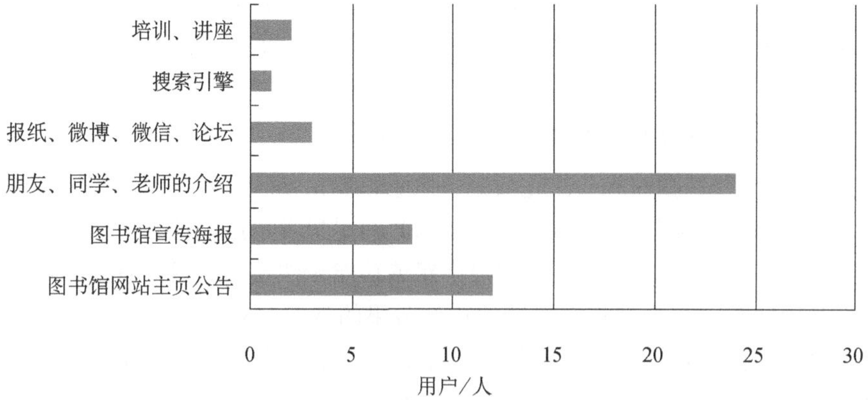

图 2.10　用户获知移动图书馆服务的渠道

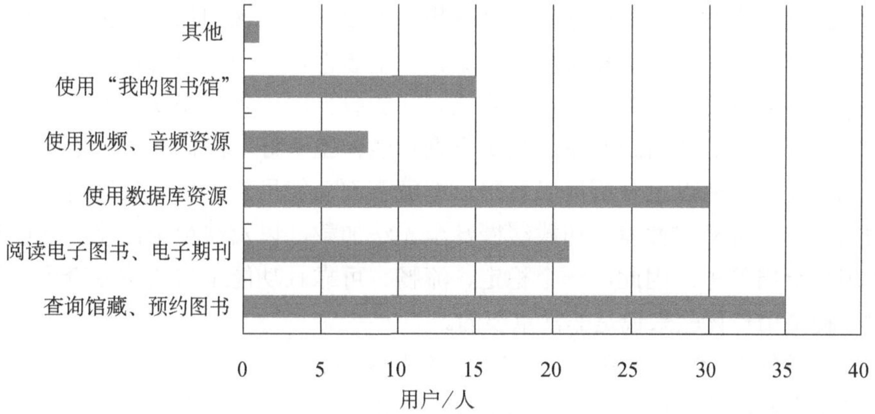

图 2.11　用户使用移动图书馆的主要目的

3. 用户偏好的移动服务模式

从移动图书馆服务模式的用户偏好上来看，移动图书馆客户端 APP 模式最受欢迎，有 50%（25/50）的用户首选 APP 服务模式，微信图书馆模式则稍逊色一些，首选比例为 42%（21/50），仅有 6%（3/50）的用户首选移动 WAP 网站模式。通过数据对比发现，APP 模式最受欢迎，主要是由于 APP 相对于微信图书馆和移动网站模式而言功能更加强大，检索速度更快，运行速度也快，这大大提升了用户体验。此外，微信图书馆也是一种比较受用户欢迎的移动图书馆服务模式，微信图书馆虽然在功能上不如 APP 强大，但由于微信在当今大学生群体中装机率极高，且使用简单方便，用户只需使用微信扫码功能扫描微信图书馆的二维码，点击关注以后就可使用移动图书馆服务，非常简单快捷，因此广泛受到欢迎。移动网站模式由于受制于传输协议、页面语言等因素，导致移动图书馆在 WAP 网站模式下功能较少，且基础服务也不稳定，因此导致用户较少。

4. 移动服务任务的用户体验情况及其分析

从任务 1“馆藏查询”的完成效果来看，88%（44/50）的用户能够顺利检索并且找到所需内容，但仍有 4%（2/50）的用户表示虽能检索，但检索效果差；此外，还有 8%（4/50）的用户抱怨该功能无法使用。可以看出，被调查用户对移动图书馆馆藏查询功能的总体效果的认可度还是比较高的。但有 2 名用户表示检索效果差，主要是因为在微信图书馆和移动网站模式下，馆藏检索功能加载速度慢，检索速度慢，检索结果不够详细，缺少图书简介，无法进行图书预约操作。功能的缺失直接导致用户体验下降，因而有 2 名用户表示虽能够进行检索，但效果不够理想。结合用户访谈的记录分析，造成这种情况的主要原因在于移动图书馆服务还不够稳定，当用户选择使用微信图书馆和移动网站时，馆藏查询需要长时间加载页面，多次刷新页面，有时甚至无法打开，这些问题造成了馆藏查询功能体验不好，因此有用户表示该功能无法使用。从以上分析可以看出，馆藏查询功能虽然整体效果尚可，但移动图书馆系统稳定性差，加载缓慢甚至无法加载，以及缺少个性化的功能导致用户给出差评。因此，一个稳定、流畅、可靠且功能丰富的馆藏查询服务对于提高用户体验来说是非常重要的。

从任务 2“数字资源检索”的完成效果来看，66%（33/50）的用户认为检索效果良好，功能完善，20%（10/50）的用户认为检索效果不够理想；此外，还有 10%（5/50）的用户认为没有此功能，4%（2/50）的用户表示有此功能，但无法使用。可以得知，仅有 60%的用户认为数字资源检索效果总体良好，其他用户认为检索效果不理想或者功能无法使用。通过对这部分用户的调查问卷和访谈记录分析发现，数字资源检索所采用的超星发现系统在检索时加载速度非常缓慢，尤其在微信图书馆和移动网站这两种服务模式下更为严重。此外，数字资源检索无法获取全文，检索结果排版不佳，辨识度低是造成用户检索效果和用户体验不够理想的主要原因。而且，不少用户均反映在微信图书馆和移动网站下检索页面加载缓慢，多次刷新也无法正常进行检索。因此，该功能加载缓慢、系统稳定差是造成用户无法使用的直接原因。

从任务 3“报纸阅读”的完成效果来看，在 50 名被调查用户中，仅有 22 名用户认为报纸阅读效果良好，所占比例还未超过总数的一半，仅为 44%；认为有此功能但阅读效果不佳的用户达 18 人，占比 36%；分别各有 5 名用户认为屏幕小造成阅读效果差和没有此功能，各占 10%。从整体来看，任务 3“报纸阅读”效果并不理想，仅有 44%的用户认为阅读效果很好，而高达 56%的用户给“报纸阅读”差评。通过对以上数据和用户访谈结果的分析发现，在移动图书馆系统中，报纸检索步骤复杂、报纸加载速度缓慢、无法显示原文、内容陈旧，以及检索相关度差、阅读界面不够美观、排版不合理是造成用户体验不佳的主要原因。尤其在微信图书馆和移动网站模式下，用户对这些问题的抱怨尤其突出，这说明我们的移动图书馆系统还存在服务和功能上的漏洞，还需要完善和改进。

从任务 4“电子书阅读”的完成效果来看，50 名用户中仅有 21 人认为阅读体验良好，所占比例为 42%，未超过半数；14 人认为有此功能但阅读体验差，占比 28%。因手机屏幕小造成阅读体验差的用户有 5 人，占比 10%；值得注意的是有 10 名用户认为有此功能，但无法使用，比例高达 20%。通过对上述数据的分析得知，电子书阅读的效果不够理想。结合用户访谈记录的分析发现，电子书阅读界面单一，缺乏标记、放大镜等实用功能，且检索方式复杂、排版也不够美观。此外，在移动网站模式下电子书阅读功能出现了需要用户反复登陆的问题，这直接导致用户不得不放弃阅读，而且当电子书选择以“图片方式阅读”时就无法打开，稳定性欠佳。以上各种原因造成了电子书阅读体验不理想、用户评价不高的问题，这说明我们的移动图书馆系统还有待提高和完善。

5. 用户对移动图书馆服务的接受态度与使用评价

从用户对移动图书馆服务的接受态度来看，有 54%（27/50）的用户表示可以接受，并且认为这是以后的发展趋势，30%（15/50）的用户表示愿意尝试一下，但也有 16%（8/50）的用户表示不能接受，阅读体验不好。通过对用户访谈记录的分析发现，超过半数的用户还是比较认可移动图书馆这种全新服务模式的，但是仍然存在着不少的问题。通过对表示不能接受、阅读体验不佳的 8 名用户的访谈记录单独进行分析发现，他们在使用移动图书馆系统中均遇到了 APP 功能入口模糊、界面交互逻辑不习惯；移动网站界面单一、检索复杂、检索结果不理想；还有微信图书馆页面加载缓慢、界面不够易用、微信图书馆功能入口不清晰、排版单一等问题。这一系列的问题直接导致用户体验的下降，进而导致部分用户不愿接受移动图书馆服务。

通过用户对移动图书馆各项功能的评价分析，有 21 人认为各项功能都能正常使用，占比不超过一半，仅为 42%；表示多数可用的有 23 人，占比 46%；表示只有少数可用的有 6 人，占比 12%。通过上述数据分析可以看出，用户对移动图书馆的评价不够理想，认为各项功能都正常使用的用户仅有 42%，不足总用户数量的一半。这说我们的移动图书馆在功能上还不够完善，没有达到用户的预期，移动图书馆还有较大的改进空间。从用户最喜欢的移动图书馆服务分析上来看，“个人图书馆”是最受用户欢迎的功能，有 17 名用户选择了此项，所占比例为 34%；馆藏查询有 14 名用户表示喜欢，所占比例为 28%；此外，喜欢电子书阅读、数字资源在线阅读的用户分别有 14 人和 8 人，占比为 28%和 16%；喜欢图书馆最新动态与通知查询功能的用户有 1 人，占 2%。

6. *移动服务使用障碍分析*

使用障碍分析有助于发现移动图书馆使用中的问题，移动图书馆使用障碍因素统计表如图 2.12 所示。从用户在使用移动图书馆中遇到的障碍来看，首先最大的障碍为手机屏幕小造成阅读费时费力，这样认为的用户的比例为 68%。其次是手机运行速度慢、网速慢，占比 64%；认为移动图书馆操作复杂，学习成本高的用户共有 21 人，所占比例为 42%；此外认为宣传力度小，不知道移动图书馆服务的用户有 15 人，占比 30%；表示移动图书馆界面不够美观的用户有 18 人，占比 36%。最后认为移动图书馆没有所需功能和增加消费开

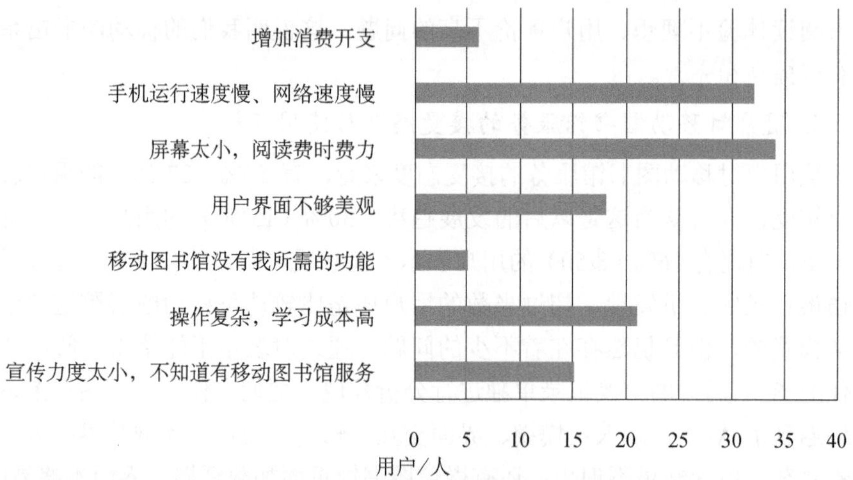

图 2.12　移动图书馆使用障碍因素统计表

支的用户分别有 5 人和 6 人，所占比例为 10%和 12%。

通过用户访谈可以发现，用户在使用移动图书馆图书中遇到的最大障碍是屏幕太小，阅读费时费力。然而通过此次调研观察，用户手机屏幕基本都在 4 寸①以上，所以屏幕过小并不是主要原因。实际上，造成用户阅读费时费力的根本原因是界面排版不够合理，不管是移动图书馆客户端，还是微信图书馆，或者 WAP 图书馆，这三种移动图书馆服务平台均没有充分利用手机屏幕仅有的空间来展现更多的内容。手机运行速度慢、网络速度慢是用户使用移动图书馆中遇到的另一个主要障碍，实际上被调查用户的智能手机都在 3G 或者 4G 网络下运行，测试时也使用了 Wi-Fi 连接，但由于移动图书馆系统不够稳定，加载缓慢，甚至无法加载，无法显示内容，这直接影响到了用户体验。对被调查用户而言，这就表现为运行速度慢、网络速度慢。同时，操作复杂，学习成本高也是用户使用过程中遇到的一个较大的障碍，主要表现为由于移动图书馆客户端部分功能入口不清晰、客户端软件操作逻辑不符合用户的使用习惯，导致用户在使用时模棱两可，因此用户需要花费一定的时间来学习和适应。此外，图书馆未提供用户所需的功能、宣传力度不够导致用户不知道移动图书馆服务、界面不够美观、增加消费开支等同样也是用户使用移动图书馆中遇到的主要障碍，这需要服务提供方不断完善移动图书馆的功能和服务、加大移动图书馆的宣传力度、优化界面等。

7. 用户偏好的移动服务

用户最喜欢的移动图书馆服务统计如图 2.13 所示。通过数据分析和用户

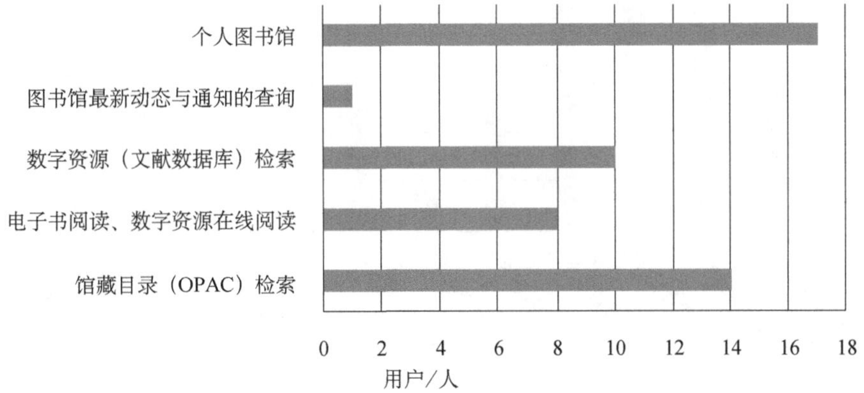

图 2.13　用户最喜欢的移动图书馆服务统计

① 1 寸≈3.33 厘米。

访谈不难发现，“个人图书馆”和“馆藏查询”这两个服务受欢迎程度最高，而这两项功能不仅是移动图书馆的基础功能，同时也是为数不多表现较为稳定的功能。喜欢“数字资源在线阅读”和“电子书阅读”的用户数量较少，主要是由于移动图书馆的这两项功能还不够稳定和易用，造成了用户体验质量的下降，进而导致用户满意度下降。以上分析说明，当前的移动图书馆服务还存在诸多问题和不足，有待改进和完善。

用户希望增加的移动图书馆服务统计如图 2.14 所示。在问及用户最希望增加哪些移动图书馆服务时，借阅服务（预约图书、预约取书、图书转借、手机自助借书等）是用户最希望增加的新服务，共有 34 人，所占比例达到 68%；读者服务（读者引导、到馆路线、开放时间、FAQ、推荐购书、读者证挂失等）也是用户呼声较大的新服务，共计 26 人，所占比例为 52%；预约服务（研修室预约、自习室作为、计算机预约等）是另一个用户希望增加的新服务，有 22 人，占比 44%的用户选择了此项。此外，SNS、书刊推荐、NFC，以及新书通知也是用户较为希望增加的服务，分别有 21 人、23 人、20 人、21 人，占比分别为 42%、46%、40%、42%。最后参考咨询服务、位置服务、增强现实功能、语音识别、优秀 APP 推荐也是用户喜闻乐见的功能，分别有 14 人、17 人、4 人、6 人、4 人选择，所占比例分别为 28%、34%、8%、12%、8%。

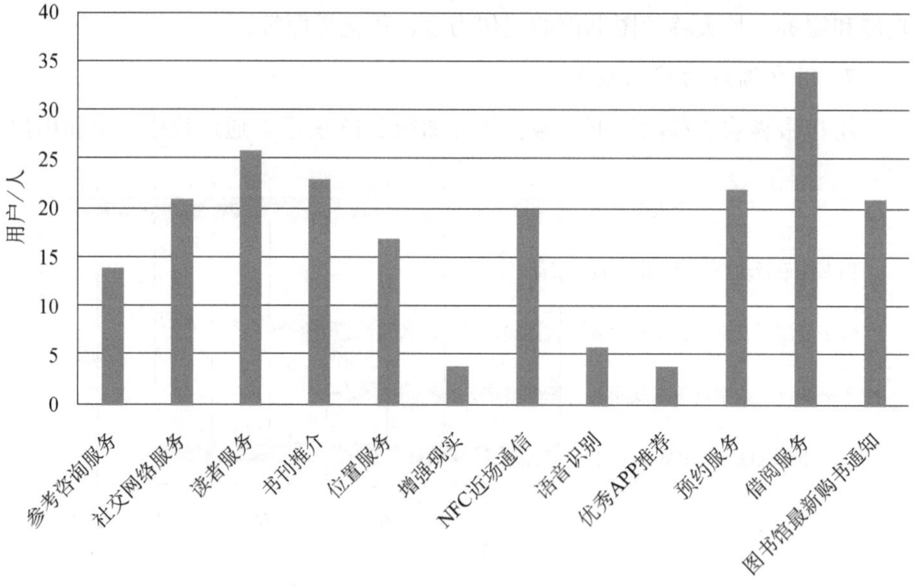

图 2.14　用户希望增加的移动图书馆服务

在所有的 12 项服务中，借阅服务、预约服务、读者服务以及书刊推荐是用户最希望增加的前 4 项服务，这 4 项服务皆是用户使用移动图书馆中必不可少的服务，但是移动图书馆系统依然还未实现这些服务，这说明我们还存在不足，还有较大的改善空间。值得注意的是，NFC 也有较多的用户希望增加，这与近几年物联网的迅速发展不无关系，随着 NFC 功能在移动支付领域内的规模不断扩大，想必不久的将来，NFC 也将会扩展其使用范围，出现在移动图书馆系统中，为我们的用户在使用移动图书馆时带来更多的便利。

8. 移动图书馆用户满意度评价

从用户对移动图书馆的总体满意度评价来看，表示非常满意的用户有 12 人，所占比例为 24%，不足总量的一半；选择满意的用户有 21 人，占比为 42%；基本满意的用户有 14 人，占比 24%；不满意的用户有 3 人，所占比例为 6%；其中使用 WAP 图书馆的 3 名用户均对移动图书馆的体验表示不满意。从整体来看，用户对移动图书馆的评价并不高，用户体验不理想。我们通过对用户访谈记录的分析认为，移动图书馆系统满意度评价不理想的原因主要在于以下几点。

（1）移动图书馆 APP 功能入口模糊不清，不少用户使用时感到困惑；

（2）移动图书馆 APP 信息组织不合理，与用户习惯的使用逻辑不相符；

（3）移动图书馆 APP 兼容性不够良好，在部分用户的手机上出现运行错误、运行较卡和速度慢等问题；

（4）移动 WAP 网站检索速度慢，检索效果不理想，且不稳定，经常无法加载；

（5）移动 WAP 网站界面不够友好和易用；

（6）微信图书馆加载速度缓慢、系统稳定性差，偶尔会出现无法打开的问题；

（7）微信图书馆检索效果差，系统信息组织不合理；

（8）微信图书馆界面不够友好，排版单一，阅读效果不佳。

2.3.5 移动图书馆服务改进建议

1. 移动图书馆 APP 的改进建议

通过对调查问卷和用户访谈记录的分析，在整个软件的设计和交互逻辑上，用户抱怨最多的问题就是功能入口模糊不清，另外，馆藏图书查询缺少详细信息显示、期刊检索效果不佳且无法获取全文、电子书阅读功能弱和报纸阅读检索步骤复杂且有时无法加载等问题也是大多数用户在使用移动图书馆中遇到的困难。针对这些问题，首先，应当规范各个功能入口的名称，将“书架”

同“书世界”合并为一个功能，并统一命名为“电子图书”；将“学术资源”更名为“论文检索”，减少对用户的干扰；将“视频”同“公开课”进行合并，同时保留“公开课”这个名称；将“报纸”更名为“报纸阅读”。其次，将侧栏隐藏菜单中的“我的收藏”及“借阅信息”功能入口加入APP主页中。

针对馆藏查询功能存在的问题，应按照用户的需要，在检索结果页面中加入图书详细信息的显示，包括图书内容简介、目录预览、图书封面、精选图书评论等，同时优化检索效果，加快检索速度。

针对期刊检索功能存在的问题，应在期刊检索中加入“检索全部内容”的功能，且默认检索类型变更为“期刊”而不是“图书”。关于用户反映无法获取全文的问题，图书馆应该积极同版权商谈判沟通，尽早解决版权问题，使得用户在移动图书馆上也可以阅读期刊全文。

针对电子书阅读功能较弱的问题，应满足用户的需求，增加用户在访谈中提及的放大镜及标记功能，方便有阅读障碍和需要做笔记的用户更加轻松地使用电子书阅读功能。

针对报纸无法阅读原文、检索步骤复杂的问题，应简化检索步骤，将搜索框放置于显著位置，方便用户进行搜索，此外，还需优化“报纸阅读”功能模块的稳定性和可靠性，尽快解决原文阅读不稳定的情况。

最后，从移动图书馆APP整体的设计来看，图标的设计应该选择用户更易于理解的类型，做到图标表意，不轻易改变用户的使用习惯；搜索入口应采用类似放大镜的图标作为指引，做到拟物表意；同时对APP的多个搜索模块进行整合，在主页上增加全局搜索功能，搜索类别采用下拉菜单的设计，以减少对屏幕有限空间的占用。除此之外，还应减少整个APP的菜单层级，优化交互逻辑，给个用户一个良好的使用体验。

2. 对WAP图书馆的改进建议

参加此次用户调研的50名用户中仅有3名用户选择了使用WAP图书馆，但在对移动图书馆系统的满意度评价中，这3名用户均给出了不满意的评价，这说明我们的WAP图书馆还存在较大的问题。通过对问卷数据和这3名用户的访谈记录分析发现，WAP图书馆的主要问题在于系统稳定性太差，所有用户均表示手机浏览器打开WAP图书馆缓慢，检索缓慢，甚至检索失败，而且界面不够美观易用，反复登陆，用户体验差。

针对WAP图书馆当前存在的诸多问题，首先应该尽快完善WAP图书馆系统的稳定性，提升访问和检索速度，保证WAP图书馆的基础功能可用，满足用户的基本需求。在系统稳定性和系统速度得到有效改善的前提下，对WAP图书馆的界面设计进行改进优化，改善排版效果，完善搜索功能，改进阅读效果。

3. 对微信图书馆的改进建议

通过对参加此次用户调研的数据和访谈记录分析得知，多数用户对微信图书馆的抱怨主要集中在系统加载速度慢、稳定性差，其内嵌的超星发现系统不够稳定，期刊检索效果不佳，排版不佳，辨识度低，以及电子书无法阅读和报纸内容陈旧，无法检索等问题。针对上述存在的问题：第一，应该尽快提高微信图书馆系统的稳定性和可靠性，保证用户能够较快地检索和查看信息；第二，解决超星发现系统不稳定的问题，改善用户体验；第三，优化检索效果、优化排版效果，尽量在手机有限的屏幕空间上显示更加丰富的内容；第四，对于电子书无法借阅的问题应尽可能提升该功能模块的可靠性，减少问题的出现，提高用户体验；第五，针对报纸内容陈旧、无法检索的问题，要优化检索效果，同时增加报纸更新的频率，让用户获取到较新的内容。

4. 对于优化移动图书馆服务和改进用户体验的建议

通过此次调查发现，多数用户能够接受移动图书馆服务，并认为移动阅读是未来发展的趋势，同时也选出了自己最喜欢的移动图书馆服务和最希望增加的移动图书馆服务。移动图书馆系统有三种服务模式，这三种不同的移动图书馆模式内的信息，还未做到相对的统一，这可能造成用户在 A 模式下能够检索一本书，但却在 B 模式下无法检索的现象，这严重影响用户的体验。因此，应该从用户的角度出发，持续优化移动图书馆服务，使不同模式的移动图书馆服务能够做到相对统一和一致，此外，对于用户比较喜爱的移动图书馆服务，应该继续完善其功能，不断改进服务质量，优化用户体验；对于用户希望增加的移动图书馆服务，应当进行可行性论证，根据用户的实际需求和技术的进步增加相应的功能。在用户体验方面，移动图书馆系统的用户体验还不友好，这是由系统界面还不够美观，响应速度不够快，检索效果不理想，阅读效果不佳等综合原因造成的，因此，依然还需从用户出发，不断改进移动图书馆系统中所存在的种种问题，最终给用户一个良好的体验。

用户普遍反映的资源访问问题，例如，期刊无法阅读全文，电子图书阅读体验差，部分电子资源无法检索到等问题，均说明移动用户对于资源检索、资源访问与移动阅读服务非常在意，切实解决移动资源的版权问题，为用户提供更多优秀的移动资源是提升移动用户访问体验的重要策略。同时，服务的稳定性也是影响用户体验的重要因素。现有的多种服务模式，对于图书馆的技术维护是一个巨大的挑战。必须思考如何改变移动图书馆服务和管理模式，为移动用户提供持续、稳定的移动服务。

2.4 移动图书馆服务有效性调研

尽管移动图书馆服务在图书馆中的普及率逐年提升，前面提到在调研中仍然发现不少图书馆对于移动服务不够重视，甚至在图书馆主页都没有任何关于移动服务的介绍或者设置移动服务入口，存在明显的“重视项目建设，轻视服务宣传和后续使用”的现象。魏群义等①的研究显示，80%的用户没有使用过移动图书馆服务，说明读者对移动图书馆服务的知晓率较低。我们有理由相信，移动图书馆服务没有达到用户的预期，部分移动服务属于无效服务，造成用户不愿意继续使用移动图书馆服务。鉴于移动图书馆是一项新服务，服务的有效性至关重要，直接影响到读者是否愿意再次尝试和使用移动服务。为掌握当前图书馆的移动服务的有效性，以中国国家图书馆和省级公共图书馆为研究对象，开展移动服务的有效性测试。

2.4.1 研究对象的选择

鉴于前面对于中美公共图书馆的移动服务进行了深入的调研，对于中国公共图书馆的移动服务情况较为熟悉和了解，相关客户端和移动网站的信息已经收集完整，故本次有效性调研的研究对象选择中国国家图书馆和开通了移动服务的省级图书馆。

根据前面的调研，客户端和移动网站的移动服务相对丰富，所以本次有效性测试仅限客户端和移动网站这两种服务模式，微信服务不在测试之列。

调研时间：2015 年 10 月 8 日至 2016 年 8 月 10 日。

2.4.2 移动服务的选择

魏群义等①的研究显示，读者最喜爱的移动服务依次为电子书/数字资源

① 魏群义，袁芳，贾欢，等. 我国移动图书馆服务现状调查——以国家图书馆和省级公共图书馆为对象. 中国图书馆学报，2014，(3)：50-63.

在线阅读、数字资源检索、馆藏目录检索、我的图书馆、通知公告。根据前面的研究，这几项服务也是中国公共图书馆所提供的最常见的几项移动服务。由于“我的图书馆”涉及读者的私人借阅信息，不便进行测试。电子书阅读与数字资源在线阅读功能类似，测试一个即可。我们最后选择馆藏目录检索、通知公告、数字资源检索、数字检索阅读等四项服务进行有效性调查。

2.4.3 有效性调查方法

1. 馆藏目录检索

分别登录公共图书馆的移动图书馆系统（客户端或移动网站）和数字图书馆系统，使用馆藏目录检索服务，选择相同的检索范围、检索途径和检索词，将两个系统中的检索结果（命中记录条数和随机抽取的两条记录）进行比较，若完全一致，馆藏目录检索服务则视为完全有效；考虑到数据更新具有一定的滞后性，若检索数量差距在 5%以内，随机记录一致，则视为基本有效；若检索数量差距超过 5%或者随机记录不一致，则视为无效。测试样例描述如下：检索范围为馆藏目录（如果没有馆藏目录选择，则选择同一类别的目录数据库），检索途径为题名（如果不支持选择题名检索，则选择全部字段或者任意词），检索词为“图书馆管理”。

2. 通知公告

讲座是公共图书馆的重要服务内容，图书馆作为主办方必须及时、准确地发布讲座公告，讲座公告的有效性对于读者非常重要。通知公告服务的有效性测试方法为：分别登录公共图书馆的移动图书馆系统（客户端者移动网站）和数字图书馆系统，定位到“讲座信息”“展览信息”，或者类似栏目，选取最近的 10 条信息，若信息完全符合，则视为有效，否则视为无效。

3. 数字资源检索

登录移动图书馆系统，使用数字资源检索服务，检索一篇常见的期刊论文，如果能够命中记录，则视为服务有效，反之，视为服务无效。测试样例为：中文期刊论文（宋庆功. 材料信息学初探. 科学通报，2003，48（22）：2384-2387）。

4. 数字检索阅读

登录移动图书馆系统，在线阅读一篇常见的期刊论文，如果系统提供的多种阅读方式均能成功阅读，未出现错误或者乱码，则视为完全有效；至少一个阅读方式能成功阅读，则视为服务基本有效；如果所有阅读方式均无法阅读，则视为服务无效。测试样例同上。

2.4.4 国家图书馆移动服务有效性测试例证

使用智能手机三星 I9100，通过联通 3G 网络，访问掌上国图（网址：http：//wap.nlc.gov.cn）。同时，通过因特网访问国家图书馆的数字图书馆网站（网址：http：//www.nlc.gov.cn/）。

1. 馆藏目录检索

根据前面阐述的测试方法，分别进入国家图书馆的数字图书馆和移动图书馆，选择检索范围为中文文献库，检索途径为正题名，检索词为“图书馆管理”，检索结果分别如图 2.15 和图 2.16 所示。数字图书馆命中 181 条记录，移动网站命中 181 条记录，命中记录数完全一致，且前 2 条记录完全一致，所以国家图书馆的移动 OPAC 服务视为有效。

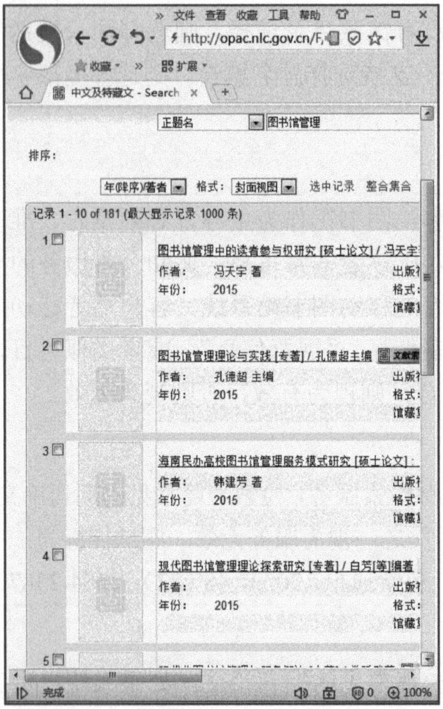

图 2.15 数字图书馆 OPAC 检索结果

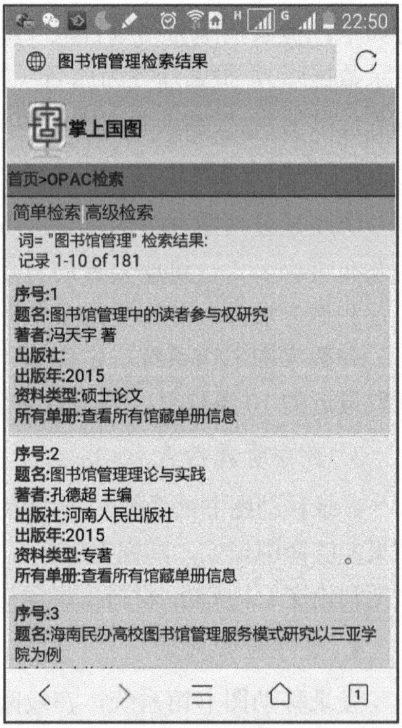

图 2.16 移动图书馆 OPAC 检索结果

2. 通知公告

分别进入掌上国图和国家图书馆数字图书馆系统，选取最近的 10 条讲座信息，经过比较，讲座信息完全一致，国家图书馆的通知公告服务视为有效。

3. 数字资源检索与数字检索阅读

在掌上国图登录后，通过“手机知网”顺利检索到论文，如图 2.17 所示，“数字资源检索”服务有效。使用在线阅读能阅读论文详细内容，如图 2.18 所示，但是出现不少乱码，对阅读效果有所影响，“数字检索阅读”服务视为基本有效。

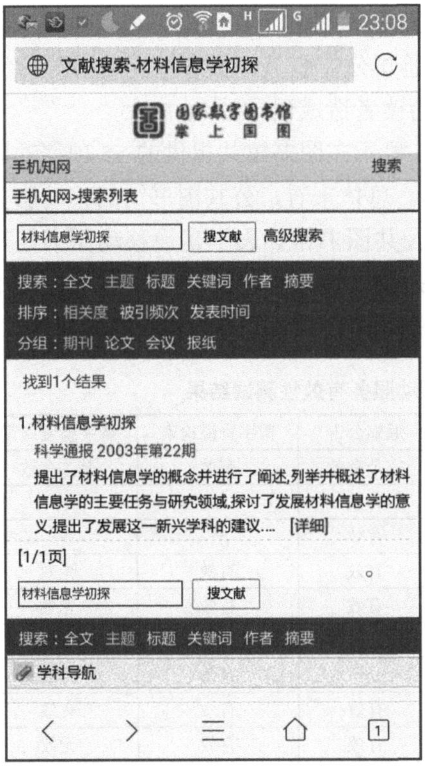

图 2.17 掌上国图数字资源检索页面图

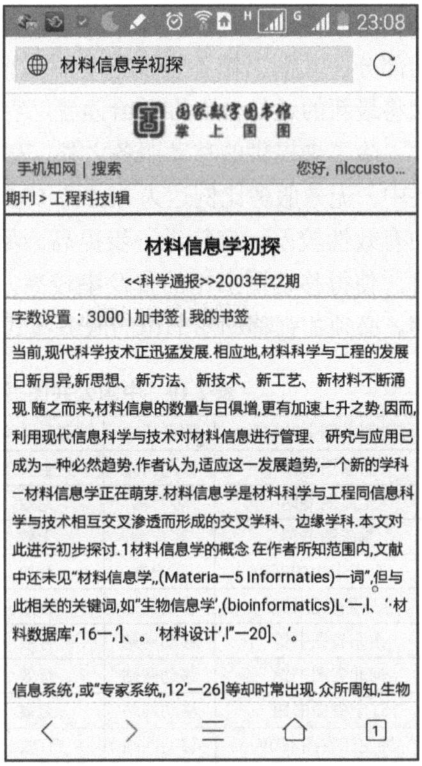

图 2.18 掌上国图数字资源在线阅读页面

2.4.5 移动服务有效性测试结果及其分析

公共图书馆移动服务有效性测试结果见表 2.9。在公共图书馆提供的移动服务中，“数字资源检索”服务有效性最好，所有图书馆的“数字资源检索”服务均有效，说明用户通过移动图书馆可以查找所需要的数字文献。但是，“数字检索阅读”服务有效率仅为 15%，读者难以通过移动终端有效阅读数字文献，究其原因还是数字资源的版权问题，超星移动图书馆系统的很多数字资源仅限通过文献传递获取，所以要提升“数字资源阅读”的有效性，首先要解决资源的版权问题，必须加强与资源商的合作，从而从根本上解决版权问题。

“馆藏目录检索”与“通知公共”均为移动图书馆的基础服务，但是有效性测试表现不佳。仅有 53.8%的图书馆提供的“馆藏目录检索”服务是有效的，反映了当前部分公共图书馆忽视了最基础的目录检索服务，难以满足读者移动检索的需求。另外，71.4%的图书馆提供的“通知公共”服务是有效的，说明部分公共图书馆不重视移动图书馆的通知公告服务，服务的无效性导致无法将最新的通知公告推送给读者，容易给读者造成误导。

除了未提供的移动服务之外，表 2.10 显示在图书馆共提供的 55 项移动服务中，无效服务比例达为 40.2%（35/87）。总体来看，公共图书馆的移动服务的有效性较差，有待进一步提高。尽管公共图书馆热衷于建设移动图书馆项目，使得移动图书馆的普及率较高，但是图书馆对于后续的移动服务关注不够。必须加强移动图书馆的服务模式研究，从根本上提升移动服务的有效性。

表 2.10　中国公共图书馆移动服务有效性测试结果

移动服务图书馆名称	服务模式	馆藏目录检索	通知公告	数字资源检索	数字检索阅读
国家图书馆	移动网站	完全有效	完全有效	有效	基本有效
上海图书馆	客户端	无效	有效	—	—
重庆图书馆	客户端	无效	有效	—	—
广东省中山图书馆	客户端	有效	有效	有效	无效
江西省图书馆	移动网站	有效	有效	有效	无效
山东省图书馆	移动网站	有效	有效	有效	无效
河北省图书馆	移动网站	有效	—	有效	无效
辽宁省图书馆	移动网站	无效	有效	有效	有效
黑龙江省图书馆	移动网站	有效	有效	有效	无效
吉林省图书馆	客户端	有效	有效	有效	无效
浙江图书馆	移动网站	有效	无效	有效	无效
宁夏图书馆	移动网站	有效	—	有效	无效
贵州省图书馆	移动网站	无效	—	有效	无效
海南省图书馆	移动网站	无效	—	有效	无效
天津图书馆	移动网站	有效	无效	有效	无效
首都图书馆	移动网站	有效	有效	有效	无效

续表

移动服务图书馆名称	服务模式	馆藏目录检索	通知公告	数字资源检索	数字检索阅读
福建省图书馆	客户端	有效	无效	有效	有效
陕西省图书馆	移动网站	无效	有效	有效	无效
广西壮族自治区图书馆	移动网站	无效	有效	有效	无效
新疆维吾尔自治区图书馆	客户端	有效	有效	有效	无效
四川省图书馆	移动网站	无效	无效	—	—
山西省图书馆	移动网站	无效	—	有效	无效
南京图书馆	移动网站	无效	有效	—	—
湖北省图书馆	移动网站	无效	无效	有效	无效
湖南省图书馆	移动网站	有效	无效	—	—
云南省图书馆	移动网站	无效	有效	—	—
“有效”所占比例		53.8%（14/26）	71.4%（15/21）	100%（20/20）	15%（3/20）

第3章

移动图书馆云服务需求研究

云计算作为一种IT基础设施与服务的交付和使用模式，它的出现深刻地影响着互联网的服务模式，并已经在各行各业得到了广泛的应用。图书馆作为各项新技术应用的先行者，云计算服务在图书馆中的应用自然也不例外，当前云计算服务在图书馆行业的应用案例不断增多，包括云存储、云基础设施服务和图书馆管理系统等方面，对图书馆的运行管理和信息服务均产生了积极的影响。移动图书馆服务仍是一项新服务，是图书馆应对移动互联网用户的移动服务需求的产物，随着移动服务的普及，读者对于移动服务提出了更高的要求，读者需要更多的阅读资源和更为丰富的移动服务，在传统模式下单独依靠一家图书馆或一家系统提供商为读者提供服务，难以满足读者的需求。图书馆迫切需要对现有的移动服务模式进行升级，云服务需求也日益凸显。本章内容将从移动用户、移动服务知识产权风险、移动资源体系、图书馆等角度分析在移动互联网环境下移动图书馆的云服务需求。

3.1 移动用户的云服务需求

移动用户是移动图书馆云服务的直接使用者，要分析移动用户的云服务需求，首先必须了解移动用户所使用的移动终端。移动用户的终端有智能手机和平板电脑等，因为具有功能丰富、携带方便的优势，智能手机已经成为人们生活的必需品。据李文芳等[①]针对大学生移动服务的调查，大学生智能手机的持有率为 88.1%，远远高于平板电脑（平板电脑的持有率仅为 3.6%）和其他移动设备。所以，智能手机已经成为移动用户使用移动图书馆服务的最主要的终端设备。下面分析一下智能手机的主要特征。

3.1.1 智能手机的特征

智能手机[②]是指像个人计算机一样，具有独立的操作系统、独立的运行空间，可以由用户自行安装软件、游戏、导航等第三方服务商提供的程序，并可以通过移动通信网络来实现无线网络接入的各种手机类型的总称。随着智能手机的快速发展，智能手机拥有越来越多的功能和特征，有些是来自品牌手机预装的一些特有功能，也有一些属于移动服务运营商附带的特色服务。下面介绍的是智能手机的普遍特征。

（1）蓝牙。智能手机都拥有蓝牙无线通信技术，可以在 10 米之内的范围与其他设备进行无线连接，如耳机、麦克风、扬声器、键盘等设备，还可以实现与其他同样拥有蓝牙模块的手机进行连接并传输文件。

（2）照相机和摄像机。数字相机已经成为智能手机的标配，随着智能手机的发展，内置摄像头的像素不断提升，如今 800 万像素，甚至 1300 万像素的智能手机都已经非常普遍。使用手机相机不仅可以完成照相，甚至还可以完成高质量的视频拍摄。2015 年 9 月上市的 iPhone 6S 手机[③]拥有 1200 万像素的 iSight 摄像头，可拍摄 4K 视频，其分辨率可达 1080p 高清（HD）视频的 4 倍。

（3）数据连接。通过专用的数据线和手机供应商的专用程序（有时候并不需要），智能手机可以轻松地与个人计算机进行连接，实现文件（照片、视频、文档等内容）的传输和共享，甚至安装和升级智能手机的应用程序。

（4）应用程序下载与使用。除了手机提供商或者移动服务运营商内置的程序之外，智能手机还可以通过连接移动互联网或 Wi-Fi 从第三方服务提供商

① 李文芳，方红，刘红丽. 高校移动图书馆建设：基于华中科技大学移动图书馆用户需求的调查与分析. 高校图书情报论坛，2012，11（2）：34-36，50.

② 智能手机. http：//baike.baidu.com/view/535.htm.

③ iPhone 6S. http：//baike.baidu.com/view/9575505.htm.

下载和安装应用程序，例如，Google Play 和苹果应用商店，从而大幅度丰富手机的功能和应用。

（5）电子邮件。电子邮件属于智能手机的商务功能，非常适合经常出差的商务人士。拥有电子邮件功能的手机会简单地为用户提供网络链接，这种类型的功能需要访问移动网络以便完成与电子邮件的互动。一些设备提供邮件通知与推送服务，及时通知用户有新的邮件，但仍需要用户访问网络来检索邮件。

（6）游戏。游戏是智能手机的重要娱乐功能之一，游戏成为众多商家利润的重要来源。市场上大部分移动设备都可以运行游戏，而且大部分手机在出厂之前都会预先安装一些游戏。游戏爱好者还可以从第三方下载和安装各类游戏程序（部分游戏是付费的），如 Google Play、亚马逊、苹果应用商店等。

（7）GPS。拥有 GPS 模块的智能手机可以使用全球导航卫星系统，随时定位手机所在的具体位置。GPS 功能使得手机用户可以使用地图功能，并使用导航软件完成交通路线导航，还有紧急位置服务和社交服务。

（8）即时通信。即时通信是当前互联网上最为流行的通信方式，各种各样的即时通信软件也层出不穷。拥有即时通信功能的智能手机可以帮助用户与其他用户实现即时聊天功能，中国手机用户一般安装 QQ、MSN、微信等应用，国外手机用户一般安装 Skype、WhatsApp、Yahoo 和 Facebook 等应用。

（9）存储卡插槽。存储卡插槽的出现，使得手机用户可以通过增加存储卡实现手机存储容量的扩充。加之手机存储卡的价格不断走低，使得智能手机的存储容量得到了大幅度提升。

（10）移动办公应用。在很多智能手机中移动办公应用越来越普遍，如 Word、Excel 和 PowerPoint 等。有了移动办公应用，通过智能手机就可以轻松打开和编辑各类办公文档，有效促进了移动办公。

（11）音乐/视频。很多手机都拥有音乐功能，并预先安装了 MP3 播放器，不仅可以播放音乐，还支持音乐在线播放与下载功能。通过手机浏览视频也成为智能手机重要的娱乐功能，几乎所有的视频网站都提供手机 APP 应用，用户安装视频网站的 APP 后即可随时随地观看视频，部分 APP 还支持视频下载、离线观看。

（12）手机热点。手机热点就是便携式 WLAN 热点，也就是将手机移动网络分享给其他具备 WLAN 功能的设备。手机可作为无线路由器使用，将手机本身的数据网络（3G/GPRS）分享给其他设备使用。因为智能手机可以随时随地连接移动互联网，手机热点功能使得智能手机可以为其他无法上网的笔记本电脑提供高速网络连接服务。

（13）网络连接。智能手机都提供互联网接入服务，不同的通信服务运营商提供不同的网络服务。在移动互联网环境下，只要有网络流量，或者在 Wi-Fi 环境下，通过智能手机的网络浏览器（Safari、UC、Chrome 等）浏览网页非常容易。根据 2015 年 6 月的《第 36 次中国互联网络发展状况统计报告》[①]，手机已经超过个人计算机，成为排名第一的网络接入设备。

（14）二维码与 NFC。二维码大量应用于各类服务宣传中，几乎所有的智能手机都可以扫描二维码并被引导至相应的 Web 页面。NFC 是由非接触式射频识别（RFID）及互联互通技术整合演变而来的，将两个具备 NFC 功能的手机进行链接，能实现点对点的数据传输，例如，下载音乐、交换图片或同步设备地址簿等。NFC 技术还支持多种应用，包括移动支付、移动交易和移动信息访问等。通过 NFC 手机，人们可以在任何地点、任何时间，通过任何设备，与他们希望得到的娱乐服务与交易联系在一起，从而完成付款、获取海报信息等服务。

3.1.2 移动用户的云服务需求

首先，智能手机是天然的云服务终端。随着智能手机的不断发展，手机处理器性能不断提升，存储卡插槽的出现极大地扩充了智能手机的存储容量，这都使得智能手机的功能日益强大，俨然成了一台小型的笔记本电脑。个人计算机销售在最近几年显著下降，而智能手机和平板电脑销量猛增，已经有人开始预测，也许在未来，智能手机将逐步取代笔记本电脑的地位。智能手机与电脑相互融合将是一个长期发展的趋势[②]，苹果和谷歌均宣布相应的融合动作。在苹果的 WWDC 大会上，该公司宣布了一组 iOS 8 的新功能，被称为 Continuity（连续性），该功能可以使 Mac 与附近的 iPhone 进行匹配并合作完成通话、发送邮件等。谷歌在 I/O 开发者大会，发布的新的 Android 版本将具有"移动、桌面及其他"的全平台支持。在操作系统方面，微软的 Windows 8 已经包括了移动版触摸界面和传统的 Windows 桌面。

随着智能手机在硬件方面的不断升级（CPU 信息处理能力不断增强、内存容量显著提升），同时智能手机具有丰富的移动功能（不仅有 GPS、摄像、二维码、NFC 等功能，还有指纹识别技术、语音识别技术、手机重力感应、手机屏幕自动旋转、各类传感器技术等功能），加之移动互联网的不断提速、

① 第 36 次中国互联网络发展状况统计报告（全文）. http：//www.ce.cn/xwzx/gnsz/gdxw/201507/23/t20150723_6022843_1.shtml.

② 个人电脑的未来将是智能手机. http：//tech.163.com/14/0710/04/A0P13K0S000915BF.html.

4G 技术的日益成熟，以及 Wi-Fi 覆盖率的不断提升都为智能手机高速接入网络提供了基础条件，使得智能手机成了天然的云服务终端。根据智能手机的特性，围绕智能手机打造的手机云服务已经成为事实并在不断向前发展着。手机云服务①是以手机终端为载体，通过服务器、网络、终端全部实时连接，形成一个统一的生态系统，在这个系统内服务器进行大量的运算和信息存储，而高速的网络则负载整个信息的传输。

其次，智能手机用户习惯使用移动云服务。移动上网设备的逐渐普及、网络环境的日趋完善、移动互联网应用场景的日益丰富三个因素共同作用，促使手机网民规模进一步增长。截至 2015 年 6 月，我国手机网民规模达 5.94 亿人，较 2014 年 12 月增加 3679 万人②，网民中使用手机上网的人群占比由 2014 年 12 月的 85.8%提升至 88.9%。使用手机上网并获取资讯、阅读电子书和使用社交软件已经成为手机用户的主要习惯。在移动服务时代，不管是手机供应商，还是 IT 信息服务商，都积极地为智能手机用户推出各类移动云服务。iCloud③就是手机供应商苹果公司推出的典型移动云服务，iCloud 免费向用户提供 5G 存储空间，从苹果应用商店购买的音乐、应用程序和电子书不占用空间，一方面可以让文件保存在云计算中心，另一方面又具备自动同步功能，省去下载到本地设备的麻烦。华为 Cloud+④是内置在华为云手机中的重要组成部分，共分为四个组成部分：智汇云、Cloud+网盘、全备份和安全卫士。其他手机云服务还有谷歌安卓云服务、阿里巴巴公司旗下的阿里云 OS、MIUI 手机金山云服务（小米手机）、魅族 Flyme 云服务等。IT 信息服务商如腾讯、搜狐、网易等都推出新闻、阅读、视频等丰富的手机云服务，如网易云阅读、搜狐视频、腾讯视频等。移动云服务已经深入人心，智能手机用户已经习惯使用各类移动云服务。

最后，用户期待移动图书馆云服务。尽管移动图书馆为用户提供非常丰富的移动服务，包括移动 OPAC、移动咨询、移动阅读、个人图书馆等，但根据之前的用户调研，在“内容为王”的信息时代，图书馆用户更为偏好移动资源类服务（阅读电子图书、下载学术论文和观看视频资源等），用户期待通过智能手机等移动终端阅读到海量的文献资源。将海量文献资源放置在云端，用户通过移动图书馆访问移动资源数据库，实现电子图书、视频等资源的在线检索、浏览与下载，将是移动图书馆云服务的重要模式。移动图书馆云服务不但能为

① 手机云服务. http：//baike.baidu.com/view/6303741.htm.

② 第 36 次中国互联网络发展状况统计报告（全文）. http：//www.ce.cn/xwzx/gnsz/gdxw/201507/23/t20150723_6022843_1.shtml.

③ iCloud. http：//baike.baidu.com/view/2858462.htm.

④ 华为 Cloud+云服务. http：//www.chinacloud.cn/show.aspx?id=8605&cid=16.

用户带来海量的文献资源库，而且只要用户拥有智能手机，不论何时何地，用户都可以随时检索和阅读放在云端的海量文献资源，还可以有效提升阅读体验。因为智能手机具有一定的存储容量，用户还可以在合适的网络条件下将喜爱的文献下载到移动终端，实现离线阅读，从而更好地满足用户的移动阅读需求。

3.2 移动服务的知识产权风险分析及对策研究

移动图书馆的发展对图书馆的服务和管理既是机遇又是挑战。在移动互联网时代，图书馆通过移动图书馆服务将资源和服务直接推送到读者的移动终端，提升了服务的便利性和个性化，满足了读者随时随地阅读学习和知识获取的需求。但是图书馆在为读者提供移动阅读等服务的同时，也面临知识产权风险和问题。读者们利用 Wi-Fi 或移动互联网，登录移动图书馆检索数字资源、阅读电子图书、阅读学术资源、下载数字资源等，突破了传统数字图书通过 IP 控制、数字版权管理（Digital Rights Management，DRM）技术、水印等技术解决版权的方式，可能带来知识产权侵权的风险。虽然我国大部分图书馆对于开展的移动图书馆服务均做出了版权声明，但是缺乏具体的版权声明内容，并没有对读者起到警示作用，也没有起到保障著作权人和读者的合法权益的作用。我国没有发布过在移动互联网环境下数字资源版权管理相关的政策法规，相关知识产权法律体系还不够完善，只有《著作权法》和《信息网络传播权保护条例》中的部分条例可用于移动图书馆知识产权问题，随着移动技术的发展，法律保护的对象和范围也在不断变化，但是我国的知识产权法律法规的细化程度却跟不上变化，移动图书馆知识产权的风险问题也没有法律保障。针对移动图书馆存在的知识产权风险进行系统性的研究和分析并开展相应的对策研究，对于推动移动图书馆的可持续发展具有重要的意义。

3.2.1 国内外移动图书馆知识产权的研究现状

1. 国内移动图书馆知识产权的研究现状

赖永波[①]提出移动图书馆作为移动阅读内容提供者面临知识产权风险，以

① 赖永波. 移动图书馆服务的知识产权侵权风险分析. 中国科技信息，2011，(6)：123-124.

及作为移动网络服务提供者还面临侵犯作品完整权的风险，最后提出提高知识产权法律意识、建立严格的信息资源使用审核机制、扩大移动服务内容提供、严格控制访问权限和发布版权声明等措施来规避移动图书馆知识产权侵权风险。谢强①分析了图书馆移动服务的版权管理和保护所面临的问题，并在开放移动联盟（OMA）DRM2.0 理论体系的基础上，以电子图书阅读为主要对象设计图书馆移动服务版权管理平台，从而实现基于 Android 客户端的图书馆移动服务版权管理，但是该平台对于已经制作完成的电子图书和其他资源商的电子图书难以实现有效的版权管理。杨喆②提出通过集成数字图书馆门户的用户名和密码进行登录，并限制使用期限，以起到保护知识产权和方便读者使用的目的。杨曙③针对手机阅读产业链，提出必须建立完美的数字内容版权体系，包括利用 DRM 技术来保护版权，并在此基础上遵守“先授权后传播”原则。梁建菲④探讨了网络学科信息导航库、移动参考咨询服务、电子资源使用等在移动服务过程中涉及的知识产权侵权风险，最后给出了建设性的风险规避措施，分别为提高知识产权法律意识、提升知识产权保护管理、发布版权声明。赵明霞⑤围绕手机阅读与知识产权开展了研究，从手机报、手机小说、网络文学三个方面分析了知识产权的风险，提出由资源提供商解决版权的思路。袁琦⑥对移动 DRM 的标准化现状进行了介绍，分析了移动 DRM 技术的应用情况，移动 DRM 技术的应用对移动图书馆的知识产权保护将起到重要作用。国内学者基本都是从宏观上进行移动图书馆的风险分析，没有针对具体的移动服务进行系统调研和风险分析，缺乏较为系统的移动图书馆知识产权解决方案。

2. 国外移动图书馆知识产权的研究现状

Ming Nie 等⑦利用阅读器外借推动移动阅读和远程教育，Ming Nie 提出知识产权和版权问题是遇到的最大问题，内置在阅读器中的电子图书和期刊论文都必须经过出版社的许可，在一定程度上影响移动阅读的推广，并提出应该有效整合开放资源。Yu Tian 等⑧提出应用 DRM 技术构建基于 Android 平台

① 谢强，石慧. 图书馆移动服务版权管理平台设计与实现. 图书馆论坛，2013，33（2）：102-106.
② 杨喆. 高校手机图书馆的现状与发展前景. 南阳师范学院学报（社会科学版），2012，11（8）：86-88.
③ 杨曙. 手机图书馆阅读产业链当前模式的改进与未来走向. 高校图书馆工作，2013，33（2）：22-26.
④ 梁建菲. 图书馆移动服务中的知识产权研究. 中国科技信息，2013，（5）：85，87.
⑤ 赵明霞. 手机媒体阅读与知识产权保护研究. 图书馆学研究，2012，（12）：76-78.
⑥ 袁琦，闵栋. 移动 DRM 技术的发展和应用分析. 电信网技术，2009，（12）：28-32.
⑦ Nie M，Armellini A，Witthaus G，et al. How do e-book readers enhance learning opportunities for distance work-based learners?. Research in Learning Technology，2011，19（1）：19-38.
⑧ Tian Y，Chen J L. A research on architecture of digital publishing management system. Computer and Information Science，2010，3（3）：66-70.

的数字出版管理系统架构。Chen Hejie[①]提出针对迅速发展的移动终端阅读，构建基于语义网的移动出版架构，架构重点考虑了移动知识产权。国外读者更多从出版源头出发研究移动阅读服务的知识产权保护，出版商和作者采用DRM 和持久的保护措施，以防止滥用其知识产权，并将 DRM 技术广泛应用于移动电视、音乐、视频的数字保护[②]。

3.2.2 移动图书馆知识产权风险分析

国内移动图书馆提供的移动服务[③]比较丰富，下面针对主要的移动服务进行初步的知识产权风险分析，分析结果见表 3.1。

表 3.1 移动服务知识产权分析表

序号	移动服务	知识产权风险分析	分析结果
1	移动 OPAC	图书馆馆员对购置的图书文献进行编目加工，建立书目数据库，为读者提供移动 OPAC 检索服务，查询图书的馆藏信息，该服务没有知识产权风险	无风险
2	移动咨询	读者通过表单、E-mail 等形式向馆员提出问题，馆员根据个人工作经验、知识技能等回答读者问题，给出解决问题的途径和方法，履行参考咨询的职责，只要避免提供具体的数字文献，该服务就没有知识产权风险	无风险
3	电子图书阅读	读者通过终端阅读电子图书，存在电子图书的版权风险，须保证资源得到合法授权；另外，提供的文本阅读、原版阅读、图片阅读等方式，存在电子图书的传播和复制风险，应加强 DRM 保护	有风险
4	数字资源检索	数字资源检索基本通过数据库提供的元数据完成，提供题名、作者、摘要、关键词等检索途径，以便读者查找需要的数字资源，元数据本身没有版权，所以该服务没有知识产权风险	无风险
5	数字资源阅读	读者通过终端阅读数字资源，提供的阅读方式有文本阅读、原版阅读、PDF 阅读、图片阅读等，首先，存在数字资源和版权风险，须保证资源得到合法授权；其次，阅读中存在传播和复制风险，应加强 DRM 保护	有风险
6	数字资源下载	将数字资源下载到终端，首先，存在数字资源的版权风险，须保证资源得到合法授权；其次，存在传播和复制风险，应加强 DRM 保护	有风险
7	位置服务（查找最近的图书馆、图书馆导航）	根据读者终端的 GPS 模块进行位置定位，提供相应的位置服务，不存在知识产权风险	无风险

① Chen H J，Hua Y H. A Semantic-Based Mobile Publishing Framework with Copyright Protection. Emerging Research in Web Information Systems and Mining，Communications in Computer and Information Science，2011（238）：320-327.

② 蔡君. DRM Fusion：为移动电视、音乐和视频提供数字保护. 通讯世界，2007，(9)：79.

③ 魏群义，侯桂楠，霍然，等. 国内移动图书馆应用与发展现状研究——以“985”高校和省级公共图书馆为调研对象. 图书馆，2013，(1)：114-117.

续表

序号	移动服务	知识产权风险分析	分析结果
8	读者指南（读者导引、FAQ服务、开放时间、到馆路线）	图书馆根据馆员经验、知识、智慧编制读者指南，引导读者更好地利用图书馆，不存在知识产权风险	无风险
9	通知与公告	图书馆将自行编制的最新通知和公告，通过移动图书馆进行传播，不存在知识产权风险	无风险
10	短信息服务（预约提醒、到期提醒）	对于到期的图书、预约服务对读者进行短信提醒，不存在知识产权风险	无风险
11	读者留言	读者将对图书馆的意见和建议，以留言的方式发送至图书馆，不存在知识产权风险	无风险
12	我的图书馆（借阅历史、当前借阅、预约、续借、收藏夹、检索历史、浏览历史等）	提供个人图书馆服务，方便读者查询借阅情况、收藏喜欢的文献、浏览历史信息等，不存在知识产权风险	无风险
13	阅读器外借	将内置有若干电子图书、视频、音频等资源的阅读器免费借阅给读者，供读者学习和研究所用，其一，存在资源的版权风险，须保证资源得到合法授权；其二，存在传播和复制风险，应加强 DRM 保护	有风险
14	书刊推介（新书推荐、热门推荐）	将新到图书馆的书籍、刊物，分析得出的热门刊物进行推荐，推荐的内容为刊物的题录信息，不存在知识产权风险	无风险
15	推荐购书	读者根据自身学习、科研需求向图书馆推荐购书，不存在知识产权风险	无风险
16	二维码服务	通过二维码将读者引导至图书馆的相关网站链接，不存在知识产权风险	无风险
17	SNS 服务（图书评论、微博）	读者通过 SNS 服务与图书馆进行交互，发表书评和微博，属于读者产生的知识和内容，不存在知识产权风险	无风险
18	文献传递	将需求的文献通过 E-mail 发送至读者，作为获取文献的有效补充，根据国际上通行的做法，文献传递不存在知识产权风险，只需要提醒读者文献仅限于科研、学习使用即可	无风险
19	订阅功能（订阅期刊、讲座订阅、报纸订阅）	读者订阅感兴趣的资料，主要起到收藏、提醒的功能，不存在知识产权风险	无风险

根据初步的分析结果，可以看出，电子图书阅读、数字资源阅读、数字资源下载、阅读器外借等四项服务存在较大的知识产权风险，其他服务基本不存在风险。本书将围绕以上四项服务，从移动图书馆馆藏建设过程、移动馆藏获取过程、移动图书馆无线网络传播过程、移动图书馆知识产权技术保护问题四个方面论述移动图书馆所涉及的知识产权风险问题，如图 3.1 所示。

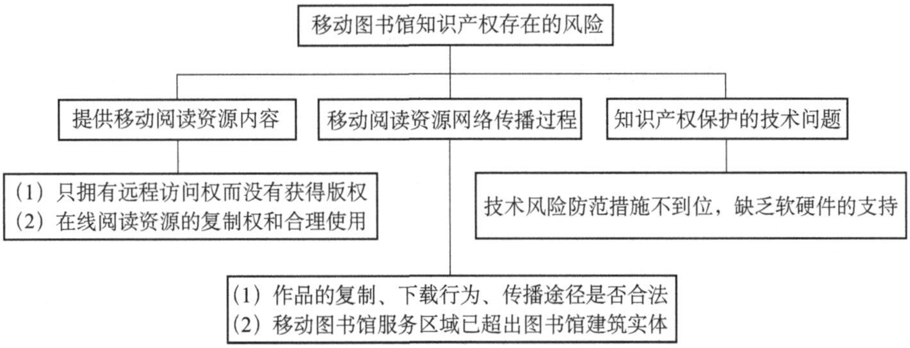

图 3.1　移动图书馆知识产权风险分析

1. 移动图书馆馆藏建设过程中所涉及的风险分析

移动图书馆为读者所提供的移动馆藏内容分为两个部分：自建的数字化馆藏资源和购买的数字文献资源（包括数据库资源和电子书）。自建的数字馆藏资源向移动馆藏资源转化的过程中会存在版权侵权风险，传统的自建资源（如机构知识库、掌上国图[①]向读者提供的年画、拓片等特色资源）一般限制在机构内访问，由于移动服务的泛在性，突破了原有的 IP 限制，必须加强用户认证和资源的版权保护。对于购进的数字文献资源，图书馆只是购买了使用权，服务方式一般是通过数字图书馆并限制在机构内访问，如果要通过移动终端向读者提供移动阅读、文献下载等服务，必须经过出版商的许可，否则存在很大侵权风险。掌上国图[②]的在线阅读服务集成了“手机知网”，通过与中国知网的合作，为用户提供期刊、会议论文、报纸、工具书等资源的移动检索、阅读与下载，很好地解决了版权问题。

为了满足读者的需求，移动图书馆馆藏在建设过程中会不断丰富移动馆藏的内容，通常是与资源商合作，比如，上海图书馆[③]与阿帕比、龙源、盛大文学、超星、书生之家等厂商合作为读者提供外借阅读器服务和在线阅读服务。与资源商合作可以很好地保证资源的版权合法性，但同时多平台运行将带来读者使用不便的问题，某些文献资源是需要专有阅读器才能使用的。许多图书馆为了丰富移动馆藏服务内容，都在移动图书馆网站或 APP 应用上开设视频点播系统。如果视频文件未得到著作权人授权，且将其复制于视频点播存储服务设备中，在移动图书馆网站上传播，则构成侵权行为。图书馆应

① 赵明霞. 手机媒体阅读与知识产权保护研究. 图书馆学研究，2012，(12)：76-78.
② 掌上国图. http：//wap.nlc.gov.cn.
③ 上海图书馆手机图书馆. http：//m.library.sh.cn.

该加强与视频资源提供商的合作，以解决版权合法性，例如，超星移动图书馆通过APP和WAP方式向读者提供海量、适合移动终端播放的名师讲座视频。

2. 移动馆藏在获取过程中所涉及的风险分析

数字馆藏转化为移动馆藏之后，已经拥有版权的资源就不存在侵权风险，但是电子资源的复制权和合理使用问题就面临侵权风险。首先，必须对读者的身份进行检测，电子图书阅读、数字资源的阅读与下载等存在风险的移动服务必须是针对机构认证的有效读者，这样可以有效降低资源获取的版权风险。其次，读者如何合理获取和合理使用移动馆藏内容，我国的《著作权法》对于“合理使用”并没有明确规定，只是笼统地说明“为学校课堂教学或科学研究，翻译或少量复制已经发表的作品，供教学或科研使用属于合理使用”，虽然该条款规定了复制只能是“少量”，但对“少量”却没有界定。大部分读者下载作品是为了了解该领域的研究现状或者为自己的科研教学提供参考，但是有的读者却大量复制作品的内容，存在直接复制、间接复制、过量下载、作品传播等侵权行为，因此须采用相应的技术手段限制资源的复制和过量下载。对于外界阅读器，必须对内置资源进行DRM保护，防止资源复制。图书馆是一个公益性机构，为读者提供的移动阅读内容属于公益性目的，但是由于提供的电子资源数量巨大和法律的不确定性，因此，存在侵犯作者著作权利的风险。对于电子图书和数字资源的获取，应更多地采用在线阅读、图片阅读等方式，限制文献的复制和传播，谨慎提供文献下载功能，提倡使用文献传递获取全文，以较好地规避版权风险。

3. 移动图书馆在移动无线网络传播过程中所涉及的风险分析

移动图书馆主要通过移动互联网、Wi-Fi进行访问，对作品的复制、下载等数字化行为及传播途径是否合法，这些都将面临著作权侵权风险。读者使用在线阅读功能时，会发现某些文章是对自己学习和工作有帮助的，他们会使用邮箱转发功能，将这些有用的文章发送到邮箱，以便日后精读和研究。虽然为读者提供了便利，但是读者一旦超越“合理使用”的范围或者过量复制和在公共网络区域进行传播，这些都将损害著作权人和出版商的利益，从而产生知识产权侵权风险。《信息网络传播权保护条例》中的合理使用条款规定：“通过信息网络向本馆馆舍内服务对象提供本馆收藏的合法出版的数字作品和依法为陈列或者保存版本的需要以数字化形式复制的作品，不向其支付报酬，但不得直接或间接获得经济利益。”这里的“本馆馆舍”通常被理解为图书馆实体建筑范围之内，但这明显与实际情况不相符合。很明显移动图书馆服务的区域已超出了图书馆建筑物实体，所以法律应把整个高校实体范围和移动无线网络范围纳入保护条例中，或者规定通过无线网络认证的用户有权使用移动阅读、资料下载等服务，从传统数字图书馆限制地域向认证用户限制转移，以保证移动图书馆在网络传播过程中的知识产权不受侵犯。

4. 移动图书馆知识产权技术保护存在的风险

移动图书馆知识产权保护离不开信息技术的发展，但是由于大部分图书馆没有相关技术和软件的支持，技术风险防范措施不到位，这就容易产生知识产权侵权风险。首先，“用户过量下载”在法律上没有明确量化，如果技术防范措施没有做好，就会导致读者过量复制使用下载文献，应该利用流量控制、日志管理等相关技术限定具体下载量和复制字数。其次，“移动阅读、资源下载等移动服务仅对授权用户开放”一般采用授权访问限制技术，只有拥有账号密码且通过验证的读者才能登录移动图书馆，但是涉及非授权用户的使用规则、授权用户的再授权和转让授权许可、授权用户超出非盈利目的使用等问题就没有应对的技术措施。再次，移动 DRM 技术不够成熟，难以保证移动资源加密保护的有效性，实现有效的版权保护。最后，由于部分移动图书馆系统新上线，服务不规范，系统存在漏洞，读者们可能会利用漏洞进而造成非授权用户登录移动图书馆，使用电子图书阅读、资源下载等服务，容易发生侵权行为。

3.2.3 移动图书馆知识产权风险对策研究

1. 提高知识产权法律意识，加强图书馆知识产权管理

第一，图书馆应该严格遵守《著作权法》和《信息网络传播保护条例》等法律法规，定期培训馆员，加强宣传工作，开设读者知识产权法讲座，提高读者和馆员的知识产权法律意识，对于纳入移动馆藏体系的电子图书和数字资源，必须获得资源出版商的授权。第二，建立本馆移动图书馆知识产权风险体系，包括移动图书馆知识产权风险评价体系和风险管理组织，评估自身安全等级和建立有针对性的应对预案措施，比如，将移动服务纳入数字资源订购协议中。第三，在移动图书馆网站或 APP 应用上发布版权声明，明确

侵权责任，比如，对于文献传递服务，必须在邮件中进行相应的版权声明和使用说明。在移动图书馆网站首页发布相关版权声明不仅可以起到公告和警示作用，还可以对一些未经授权但已纳入移动图书馆的作品规避侵权责任。第四，提高图书馆管理效率。应该设置专业知识产权馆员，负责相关知识产权工作，如政策宣传、制定版权政策、对用户授权认证、监控是否有恶意过量下载行为、整理馆藏和电子资源版权许可、研究知识产权法律法规等工作。

2. 严格控制访问权限，加强 DRM 保护，推行用户登录和移动设备绑定双验证

图书馆可以通过身份认证技术来限制访问授权，用户必须向图书馆申请账户并开通移动图书馆下载浏览业务才能使用电子书阅读、数字下载等存在知识产权风险的服务，建议图书馆可以通过集成图书馆管理系统登录模块和发送认证短信等方式确认合法授权用户的使用。并通过对认证用户的移动设备（如智能手机、e-book、PDA 等）进行认证和绑定，每位用户可以认证 1～2 台移动设备，利用流量控制技术和日志分析方法等限定每位用户下载、复制和转发移动数字资源的数量。移动设备通过 DRM 保护技术限制用户使用链接时只能浏览该文章，不能下载或者复制该文章的内容。加强 DRM 保护，通过数字水印技术、加密和数字签名技术来防止作品随意被修改，从而保证作品的保密性和完整性，维护著作权人的合法权益。

3. 加强与资源商的合作，创新服务模式

单纯依靠图书馆的力量解决移动图书馆知识产权问题存在一定的困难，图书馆应加强与资源供应商的合作，根据图书馆自身条件和情况制定合作计划，提前获得移动资源的版权许可，这样既丰富了资源库又保证了资源的合法性。例如，美国的移动服务供应商 Boopsie 与西雅图公共图书馆、圣克拉拉郡图书馆和奥克兰大学图书馆合作，为它们提供海量的移动在线阅读服务。不断创新服务模式，采用 SaaS 云服务模式，由资源集成商提供电子图书阅读、资源阅读等服务，让资源商统一解决版权问题，可以有效规避风险，例如，超星移动图书馆的移动图书资源基本采用 SaaS 服务模式提供服务。图书馆可以为用户提供移动手持设备，例如，平板电脑和电子阅读器，用户可以通过向图书馆申请在本馆范围内和规定时间免费使用这些设备，图书馆可以安装相关移动阅读应用软件，内置丰富的阅读资源（包括电子图书、视频等），方便用户使用。高校图书馆应该利用全国高校联盟计划，实现各高校移动图书馆移动阅读资源的共享，认证用户可以访问联盟内图书馆的部分在线阅读

内容。

3.3 移动资源体系构建的云服务需求

前面提到，由于图书馆现有的数字文献资源体系构建并没有考虑文献资源的移动访问，所有文献数据库的购买协议均未涉及移动服务的授权，所以在移动互联网环境下，图书馆通过移动终端为读者提供文献资源访问与获取存在一定的知识产权风险。要从根本上解决这个问题，必须重新思考移动资源体系的建设方式，运用云服务理念为移动资源体系的构建提供保障。

3.3.1 移动资源体系

移动资源体系是指读者通过移动图书馆可以访问的文献资源共同形成的资源体系，也可称为移动图书馆所提供的各类文献资源的集合。在“内容为王”的信息时代，移动图书馆所能提供的文献资源是读者所关注的重要内容。移动用户对于移动文献资源的多寡非常在意，用户经常提出的问题就是通过移动图书馆能够获取和阅读多少电子图书，浏览多少视频，下载多少学术论文。所以，建立较为完善的移动资源体系是移动图书馆服务的关键所在，也将是移动服务能否持续吸引读者、实现可持续发展的重要因素。

在桌面互联网环境下，随着文献资源数字化进程的不断加快，数字图书馆的建设取得了长足的进步，高校图书馆纷纷建立了覆盖多种文献类型、集成海量权威文献的数字文献资源体系，为师生的教学和科研提供了强有力的资源保障和智力支持。以重庆大学图书馆为例，截止到 2015 年 6 月，通过数字图书馆可以访问的文献数据库就多达 140 余个，覆盖电子期刊、电子图书、学位论文、会议论文、标准、专利、年鉴、报纸、工具书、音视频等几乎所有的文献类型。那么在移动互联网环境下，移动用户通过移动图书馆能够获取多少文献资源呢？移动资源体系的建设情况如何呢？为了回答这些问题，下面分别选取一家高校图书馆和一家公共图书馆为研究对象，将两家图书馆在桌面互联网环境下的数字资源体系与移动互联网环境下的移动资源体系进行对比与分析。

从表 3.2 可以看出，在移动互联网环境下的移动资源体系建设与在桌面互联网环境下的数字资源体系建设差距非常明显，移动资源体系主要存在如下两个方面的问题。

表 3.2　数字资源体系与移动资源体系对比表

图书馆	比较的项目	数字资源体系	移动资源体系
重庆大学图书馆	文献数据库数量	140 个	0（仅有超星资源包，含电子图书、视频、报纸等内容）
	在线（移动）阅读所覆盖的文献类型	电子期刊、电子图书、学位论文、会议论文、标准、专利、年鉴、报纸、工具书、音视频	电子图书、音视频、报纸
	电子图书数量	281 万种	110 万种（其中文本书 20 万种）
	音视频数量	>20 万集	3 万集
国家图书馆	文献数据库数量	49 个	3 个
	覆盖的文献类型	电子图书、电子期刊、报纸、学位论文、会议论文、专利、标准、工具书	电子图书、电子期刊、报纸、学位论文、会议论文、专利、标准、工具书
	电子图书数量	>400 万种	0
	音视频数量	未知	0

（1）移动资源体系集成的文献数据库非常少。国内移动资源体系的建设主要有两种模式：一种是依托移动图书馆系统的产品提供商所拥有的文献资源，图书馆在购买移动图书馆系统平台的同时附带了一部分移动阅读资源，例如，超星移动图书馆系统自带的移动资源包就包含有 110 万种电子图书（其中文本书大概有 20 万种）、3000 种电子期刊（大部分期刊论文由于版权原因仅能通过文献传递渠道获取）、3 万多集音视频和 300 种报纸；另一种模式就是链接至其他提供移动服务的文献数据库，例如，国家图书馆的 WAP 网站（网址：http：//wap.nlc.gov.cn/）就提供与“中国知网”和“读览天下”移动站点的链接，方便移动用户登录后进入这两个文献数据库检索与阅读。根据第 2 章的调研数据（见附录 2），国内图书馆大多数采用第一种模式，由于同为资源提供商带来的产品竞争等因素，难以集成其他数据商的文献数据库，造成移动资源来源单一，集成的文献数据库严重不足。

（2）移动资源体系所覆盖的文献类型不够丰富，提供的电子图书、视频等资源的数量不足。根据第 2 章的调研数据（见附录 2 与附录 4），国内图书馆的移动资源体系主要的文献类型是电子图书和视频，国外图书馆主要的移动资源是电子图书和有声读物，两者较为类似。这与数字资源体系所覆盖的丰富的文献资源类型相比，相差甚远。总体来看，现有的移动资源体系所覆盖的文献资源类型较为单一，难以满足读者多层次的文献阅读需求。另外，移动阅读是移动服务的重要内容，而电子图书是读者非常关注的移动阅读资源，但是部分图书馆的移动服务所能提供的电子图书严重不足，这与数字图书馆的海量电子图书相比，同样存在非常巨大的差距，比如，国家图书馆、上海图书馆、重庆图书馆等大型公共图书馆的移动客户端没有多少电子图书可供读者移动阅读。视频资源也是近年来读者比较偏爱的文献资源，数字图书馆资源体系中包含了超星名师讲坛、知识视界、网上报告厅、新东方多媒体学习库等资源，但是移动资源体系中视频类资源较少，难以满足读者的需求。

3.3.2 云服务需求分析

当前文献资源提供商在移动服务领域与图书馆的合作案例较少，根据第 2 章的调研数据（见附录 2），中国知网和读览天下均与国家图书馆和首都图书馆开展了移动资源服务的合作。尽管与图书馆的合作不多，但是大部分数据商都没有忽视自身文献资源的移动服务，在移动互联网的整体环境影响下，纷纷通过移动网站和客户端的方式为读者提供丰富的移动资源访问服务。例如，中国知网作为中国最大的数字资源提供商，通过“手机知网”为移动用户提供集成了期刊、报纸、学术论文、工具书等多种文献类型的移动资源服务，服务方式包括移动网站（网址：http：//wap.cnki.net/，图 3.2）和客户端（图 3.3）。其他提供移动资源服务的文献数据库还有博看期刊网[①][②]、读览天下[③]、网上报告厅[④]、中文在线[⑤]等。根据第 2 章的调研数据（见附录 4），外文数字资源服务商开展移动资源服务的案例相对更多，如 OverDrive、OneClickdigital、Zinio、

① 河南省少年儿童图书馆微信公众平台新增“博看微刊”服务. http：//wribao.php230.com/category/news/885002.html.

② 博看人文畅销期刊移动客户端. http：//portal.library.hb.cn/wps/portal/Home/Index/Xwgg?id=49727&urltype=14.

③ 客户端-读览天下. http：//www.dooland.com/dudubao/.

④ “网上报告厅”移动平台. http：//www.lib.cnu.edu.cn/m-service/wsbgt.

⑤ 微书房客户端. http：//www.chineseall.cn/wsf/index.html.

Mango Mobile、EBSCO 和 Gale eBooks 等。

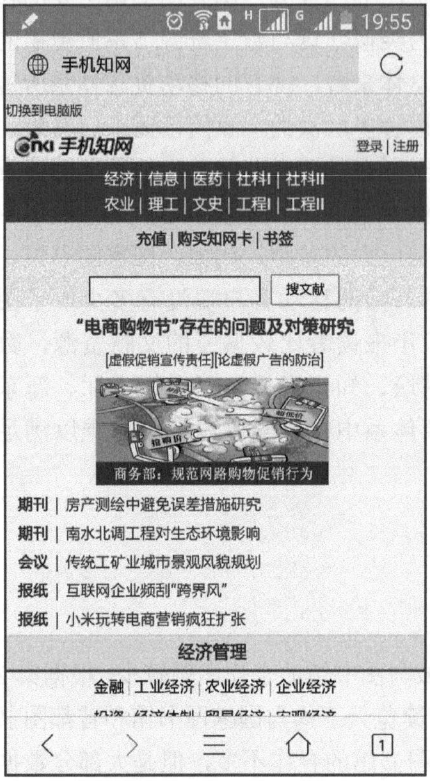

图 3.2　手机知网 WAP 网站

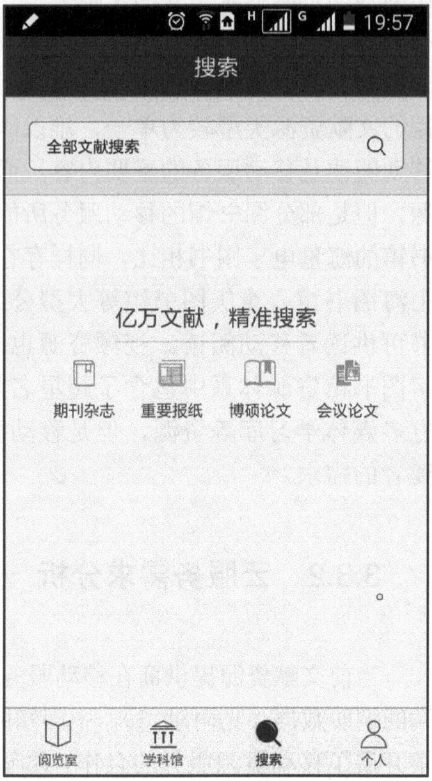

图 3.3　手机知网 APP

现有的移动资源体系主要存在移动资源容量偏少、文献类型不够丰富、资源商与图书馆的合作较少等问题，难以满足移动用户对于丰富移动资源的需求。移动资源体系的构建须吸纳云服务理念，运用云服务技术，加强图书馆与资源商的合作，共同搭建移动资源云服务系统。

首先，云服务将有效地促进移动资源体系建设水平的提升。移动图书馆服务自面世以来，受到了广大读者的一致好评，但由于移动资源容量不足、文献类型不够丰富，造成读者无法通过移动图书馆获取所需要的文献资源，逐步丧失了对读者的吸引力，部分读者转而使用付费的阅读平台（如网易云阅读等）。实践证明，单纯依靠移动图书馆系统提供商（部分系统商拥有一定数量的文献资源，如超星公司、书生公司），或者几家数字资源提供商难以为读者提供类型丰富的、海量的移动资源，必须通过云服务模式整合多家资源提供商的移动文献资源，构建更加完备的移动资源服务体系，才能吸引更多的读者使用移动图书馆服务。

其次，云服务是构建移动资源生态系统的关键所在。在移动资源生态系统中，有资源商、图书馆、移动系统提供商三个角色，但是相互之间的合作不够，难以搭建高效的移动资源生态系统。当前，移动资源体系构建中存在较为明显的“各自为战”的局面，每家数字资源提供商纷纷通过移动网站或者移动客户端的方式，推广各自的移动资源服务，积极在移动服务领域占有一席之地。但是数字资源提供商在移动服务领域与图书馆的合作较少，比如，手机知网主要面向社会用户服务，服务模式就是按照用户下载篇数收取文献获取费用，难以实现为广大移动用户提供服务的目标；少有的合作中其费用也不低，比如，博看期刊网推出的“微刊”服务，可以集成到微信图书馆服务中，每年服务费预计 2 万～3 万元。在国内，移动系统提供商几乎不与数字资源提供商开展合作，这与目前国内两大主流移动服务提供商（超星公司和书生公司）同为资源提供商有很大的关系。这一点上，国外移动服务市场就大不一样，例如，美国知名的移动服务提供商 Boopsie 的星级合作伙伴中就有 OverDrive、OneClickdigital、EBSCO、Axis 360、LexisNexis 等 30 余家数据提供商[①]。采用云服务模式是重新构建移动资源生态系统的关键所在，加强图书馆、资源商、移动系统提供商三者之间的相互合作，充分发挥图书馆在移动资源体系构建中的重要作用，重塑移动资源生态系统，最终提升读者的移动阅读体验。优质内容成为移动服务竞争的关键。必须加强数字资源商之间的合作，通过这些优质内容资源，可以很大程度上提高用户的数量和黏性；另外，优质的内容资源还可以做多元化发展，打通全产业链，深化原创资源的价值。

最后，云服务模式将有效提升读者移动阅读体验。现有的移动资源体系中，移动用户要使用多个文献数据库，就必须访问多个数据库的 WAP 网站，或者下载多个数据库的移动客户端，这对读者来说是非常不便的。试想一个读者的手机终端需要同时安装几十个数据库的客户端，才能使用不同的文献数据库，这将是多么恐怖的事情，势必严重影响读者的移动阅读体验。如果采用云服务模式，所有文献资源都放置云端，读者根据自身的文献需求进行检索、浏览与获取，读者根本不需要知道所需求的文献属于哪个数据库，也无需安装多个数据库的客户端，就可以轻松实现移动阅读，从而有效提升读

① Boopsie Star Partners. http：//www.boopsie.com/boopsie-stars/.

者的移动阅读体验，提高读者对于移动服务的满意度，吸引读者持续使用移动图书馆服务，实现移动服务的可持续发展。

3.4 图书馆对移动云服务的需求

图书馆作为移动图书馆服务的提供方，对于服务模式的选择具有重要的发言权。随着云服务模式的不断发展，图书馆已经逐渐接受并乐意选择云服务模式。在数字图书馆建设初期，图书馆一般都会尽量要求将购置的数字资源在本地做镜像站，除了方便读者使用、访问速度更快之外，也使得图书馆的数字资源得以长期保存，但是随着数字资源不断增多，图书馆逐渐面临硬件投入、系统维护等多方面的压力，加之网络基础条件日渐优越，越来越多的图书馆只在本地保留一些核心自建资源，大部分的数字资源仅提供远程服务，图书馆不再提供镜像服务，因而云服务已经逐渐成为图书馆数字资源服务模式的首选。移动图书馆服务作为一项信息服务，选择 SaaS 云服务模式具有如下两个方面的优势。

第一，云服务模式将显著降低移动服务的运营成本。移动图书馆服务运营成本主要包括基础软件平台搭建、服务器与硬件投入、后续维护三方面。移动图书馆起步阶段，部分技术实力较强的图书馆开始自主研发移动图书馆服务平台（包括移动 WAP 网站和客户端应用），随着后续升级维护工作量的不断增大，加之同时为 Android 和 iOS 用户提供服务，大部分图书馆都难以为继，纷纷转而购买成熟的移动服务解决方案。SaaS 云服务模式的采用，将有效降低移动服务的运营成本。移动服务提供商通过云服务模式为众多的图书馆提供移动图书馆服务，可以有效分摊软件平台的开发成本；同时，所有的应用和移动数字资源均存储在云端，不需要图书馆在服务器和存储设备上的投入；后续的功能升级和维护均由移动服务提供商来完成，不需要图书馆的技术投入。

第二，云服务模式将提升移动服务的稳定性和服务质量。移动图书馆服务作为一项新服务，服务的稳定性尤其重要。单纯依靠图书馆的技术力量，维持稳定的移动服务需要投入较大的技术力量。事实证明，云服务模式是更为稳定的服务模式。图书馆不需要关心移动图书馆的相关技术平台和资源问题，从而可以投入更多的精力进行移动服务的宣传、推广和咨询，因此可以有效提升移动服务的服务质量。

云服务模式下更容易实现移动服务的个性化和社交化，促使移动阅读用户需求升级，提升移动服务质量。移动阅读市场目前已进入高速发展期，产品功能不断创新促使用户需求发生改变，用户已经从对内容的需求升级到对个性化和社交化阅读的需求。在云服务模式下，移动阅读积累的大量的用户行为数据是个性化服务的良好基础，可以在未来凭借大数据处理技术，根据用户兴趣的权重为用户提供更为精准和个性化的推荐服务。同时，阅读产品正在向社交化的趋势发展。此外，在云服务模式下，更容易实现移动用户对内容的分享和评论功能，基于相似的阅读兴趣形成读书圈，满足读者的社交需求，未来努力的方向就是帮助用户建立阅读社区，使用户之间产生共鸣，并基于兴趣进行传播，从而强化用户对移动图书馆服务的忠诚度。

第4章

移动图书馆云服务系统及其可用性研究

移动图书馆服务虽然是一项新服务，但是其发展迅速，并对图书馆的服务模式产生了重大的影响，图书馆对于移动终端用户的关注逐渐增多，移动服务已经成为图书馆的一项重要服务。不少高校图书馆和公共图书馆纷纷通过选择成熟的移动图书馆云服务系统，迅速推出移动服务。但是，国内外对移动图书馆云服务系统的研究却非常少①②，不少图书馆在移动图书馆系统选型过程中仍然面临不少困惑，本章节将以国内外主流的移动图书馆云服务系统（超星移动图书馆、书生移动图书馆、Boopsie 和 Biblio Mobile）为研究对象，研究其系统架构、服务模式、服务功能及其功能特色，以便对国内外主流的移动服务系统有一个整体的了解。另外，如何提升移动服务的质量，提升用户对移动服务的体验、感受与满意度，是国内外学者非常关注的一个课题。本章节将可用性研究引入到移动服务研究中，以国内最为流行的移动图书馆系统——超星移动图书馆系统为研究对象，研究其移动 APP 和 WAP 站点的系统可用性，并根据用户体验和研究结果提出具体的可用性改进意见，以便有效提升用户体验。

---

① 王建娟. 中国高校移动图书馆服务研究. 郑州大学硕士学位论文，2013.

② 龚亦农. 四种移动图书馆服务系统的比较研究. 新世纪图书馆，2013，(11)：60-62.

4.1 超星移动图书馆

4.1.1 系统概述

超星移动图书馆系统[①]是北京超星公司在 2011 年专门面向图书馆推出的移动服务平台。该平台依托超星海量的元数据库（涵盖图书、期刊、报纸、视频、学位论文等多种文献类型）优势，整合了主要的中外文文献资源数据库，提供元数据级别的统一检索，并提供专门适合智能手机使用的泛舟移动资源包（包括 EPUB 格式的电子图书、报纸、视频、有声读物等），提供海量资源的移动阅读。超星移动图书馆还充分集成了其数字图书馆的产品优势，利用读秀平台实现免费的文献传递，方便读者随时随地获取电子文献。平台通过与图书馆 OPAC 系统的数据对接，实现移动 OPAC、我的图书馆（包括查询借阅记录、图书预约和图书续借等）、统一用户认证、通知公告等业务功能，超星移动图书馆系统已经成为一个综合性的移动服务平台。超星移动图书馆系统也是中国目前最为流行的移动图书馆服务系统，根据第 2 章的调研结果，在中国国家图书馆和省级公共图书馆中，80%的图书馆采用超星移动图书馆系统；另外，根据魏群义[②]在 2014 年 9 月的调研结果，75%的“985”高校图书馆选用超星移动图书馆系统。

4.1.2 系统整体架构

超星移动图书馆是以移动无线通信网络为支撑，以图书馆集成管理系统平台和基于元数据的信息资源整合为基础，以适应移动终端一站式信息搜索应用为核心，以云共享服务为保障，通过智能手机、平板电脑等手持移动终端设备，为图书馆用户提供搜索和阅读数字信息资源，自助查询和完成借阅业务，帮助用户建立随时随地获得全面信息服务的现代图书馆移动服务平台。

① 超星移动图书馆. http：//baike.baidu.com/view/8065177.htm.

② Wei Q Y，Zhao X C，Qin C. Usability study of the mobile library app：An example from Chongqing University. Library Hi Tech，2015，33（3）：340-355.

超星移动图书馆采用 SaaS 云服务架构，如图 4.1 所示，所有的移动资源和移动应用均部署在云端，移动资源、管理平台和移动应用均采用云服务模式。图书馆作为移动服务提供方，无需进行存储、服务器等硬件投入，也不需要专门的技术力量开展软件平台的维护，可以专注移动服务平台的宣传和推广。图书馆需要干预的就是集成 OPAC 服务，与超星公司一同保持移动 OPAC、通知公告、借阅情况查询等服务的稳定性，这些个性化服务需要与图书馆的服务器进行数据交互。另外，图书馆需要按年支付移动服务平台的使用费用，目前超星移动服务平台的年使用费用为 8 万～10 万元（根据图书馆的规模大小，收费有所不同）。

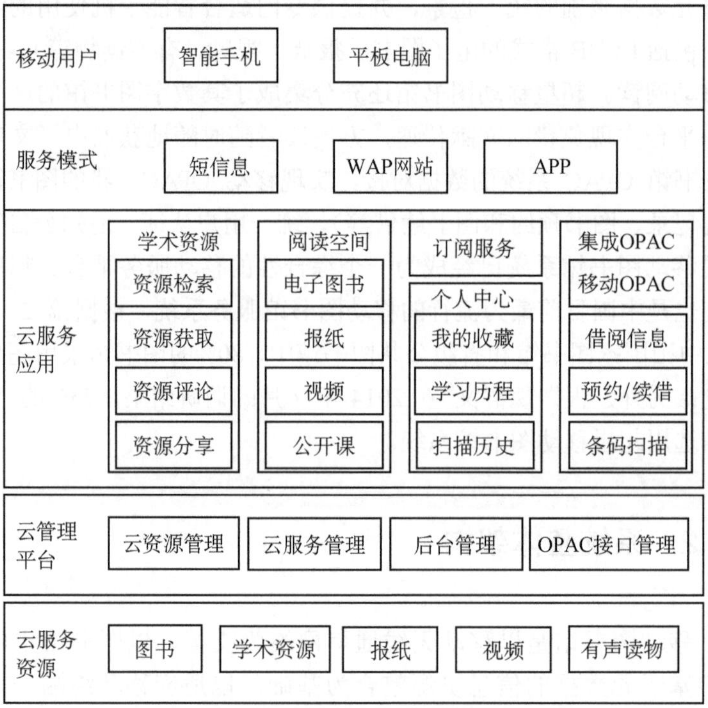

图 4.1 超星移动图书馆的 SaaS 云服务架构

4.1.3 移动服务功能

超星移动图书馆提供了较为丰富的移动服务，集成了短信、WAP 网站和客户端三种服务模式，目前客户端支持 Android 和 iOS 平台。由于移动客户端

APP 和移动网站的功能较为类似，以下将在 Android 环境下以重庆大学图书馆移动 APP 为例进行移动服务的功能介绍。

1. 移动用户登录

前面提到，超星移动图书馆系统采用 SaaS 云服务模式为众多图书馆提供移动服务，所有选用超星移动图书馆系统的图书馆均使用同一个 APP——超星移动图书馆（图 4.2）。所以，用户在首次使用移动 APP 时，必须选择用户所在图书馆机构（图 4.3），并进行用户登录（图 4.4），其用户名和密码与图书馆的个人书斋的账号和密码相同，系统将自动将账号进行绑定，免去下次重复登录的麻烦。登录后即可看到移动 APP 的主界面，主界面有八个功能模块（新生入馆教育、抗战记忆、书世界、书架、馆藏查询、学术资源、公开课、报纸），其中“新生入馆教育”为重庆大学定制模块，如图 4.5 所示。

图 4.2　超星移动图书馆 APP 下载页面

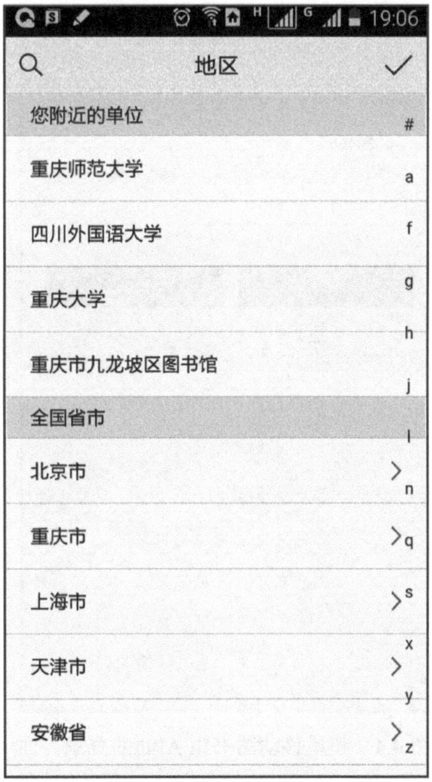

图 4.3　超星移动图书馆 APP 的机构选择界面

2. 学术资源

移动 APP 通过“学术资源”模块提供一站式学术资源检索系统（图 4.6），系统应用元数据整合技术对馆内外的中外文图书、期刊、报纸、学位论文等各类文献进行了全面整合，在移动终端上实现了资源的一站式搜索、导航和全文获取服务。

全文获取的方式有“全文阅读”和“文献传递”两种方式，部分电子图书和学术论文可以在线阅读，对于不能在线阅读的数字资源，系统提供“文献传递”服务（图 4.7），免费将电子文献传送至指定的电子邮箱。系统还具有资源评论和资源分享功能，鼓励读者对图书和论文的内容发表评论，引导读者交互；读者可以选择将资源分享到微信、腾讯微博、新浪微博等平台。

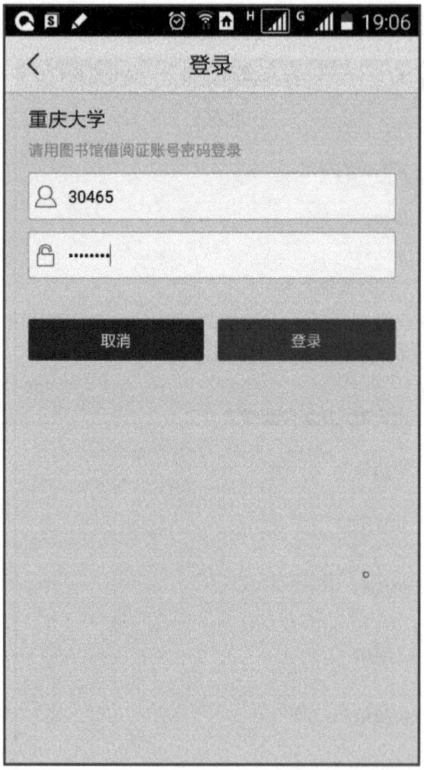

图 4.4　超星移动图书馆 APP 的登录界面

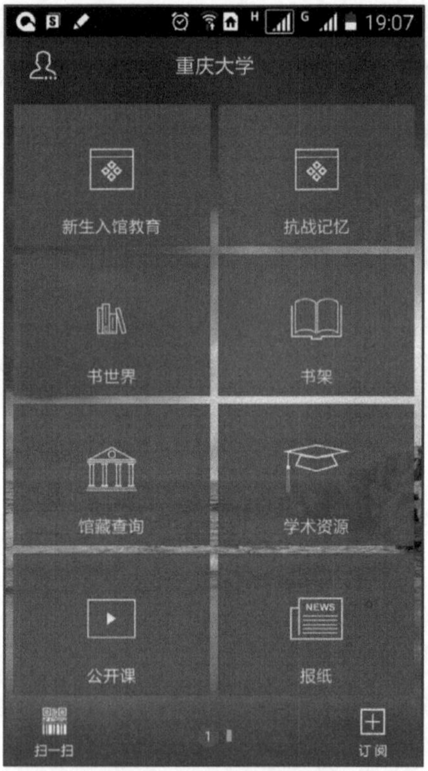

图 4.5　超星移动图书馆 APP 的主界面

图 4.6　学术资源检索系统

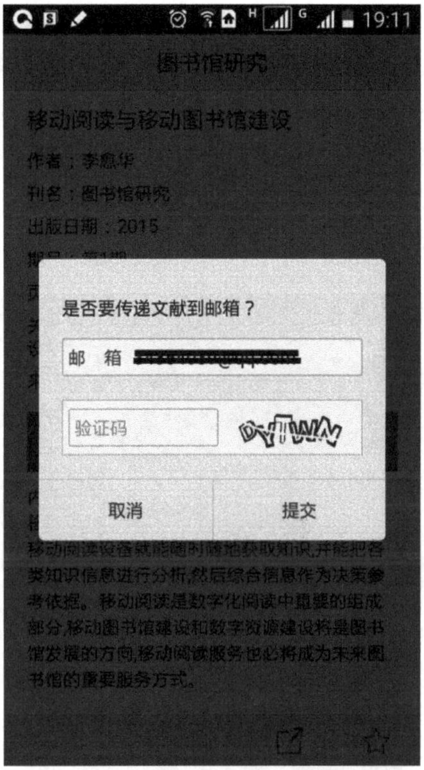

图 4.7　文献传递服务

3. 移动资源阅读

移动阅读是用户偏爱的移动服务，尤其是 EPUB 格式的电子图书，阅读体验更佳。通过 APP 可以将喜爱的电子图书下载到手机终端，满足移动用户离线阅读的需求。超星移动 APP 通过“书世界”模块和“学术资源”模块为用户提供电子图书阅读服务（电子图书总量 110 万种，其中 EPUB 格式电子图书 20 万种），所有下载的电子图书均可以在“书架”模块（图 4.8）中找到。所有电子图书均会显示图书的封面，宛如一个虚拟的书架，EPUB 格式电子图书的阅读效果如图 4.9 所示，并提供调整字体大小、设置夜间阅读模式、添加书签等功能。同时，移动 APP 还实现了与歌德电子书借阅机[①]的对接，通过扫描借阅机上的图书二维码，同样可以将电子图书下载到移动 APP 的“书架”进行阅读。

---

① 超星歌德中文电子书借阅机. http：//uic.edu.hk/cn/lrc/home/news-and-notices/17920-20150421lrc-cn-notice1.

此外，超星移动 APP 还提供报纸、视频、有声读物、公开课等移动资源，其中报纸有 300 种、音视频有 3 万多集，满足移动用户对多种类型资源的阅读和浏览需求。绝大部分的报纸已经实现了当天更新，用户还可以根据需要添加经常关注的报纸，以便后续阅读。另外，视频、有声读物、公开课等音视频资源支持用户下载和离线观看，并提供资源检索、资源收藏、播放记录等功能。

图 4.8　超星移动 APP 的“书架”模块

图 4.9　EPUB 格式电子图书阅读效果

4. 集成 OPAC 服务

集成 OPAC 服务是指与图书馆 OPAC、图书馆管理系统相关的一些服务，包括移动 OPAC、借阅记录查询、预约/续借、条码扫描等功能。移动用户不仅可以通过移动终端检索 OPAC 馆藏目录（图 4.10），还可以随时查询借阅记录（图 4.11），以及完成图书预约和续借操作，同时还提供条码扫描，随时扫描图书条码以检索图书馆是否收藏该图书。

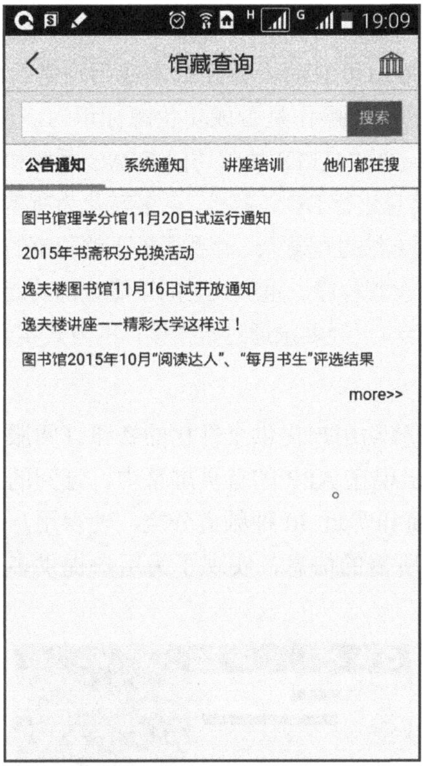

图 4.10　移动 OPAC 馆藏检索

图 4.11　查询借阅记录

超星移动图书馆提供的集成 OPAC 服务，需要与图书馆的管理系统进行数据交换，实现的方式有两种：数据接口与网页分析。

数据接口是指由图书馆提供其 OPAC 系统相关功能的接口，包括用户登录接口（可以根据个人图书馆账号和密码，验证是否为该图书馆的用户，返回登录是否成功标识）、馆藏查询接口（可以通过关键词和相关字段组合查询相关的纸本资源，支持翻页，可以定制每页显示条数，显示纸本馆藏的基本信息，其中包括书名、作者、出版社、出版年、索取号、馆藏数量、可借数量、是否可以预约及纸本的流水号）、纸本图书的详细页面接口（可以根据纸本的流水号，查询到纸本的详细信息，其中包括相关的藏书情况、所在校区、复本的各个状态、是否在架、是否可借、是否可预约、可否可预借）、预约接口（可以根据图书的流水号、读者证号和密码去预约图书。接口可以自动去验证该书是否能预约和自动验证用户的合法性，返回对应的状态）、借阅信息接口（可根据读者证号和密码去获得对应的读者借阅信息，显示图书的基本信息、是否达到续借条件、是否超期、超期时间）和续借接口（可根据纸本流水号、读者证号、密码去续借纸本。接口可自动去验证纸本或用户是否服务续借规则和用户的合法性，返回对应的续借操作是否成功状态标识）。

第二种方式为页面分析，其实现原理：通过 HTTP 协议访问 OPAC 系统和个人图书馆系统，通过对该协议返回的页面信息进行 DOM 解析，封装转化为所需的字段信息，展示到超星移动图书馆。此实现方法过程复杂，存在服务不够稳定的问题。如果 OPAC 网页发生变化，需要重新设置程序。重庆大学的馆藏查询功能是通过网页分析方式现实的，由于服务不够稳定，已经要求通过数据接口的方式实现。

5. 订阅服务

移动图书馆集成 RSS 订阅功能，为移动用户提供个性化的资讯订阅服务（图 4.12），订阅成功后相应的频道就会出现在 APP 的首页屏幕中。订阅的内容包括电子书籍、报纸、杂志、视频、资讯等近 30 种频道分类，使得用户在任何时间里都可以有针对性地阅读自己所需的信息，实现了为用户提供多来源信息的个性化阅读体验。

图 4.12　订阅服务

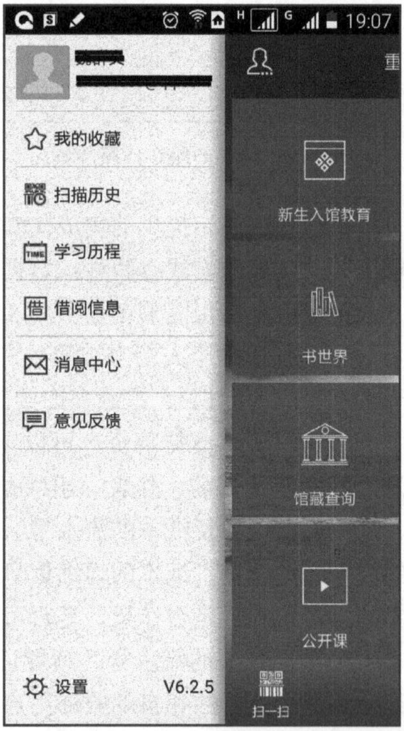

图 4.13　个人中心

6. 个人中心

“个人中心”是移动图书馆 APP 的个性化服务中心（图 4.13），提供“我的收藏”“用户登录”“学习历程”“消息中心”和“扫描历史”等服务。点击“我的收藏”，读者可以查看自己收藏的新闻资讯、学术论文等。“学习历程”记录用户使用移动 APP 的学习过程。点击“扫描历史”，读者可以查看自己扫描图书的记录。

7. 后台管理

后台管理功能包括推送信息管理、短信管理、流量统计、文献传递管理、评论管理等。推送信息管理功能可以对超星移动图书馆的客户端进行消息推送，如图书馆的重要开放通知。管理员可以对本单位发送的短信进行管理，管理员可以统计到本单位的总访问量、读者登录次数、APP 启动量、APP 安装量及文献传递量。管理员可以在此栏目看到读者对图书的所有评价，可以按照图书名称或评论标题来查看，同时可以看到每一个评级的详细内容，还可以针对所有评价进行删除。

4.1.4 功能特色

超星移动图书馆系统依托集成的海量元数据库与云服务共享体系，为移动终端用户提供了集数字资源检索、数字资源获取、数字文献传递、移动阅读、移动 OPAC、个人图书馆和信息订阅等移动服务于一体的一站式移动解决方案，具有如下功能特色和平台优势。

1. 基于元数据的一站式检索

超星移动图书馆系统依托公司自有的海量元数据库对中外文图书、期刊、报纸、学位论文、标准、专利等各类文献进行了全面整合，在移动终端上实现了数字资源的一站式搜索、资源导航和全文获取服务。

2. 海量移动阅读资源

移动平台充分考虑了用户对移动阅读的需求，超星移动图书馆专门为手机用户提供了泛舟移动资源包，截止到 2015 年 10 月，系统提供的移动阅读资源有 110 万种电子图书（其中 EPUB 文本格式的电子图书大概有 20 万种）、3000 种电子期刊、3 万多集音视频和 300 种报纸。另外，系统还提供热门报刊、头条、教育、科技、财经等资源的订阅，方便移动用户随时随地获取各类资讯。

3. 云服务共享服务体系

超星移动图书馆系统采用完全的 SaaS 云服务模式，图书馆无需硬件上的投入，也无需投入人力进行系统维护，仅需要支付年服务费即可。超星移动图书馆还接入功能强大的云共享服务体系——读秀平台的文献传递系统，为移动用户提供 24 小时免费文献传递服务，对于无法通过手机在线阅读的数字文献，无论是电子图书还是期刊论文，用户都可以通过电子邮箱接收到电子全文。截止到 2015 年 12 月，系统接入文献共享云服务的区域与行业联盟已达 78 个，加入的图书馆已有 723 家。文献传递请求的满足率极高，24 小时之内用户对中文文献的满足率为 96%以上，对外文文献的满足率为 85%以上。

4. 与图书馆管理系统的无缝集成

超星移动图书馆系统不仅提供移动阅读、一站式数字资源检索与获取、电子文献传递等移动服务，还可以实现与图书馆管理系统（LMS）的无缝集成，通过技术手段实现馆藏 OPAC 查询、我的图书馆、图书续借、图书预约、图书挂失等自助式移动服务，并有新闻发布、通知公告、新书推荐、借阅排行榜、借书到期提醒、热门书推荐、预约取书通知等信息服务功能。

5. 与 RSS 订阅系统的集成

超星移动图书馆集成了 RSS 订阅功能，为移动用户提供个性化信息订阅服务。订阅的内容包括电子书籍、报纸、杂志、视频、资讯等近 30 种频道分类，使得用户在任何时间里都可以有针对性地阅读自己所需的信息，实现了为用户提供多来源信息的个性化阅读体验。

4.2 书生移动图书馆

4.2.1 系统概况

2010 年 6 月，北京书生公司宣称推出完整的“移动图书馆解决方案”[①②]，

① 移动图书馆解决方案. 大学图书馆学报，2010，(5)：112.

② 书生移动图书馆. http：//baike.baidu.com/view/6219278.htm.

打破了既往手机图书馆仅能够支持手机访问、仅能提供基本的查询和部分数据阅读的服务，极大地拓展了图书馆原有的服务范围，为图书馆重新定义出一种全新的服务方式。书生移动服务解决方案涵盖了图书馆各类数据库全文的统一处理及各种服务方式的移动服务，能够让所有读者使用各类手持设备都能随时、随地访问和使用移动服务，各种不同格式全文的统一原版展示和流式适合屏幕的展示，大幅扩展图书馆服务水平和服务质量。书生移动图书馆系统具有三个方面的优势。第一，独有基于 UOML[①]（非结构化操作标记语言）标准的多文档统一处理核心文档库，解决 CEB、SEP、PDG、CAJ 等专用浏览器的全文统一处理；第二，良好的移动阅读体验，移动图书馆系统根据用户的不同需求，分别提供了文本流式阅读、原版阅读、图文混排流式阅读三种阅读方式；第三，七套自适应界面充分满足不同读者设备体验（MTK 内核的基础版本、Symbian 系统的非触摸屏界面、触摸屏的界面、Kindle 的界面、Android 平板电脑的界面、iPhone 的界面、iPad 的界面等）。书生移动图书馆系统也是中国当前较为流行的移动图书馆服务系统，第 2 章的调研结果显示，在中国国家图书馆和省级公共图书馆中，有15%的图书馆采用书生移动图书馆系统。

4.2.2 系统整体架构

书生移动图书馆的系统整体架构[①②]如图 4.14 所示，整个系统采用移动云计算架构，所有的文献资源、移动应用和用户信息都放在云端，全部的存储和运算都集中在服务器端，不增加手机客户端的负担。读者通过手机、MP4、手持阅读器等移动终端使用 3G/GPRS 或 Wi-Fi 方式访问移动图书馆服务器，并使用各类移动服务和功能。

图 4.14 中的系统架构分为图书馆本地部署部分和远程云端服务两大部分。本地部署包括 UOML 文档交换服务，以及 OPAC 系统的对接模块，云端服务部分包含了统一检索、整合第三方的统一检索和 SNS 互动功能等。数字资源管理系统也在云端，可以独立发布不同格式的文档，然后进行多终端阅读。对于云端的移动信息门户，还需要和图书馆网站上的对应栏目进行自动同步，云端的图书推荐购买模块也需要和图书馆自身已有的图书推荐购买功

① 李臻，姜海峰. 图书馆移动服务变迁与走向泛在服务解决方案. 图书情报工作，2013，57（4）：32-38.
② 姜海峰. 移动图书馆的兴起和解决方案. 大学图书馆学报，2010，（6）：12-15.

能对接。移动图书馆服务器根据移动用户通过移动终端发起请求的类型，直接返回图书、期刊、论文等数字文献的检索结果，也可以调用图书馆的 OPAC 服务器为读者提供馆藏目录查询，并辅助提供借阅情况查询、预约、续借等服务。针对移动用户访问馆内数字资源的需求，通过 UOML 文档交换服务器，以文字或图片方式向读者提供数字文献的正文。这就要求 UOML 文档交换服务器部署在图书馆局域网内部，该服务器由于在内网，所以具有图书馆数据库的访问权限，可以从图书馆数据库中取得全文，并生成可在各类可移动终端设备访问的全文内容。UOML 文档交换服务器需要同时具备外网 IP，用于和移动服务器进行数据交互，为读者移动终端提供全文资源。

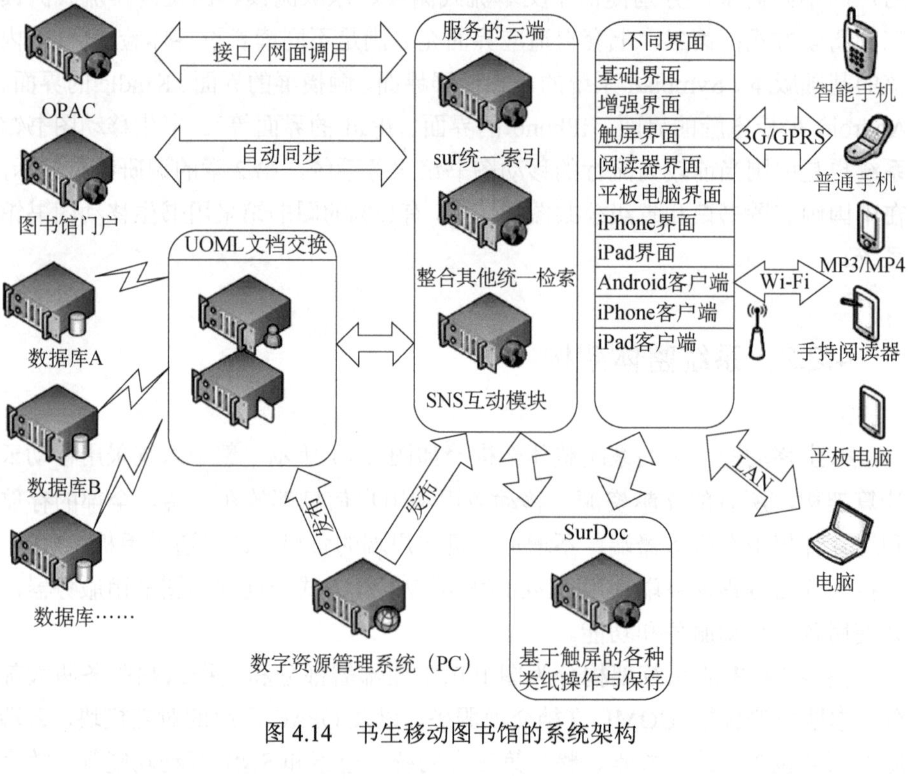

图 4.14　书生移动图书馆的系统架构

4.2.3　移动服务功能

书生移动图书馆提供了较为丰富的移动服务，集成了短信、WAP 网站和客户端三种服务模式，当前客户端支持 Android 和 iOS 平台。下面以辽宁省图书馆的移动图书馆客户端（Android 平台）为例进行书生移动图书馆服务功能的功能介绍。

1. 用户登录

书生移动图书馆系统采用 SaaS 云服务模式为众多图书馆提供移动服务，所有选用书生移动系统的图书馆均使用同一个 APP——书生移动图书馆（图 4.15）。所以，用户在首次使用移动 APP 时候，必须在“个人中心”中选择用户所在图书馆机构，并进行用户登录，登录成功后系统将自动将账号进行绑定，免去下次重复登录的麻烦。登录后即可看到移动 APP 的主界面，如图 4.16 所示，主界面有九个功能模块（图书、期刊、论文、新闻、报纸、馆藏、公开课、个人中心、功能管理）。

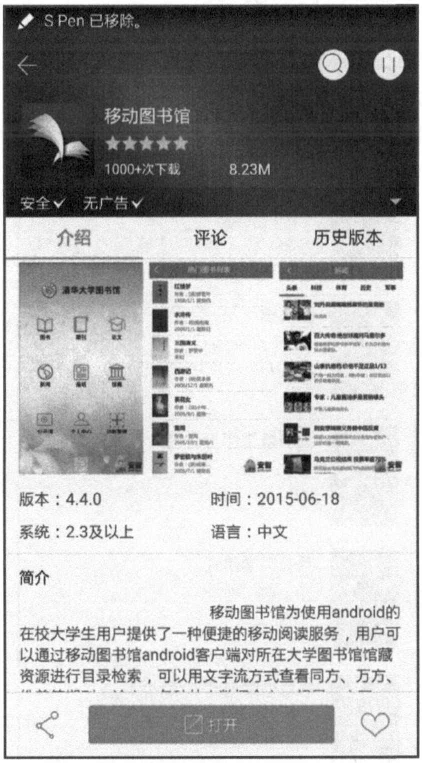

图 4.15　移动 APP 的机构选择页面

图 4.16　移动 APP 主界面

2. 馆藏 OPAC 检索

通过集成图书馆的 OPAC 系统，书生移动图书馆实现了馆藏 OPAC 检索服务，点击主页面的“馆藏”后，输入关键词即可开始检索，检索结果如图

4.17 所示。该系统不仅可以显示馆藏文献的详细信息（作者、出版社、出版年份、ISBN、主题词、价格和内容简介等），同时还提供复本情况、是否在馆、图书条码等详细内容。

3. 电子图书与电子期刊

书生移动图书馆提供电子图书导航、电子图书检索、电子图书下载、电子图书书架等功能，如图 4.18 和图 4.19 所示，满足移动用户对于电子图书的阅读需求，并可以实现在线下载、离线阅读功能。所有下载的电子图书都可以在书架中看到，并可点击阅读。电子期刊的功能与电子图书相同，书生移动服务系统提供图书馆期刊资源的导航功能。读者可以按照数据库首字母、学科、数据库名称三种方式搜索期刊，快速定位目标期刊。

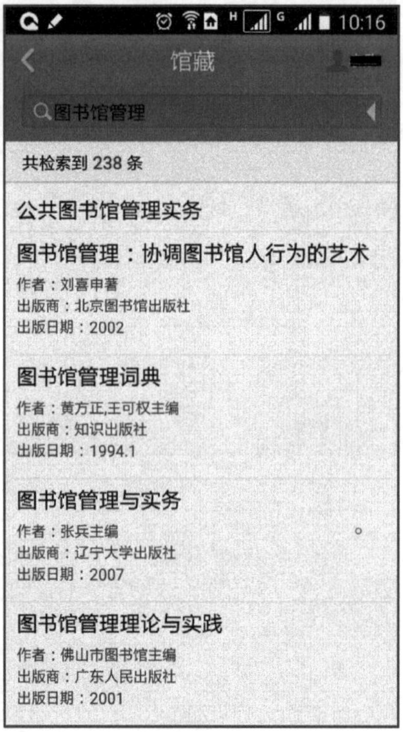

图 4.17　馆藏 OPAC 检索结果

图 4.18　电子图书检索页面

4. 新闻、报纸与公开课

书生移动图书馆集成了新闻模块，使得移动用户可以随时随地了解到最新的新闻资讯，包括头条、科技、体育、历史、军事、娱乐、时尚、财经、房产、汽车等内容，如图 4.20 所示。另外，移动服务系统还提供几百种报纸供读者订阅，可以根据省市进行报纸导航，方便移动用户添加和订阅某一报纸。公开课是书生移动服务系统提供的视频服务，如图 4.21 所示，读者不仅可以在线观看视频，还可以下载到本地进行离线浏览。

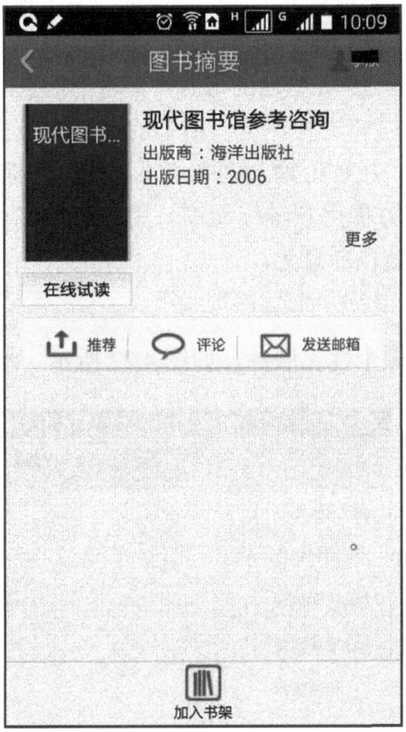

图 4.19　电子图书详细页面

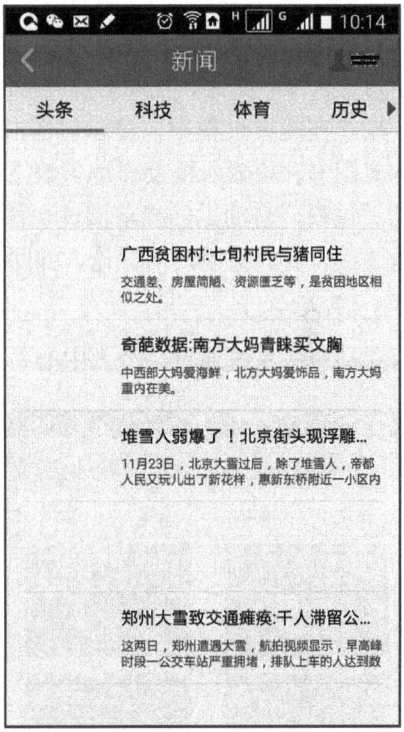

图 4.20　新闻模块

5. 交流与分享

书生移动图书馆系统提供云笔记、原迹手写批注与共享、学术微博、评论等交流功能，最大限度推动读者交流与分享。云笔记功能是为了方便读者在阅读时，将激发的灵感或思绪及时记录下来，为读者提供了及时性笔记记录的功能。笔记内容会同步存储到网络，存放于“云端”。方便快捷地实现移动数字阅读的同时，也可以体现个性化的阅读需求。

读者在利用移动服务系统阅读文献时，可以对文献内容进行批注或查看其他读者的批注。在阅读时选择原版阅读方式进行阅读，在需要批注的章节点击上方的批注按钮，进入批注模式，选择画线或涂抹，即可实现类纸式操作的原迹方式进行批注。

学术微博依据六度理论，以认识读者的读者为基础，无限扩张自己的人际脉络，在需要的时候，可以随时获取一点，得到该人际脉络的帮助，比如，根据相同话题进行凝聚，根据学习经历进行凝聚，根据相同阅读文献进行凝聚等。学术微博是一个基于文献资源及用户关系的分享、传播，以及获取的信息平台。整合图书馆特有的文献资源与人的关系网络，真正发挥每一个个体的作用，让每个个体创造和掌握自己的信息，移动终端提供的便利性和多媒体化，使学习、认知、交流、互动通过碎片时间贯穿在生活的每时每刻每个地点。

用户在阅读过程中，可以对图书及内容进行评论。图书的摘要页及内容页均有图书评论输入框及评论条数显示。在评论输入框中填写评论进行提交，成功评论后，自动返回当前阅读页面，方便用户继续阅读。用户可通过点击评论链接查看其他用户的评论，并回复自己的意见。

6. 个人中心

移动服务系统通过“个人中心”提供个性化服务，如图 4.22 所示。相比

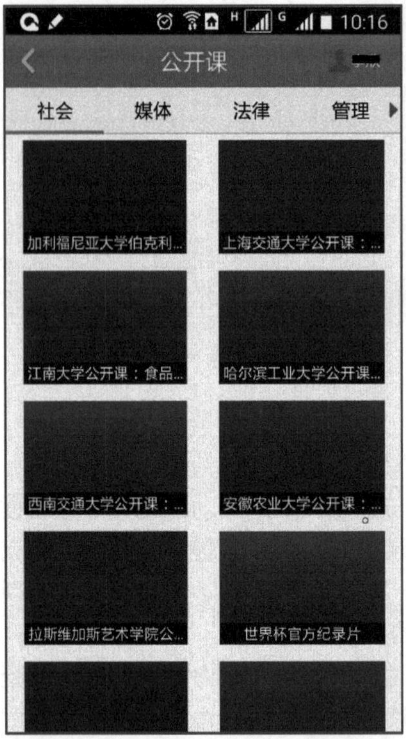

图 4.21　书生移动图书馆的公开课

图 4.22　个人中心

台式机和笔记本，手机的浏览辅助功能相对较弱，在手机上，人们很少打开多个窗口，也很少使用收藏夹。为了方便读者查找资料，书生移动服务系统可以自动保存读者的文献浏览的历史记录，并且提供收藏夹功能，以保存读者认为有价值的文献方便以后查看。另外，读者可以实时查询当前图书借阅情况和历史借阅情况，对于即将到期的图书，系统自动发出提醒还书信息。

7. 系统管理

通过移动图书馆服务的管理后台，管理人员可以实现用户信息的导入与导出，还有用户行为的数据统计，并对用户的建议及交互信息进行回复和管理。

第一，用户管理功能。凡是有借书证的用户，就可以通过发送认证短信，绑定手机进行设备认证。图书馆管理人员也可以通过管理后台批量导入读者的各种信息，根据不同单位、不同身份的读者进行管理。针对这些读者的批量管理设置，每个用户都有独立的起用时间和停止时间，管理员可单独发短信和编辑用户信息。管理后台还可以建立群组，系统管理员可以进行群组管理，添加和编辑群组，批量复制、移动、删除等。系统还可对用户信息进行相关条件的检索和统计，并支持文件导出。

第二，信息管理功能。对于用户提出的建议，管理人员可以在后台进行答复或删除，并可设置问题是否显示，设置显示的建议可以作为图书馆的 FAQ 在建议栏目下方显示。用户在阅读文献时添加的评论，管理人员也可以通过后台进行删除、修改等操作管理。

第三，数据统计功能。用户信息是唯一的、精确的。在保护隐私的情况下，后台系统可以详细统计记录用户访问信息，图书馆可以根据这些用户访问数据进行分析，并提供精准化服务。

第四，权限管理功能。通过角色管理和权限管理，管理人员可以自定义后台管理权限的角色，并将权限角色赋予其他的管理员的账号。

4.2.4 功能特色

书生移动图书馆系统有效地解决了图书馆内的各类数字化资源的移动访问和阅读，支持电子图书、期刊、会议论文、学位论文等数字文献的多种阅读方式，包括直接原版方式、文本流式方式及图文混排方式。该系统针对手持设备实现了唯一性认证的 DRM 技术，使得每一个读者只能有一个手持终端设备访问移动图书馆系统，而不能随意传播自己的访问权限。

书生移动图书馆系统的主要功能特色有以下几点。

（1）一站式的资源检索。在移动服务系统平台通过统一检索入口，快捷高效地检索图书馆的所有文献资源。

（2）各种格式数字文献的终端全文阅读。对图书馆采购的各种类型的中外文献数据库进行统一处理，利用版式智能流式渲染引擎技术突破版式文档在小屏幕上阅读体验的限制。采用 UOML 文档交换服务技术，对各种格式的数字文献进行格式转换，满足移动用户利用各种移动终端阅读图书馆数字资源全文的需求。

（3）丰富的移动终端支持。移动图书馆系统支持塞班（Symbian）、安卓（Android）、Windows Mobile、Linux、WebOS、iPhone 及 mtk 等各类型的可上网手机，也支持具有 Wi-Fi 功能的 MP4，所有图书馆的各类文献资源可以通过各种类型手持设备进行统一全文原版和流式访问。另外，移动服务系统支持现在流行的电子屏幕的手持阅读器，如 Kindle。

（4）突破局域网限制。图书馆的各类资源都可以突破过去的 IP 控制方式，直接针对每一个读者进行权限控制，只要网络通畅，就可通过随身设备在全球任何地点访问，无需单独的登录、认证等。

（5）个性化服务。通过移动云计算技术使得每一个读者作为唯一身份认证。支持读者进行资源收藏、批注、云笔记、资源推荐、借阅管理等一系列的个性化移动服务功能。

（6）读者互动应用机制。移动用户可以在进行科研学习的同时，利用学术微博和校友、同学分享自己的学习心得。互相评论一本好书、一篇好文章，实现实时的资源分享。图书馆馆员也可以和读者开展互动，利用移动参考咨询、图书荐购、读者建议等模块成功实现图书馆与读者之间的互动。

4.3 Boopsie

4.3.1 系统概况

Boopsie 是一家 2006 年在美国硅谷创办的私人公司，已经成为全球领先的移动云服务提供商，为图书馆提供定制化的原生态移动 APP（Native Mobile Apps）服务，所有移动服务的维护均由公司完成，无需图书馆人力资源和技术力量的投入。Boopsie 产品最大的优势在于移动应用系统具有广泛的平台适应性，目前支持的移动平台有 Android、iOS、Windows Phone 8、Windows Mobile、Windows 8、Kindle Fire、和 Blackberry 等，几乎能够满足所有移动终端的使用需求。除了 OPAC 检索外，Boopsie 还提供社交媒体、图书馆指南（分馆地址、开放时间、联系人等）、GPS 定位服务、自助借阅、移动咨询、电子书刊等多种移动服务。2011 年，Boopsie 相继推出 BookLook 和 BookCheck 服务[①②]，通过扫描条码，读者可以查询图书馆馆藏，并完成自助借阅服务，颇具创新性。此外，Boopsie 公司还与 OverDrive、OneClickdigital、EBSCO、Axis 360、LexisNexis 等 30 余家数据提供商[③]保持良好合作，以便移动用户可以更加方便地通过移动终端访问数字资源。Boopsie 公司提出的使命是使图书馆更多的用户更加方便地使用图书馆更好的服务，提供可扩展的、可靠的和易于使用具有图书馆自有品牌的移动应用程序，满足移动用户对图书馆资源和服务的更大需求。Boopsie 在移动图书馆服务领域颇具影响，截止到 2015 年 12 月，其在全球拥有超过 4000 家图书馆用户[④]，最具影响力的案例就是 2009 年为 OCLC 开发的 WorldCat App[⑤]。根据第 2 章的调研结果，全美排名前 25 位的公共图书馆中，32%（8/25）的图书馆选用 Boopsie 移动服务系统。Boopsie 根据图书馆的馆藏量和学校规模，设计了一个七层的价格服务体系[⑥]。

4.3.2 系统整体架构

Boopsie 移动图书馆系统采用 SaaS 云服务架构。虽然在公司主页介绍[③]中称其 APP 服务为 PaaS 服务，按照 PaaS 的概念，平台即服务，是面向软件开发者的服务，云计算平台提供硬件、操作系统、编程语言、开发库和

① Rapp D. Boopsie app feature：Scan ISBN barcodes，place holds. Library Journal，2011，136（11）：22.

② Kahl P，Rua R. Cuyahoga County checks out boopsie's checkout app. American Libraries，2011，42（11/12）：26.

③ Boopsie Star Partners. http：//www.boopsie.com/boopsie-stars/.

④ A-Z List of over 4000 Libraries Worldwide. http：//www.boopsie.com/library-apps/.

⑤ 张苏闽，鄢小燕，谢黎. 国外数据库出版商移动服务方案分析及启示. 图书情报工作，2012，56（11）：65-70.

⑥ Carlucci T L. Mobile services：How libraries are working with some of the latest mobile technologies. Library Journal，2012，137（5）：76-77.

部署工具，帮助软件开发者更快地开发软件服务。但是，根据雄鹿县社区学院图书馆的实施案例①来看，Boopsie 移动服务产品并不需要图书馆进行具体的程序开发，所有的软件开发、安装、部署和维护工作均为公司负责，更加符合 SaaS 服务的特征，所以严格来说 Boopsie 移动图书馆服务属于 SaaS 服务。

Boopsie 移动图书馆系统整体架构如图 4.23 所示。所有的移动服务应用程序均放置在云端，移动用户通过各类平台的移动终端访问移动程序，使用各项移动服务。依托 Boopsie 公司与各大数据库提供商的良好合作关系，移动 APP 还面向移动用户提供数据库检索服务，各类文献数据库也放置云端，用户通过移动 APP 访问和使用文献数据库，部分数字资源的下载需要登录图书馆的账号和密码。图书馆将馆藏 Marc 数据提交至 Boopsie 公司，公司提前建立 OPAC 索引以提升用户检索速度，需要实时查询馆藏状态时，移动 APP 才会从图书馆的 OPAC 服务器进行数据交互以提取相应的数据（封面图片、馆藏复本量、分馆收藏情况、目前馆藏借阅状态等）。

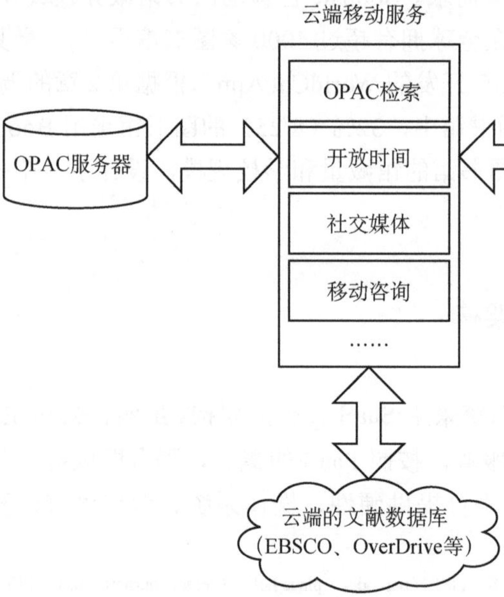

图 4.23　Boopsie 移动图书馆系统整体架构图

① Johnstone B T. Boopsie and librarians：Connecting mobile learners and the library. Library Hi Tech News，2011，28（4）：18-21.

4.3.3 系统实施

Brian T. Johnstone[①]详细介绍了雄鹿县社区学院图书馆移动 APP 建设情况，图书馆选用 Boopsie 公司作为移动图书馆系统产品提供商，主要实施步骤如下所示。

第一步，OPAC 馆藏检索功能的实现。为了提高用户的检索速度，图书馆将馆藏 Marc 数据提交至 Boopsie 公司，由公司进行索引重建，并且每周自动更新一次馆藏 Marc 数据。同时，这样可以使用到 Boopsie 公司的智能前缀检索技术（Smart Prefixsearch）[②]，例如，用户要检索的关键词为“African American”，仅仅需要输入“aframe”即可。

第二步，创建 APP 的导航菜单。Boopsie 公司提供了名为“Boopsie Docs”的模板，模板是使用 Google Docs 创建的。图书馆确定 APP 的导航内容，以及导航的图标等内容。

第三步，提供 APP 的图标和应用商店中的描述文字。Boopsie 公司规定了图像的要求，包括图片大小、颜色，并提供样例参考。

可以看出，图书馆在移动 APP 建设过程中，承担的工作量是较少的，绝大部分工作由公司承担。云服务模式对于图书馆来说是一个非常不错的选择，B. T. Johnstore 认为移动 APP 项目是一项非常好的投资。

4.3.4 移动服务功能

尽管 Boopsie 系统采用云服务模式，但是与国内超星移动图书馆和书生移动图书馆的产品不一样的是，Boopsie 公司为每家图书馆定制了个性化的移动 APP，APP 的图标和菜单都可以实现定制化。雄鹿县社区学院图书馆在苹果应用商店中的下载页面如图 4.24 所示。下面就以该图书馆的移动 APP——Bucks Mobile（iOS 平台）为例介绍 Boopsie 系统的移动服务功能。

1. 移动 APP 首页

Bucks Mobile 移动 APP 首页如图 4.25 所示，最上面显著位置有图书馆的名称，主页包括 Library Catalog（馆藏目录检索）、Library Locator（图书馆定

① Johnstone B T. Boopsie and librarians：Connecting mobile learners and the library. Library Hi Tech News，2011，28（4）：18-21.

② WorldCat iPhone app offers “smart prefix” search. Library Journal，2009，134（8）：17.

位器，各分馆的地点、开放时间、联系人等，并支持查询最近的图书馆）、Databases（文献数据库）、Ask A Librarian（馆员咨询）、Research Guides（学科服务）、Tutorials（学习指南）、Room Reservation（空间预约）、Library Blog（图书馆博客、最新资讯）和 Learning Resources（学习资源中心）等功能模块，每项功能不仅有形象的图标，还有大致服务内容的介绍，一目了然。

图 4.24　Bucks Mobile 的下载页面

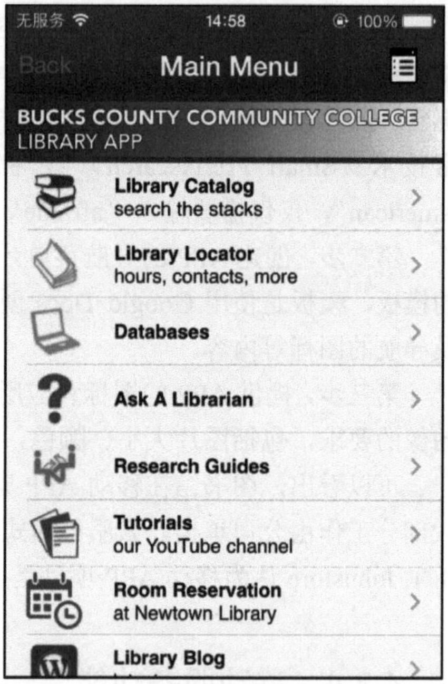

图 4.25　Bucks Mobile 的 APP 首页

2. Library Catalog

馆藏目录检索不仅可以检索纸质馆藏图书，还有各类电子资源，如电子图书和有声读物等，如图 4.26 所示。系统不仅提供输入提醒功能，并有智能前缀检索功能，非常适合英文类文献资源的检索。用户点击检索结果中的具体记录，即可查看该记录的详细馆藏信息，如图 4.27 所示，不仅有馆藏的基本信息（作者、书名、摘要、ISBN、出版社等），还有馆藏封面等内容，并提供预约取书服务。

3. Library Locator

Library Locator 相当于图书馆分馆指南，让读者了解到图书馆的所有分馆信息，以及各分馆的开放时间、分馆照片、具体位置、联系电话、咨询邮箱等详细信息。充分利用了移动终端的 GPS 模块，移动 APP 在分馆信息中集成了 Google 地图（View on map）和交通（Directions）功能，引导读者选用交通工具抵达分馆。

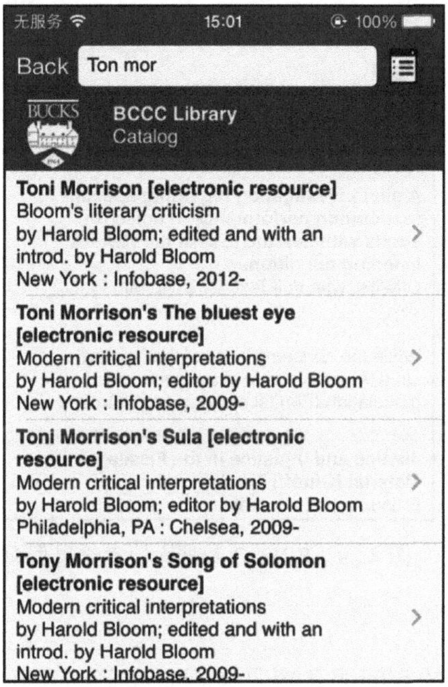

图 4.26 馆藏检索页面

图 4.27 馆藏详细信息页面

4. Databases

文献数据库访问是移动 APP 的特色功能，依托 Boopsie 公司与 30 余家数据提供商的良好合作，移动 APP 提供大量文献数据库的访问功能。Bucks Mobile 移动 APP 提供了包括 EBSCO Mobile 和 Lexis-Nexis Mobile 在内的几个文献数据库的访问服务，如图 4.28 所示。选择 EBSCO Mobile 数据库，选择其下属的子数据库和相应检索参数（排序方式、检索字段等）后，输入关键词“Materials”后的检索结果如图 4.29 所示，部分数字文献支持在线阅读和下载。

5. Ask A Librarian

参考咨询是图书馆的一项重要服务内容，利用移动终端开展咨询服务是移动 APP 的创新服务。Bucks Mobile 移动 APP 提供多样化的移动咨询服务，咨询方式包括电话、电子邮件和实时聊天，满足移动用户的不同咨询需求。

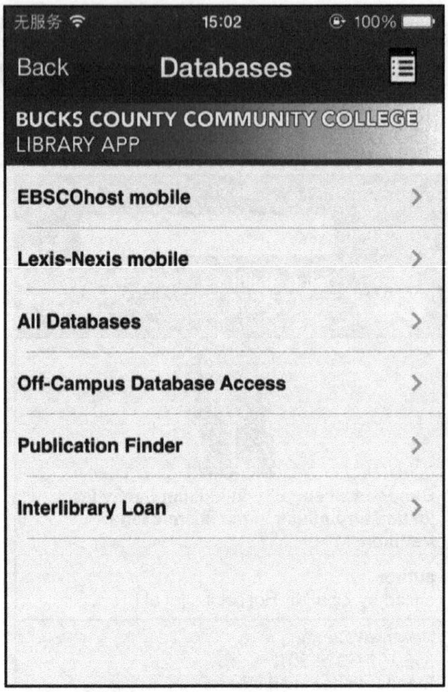

图 4.28　文献数据库列表

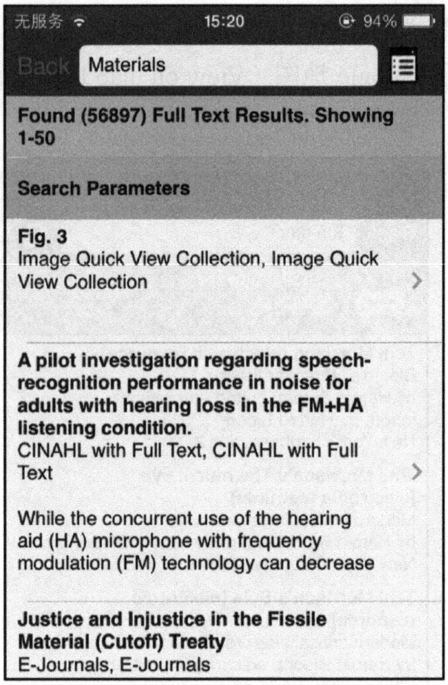

图 4.29　EBSCO 数据库检索结果页面

6. Room Reservation

在数字图书馆环境下，预约图书馆的空间服务容易实现。在移动互联网环境下，利用移动 APP 提供空间预约服务，非常人性化。Bucks Mobile 移动 APP 提供空间预约服务，读者根据分馆预约图书馆的研修室等空间，满足移动用户的空间服务需求。

7. Library Blog

Library Blog 为移动用户提供最新的图书馆资讯，包括最新活动通知、开放时间变更等通知。

8. BookLook 和 BookCheck

BookLook 和 BookCheck 是 Boopsie 移动图书馆系统的特色功能，由于 Bucks Mobile 未选用这两个模块，下面以凯霍加县公共图书馆（Cuyahoga County Public Library）的移动 APP——CCPL Mobile 为例来介绍，如图 4.30 所示，BookLook 实现了扫描 ISBN 检索馆藏的功能（图 4.31），BookCheck 则实现了读者利用移动终端扫描条码自助借书的功能（模块名称为 Self-Check）。

图 4.30　CCPL Mobile 移动 APP 主界面

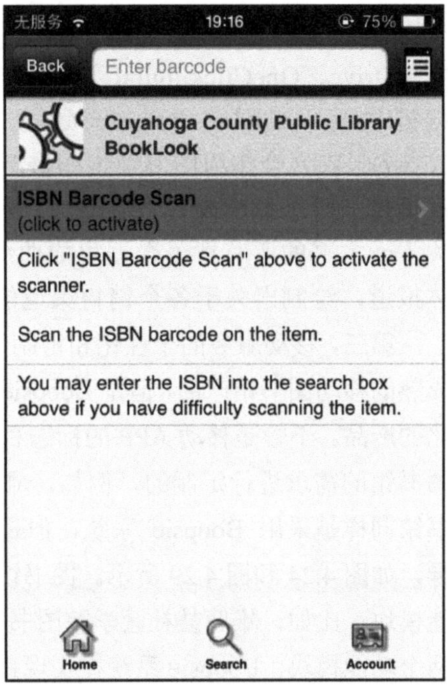

图 4.31　CCPL Mobile 的 BookLook 功能

4.3.5　系统特色

Boopsie 作为全球领先的移动图书馆服务提供商，拥有超过 4000 家图书馆用户，充分说明该系统在图书馆界的影响力。Boopsie 系统主要功能特色有如下几个方面。

第一，充分利用了移动智能终端的功能特性。智能手机等移动终端的功能特性包括拍照和 GPS 定位，充分利用这些功能特性，可以开发出用户感兴趣的移动服务。Boopsie 系统利用了拍照功能，推出了 BookLook（扫描 ISBN 号查询图书馆馆藏）和 BookCheck（扫描条码实现读者的自助借书）功能；此外，还利用手机的 GPS 定位功能，在移动 APP 的分馆信息中集成了 Google 地图和交通功能，引导读者如何抵达分馆。

第二，积极与数字资源提供商合作。Boopsie 系统是一个开放的系统，积极与数字资源提供商开展服务，在与资源提供商实现双赢的同时，为移动用户提供良好的移动资源访问服务。目前 Boopsie①的星级合作伙伴就有 OverDrive、OneClickdigital、EBSCO、Axis 360、LexisNexis 等 30 余家数据提供商。此外，Boopsie 还与专业的出版数据挖掘公司封面蛋糕（Covercake）合作为图书馆推荐最新图书和最热门图书②。封面蛋糕为出版商提供从各个社交媒体台上跟踪和收集数据的服务，基于社交媒体平台上关于一本书的所有评论数据生成曲线图和评分，同时追踪与该书相关的媒体报道，绘制出关于各个销售渠道的媒体报道效果的可视化图表。

第三，移动服务的个性化和定制化。尽管 Boopsie 移动图书馆系统是一个成熟的移动图书馆产品，但是 Boopsie 为所有图书馆提供的都是个性化和定制化的产品。不管是移动 APP 的标志和名称，还是 APP 的功能模块，都是根据图书馆的需求进行定制的，例如，雄鹿县社区学院图书馆和凯霍加县公共图书馆同样是采用 Boopsie 系统，但是两者在页面和功能模块上具有较大的差异，如图 4.24 和图 4.29 所示。图书馆还可以根据自身的需求，选用不同的功能模块，比如，雄鹿县社区学院图书馆就没有选择 BookLook 和 BookCheck 两个功能模块。Boopsie 系统在实现移动图书馆服务的同时，体现了各个图书馆的特色，使得产品在个性化服务方面表现得非常优秀。

第四，支持多种平台的移动终端。随着各类移动终端的推出，移动操作系统也日益增多，如何使移动程序能适应众多的移动平台，也是移动服务面临的重大难题。Boopsie 产品的最大优势在于移动应用系统具有广泛的平台适应性，目前支持的移动平台有 Android、iOS、Windows Phone 8、Windows Mobile、Windows 8、Kindle Fire 和 Blackberry 等，几乎能够满足所有移动终端的使用需求。Boopsie 也是全球首家支持 Windows 8 的图书馆 APP③。

第五，与图书馆 ILS（Intergrated Library System）系统的无缝集成。Boopsie 系统实现了与大多数图书馆 ILS 系统的无缝集成，Boopsie 系统在其主页罗列了可以进行集成的近 30 种自动化系统。支持众多的 ILS 系统集成，也是 Boopsie 移动服务系统的重大特色，保证了 OPAC 服务、个人图书馆等移动服务的无缝集成。

① Boopsie Star Partners. http：//www.boopsie.com/boopsie-stars/.

② Help patrons and students find books from their favorite TV shows in your catalog. http：//www.boopsie.com/york-county-libraries-covercake-case-study/.

③ Every Month It Seems There’s a New Type of Mobile Device，Operating System，or App Store. How Can I Keep Up with All These Constant Changes? http：//www.boopsie.com/frequently-asked-questions/.

第六，领先的移动搜索技术。Boopsie 公司针对手机屏幕较小、输入速度慢的劣势，开发了智能前缀检索技术（Smart Prefix），不仅非常人性化，同时也大幅度提升了英文文献的输入效率和检索效率。

第七，SaaS 云服务模式，降低了图书馆维护的工作量和技术难度。Boopsie 公司采用了 SaaS 云服务架构，将所有的移动程序和文献资源均放置云端，大大降低了图书馆的技术维护工作量，使得图书馆可以较短时间内推出移动图书馆服务，同时也为众多技术力量薄弱的中小型图书馆增加了开展移动服务的可能性。

4.4 Biblio Mobile

4.4.1 系统概况

Biblio Mobile[①]是由 BiblioCommons 公司面向图书馆推出的移动服务产品。该公司是一家专为图书馆提供 SaaS 云服务解决方案的高科技公司，致力于为图书馆的在线用户提供更好的服务和体验，公司拥有 BiblioCore、Biblio Mobile、Biblio Program Sites、Biblio School、Biblio CMS、Biblio Digital、Biblio Events、Biblio Suggest for Purchase、Biblio Notification、Biblio Augmented Content、Biblio Fines 等产品系列，其中 BiblioCore 是公司的核心产品，产品定位为替换 OPAC 的检索与用户管理功能。Biblio Mobile 产品为多种终端平台提供原生态 APP 服务，使得图书馆用户能够通过移动 APP 使用图书馆的各类文献资源和服务，不仅包括馆藏纸质文献，还包括图书馆购买的电子图书和有声读物等电子资源，并集成了资源评论等 SNS 服务。Biblio Mobile 在美国公共图书馆界拥有稳定的用户群体，根据第 2 章的调研结果，在全美顶尖的 25 所公共图书馆中，28%（7/25）的图书馆选用了 Biblio Mobile 产品。

① BiblioCommons Mobile. http：//www.bibliocommons.com/products/mobile.

4.4.2 系统整体架构

Biblio Mobile 采用 SaaS 云服务技术架构，主要服务形式为移动客户端。图书馆支付平台使用费用，即可开通移动 APP 服务。移动应用和移动文献资源均存储在云端，不占用图书馆的硬件资源和技术维护资源。

根据 Biblio Mobile 的产品介绍①，对于订购了 BiblioCore 产品的图书馆来说，开通移动 APP 服务非常简单，仅仅需要向公司提供图书馆的图标和包含分馆信息的 XML 文件（如分馆名称、分馆地理位置、联系人、分馆图片等信息）即可。移动 APP 后续的技术维护全部由 BiblioCommons 公司负责，根本不需要图书馆参与，Biblio Mobile 自动与图书馆的 ILS 系统进行数据交互。

4.4.3 移动服务功能

尽管 Biblio Mobile 系统采用 SaaS 云服务模式，但是与国内超星移动图书馆和书生移动图书馆的产品不一样的是，Biblio Mobile 公司为每家图书馆定制了个性化的移动 APP，移动 APP 的图标和菜单都可以根据图书馆的需要进行定制化，例如，波士顿公共图书馆在苹果应用商店中的下载页面如图 4.32 所示。下面就以该图书馆的移动 APP——Boston Public Library（iOS 平台）为例介绍 Biblio Mobile 系统的移动服务功能。

1. 移动 APP 首页

波士顿公共图书馆的移动 APP 主界面如图 4.33 所示。首页最上方有波士顿公共图书馆的图标和图书馆名称，非常醒目。首页包括的模块有最近访问（Recently Reviewed）、电子图书和有声读物（eBooks & eAudiobooks）、最近到馆（Recent Arrivals）、刚刚订购（Just Ordered）、畅销书（Bestsellers），最下方有一排功能选项，包括探索（Explore，主页）、馆藏检索（Search）、个人图书馆（My Boston）、查找分馆（Location）、更多（More，系统帮助、隐私声明、意见反馈、设置、登录等）。

① BiblioCommons Mobile. http：//www.bibliocommons.com/products/mobile.

图 4.32　BPL 移动 APP 下载页面

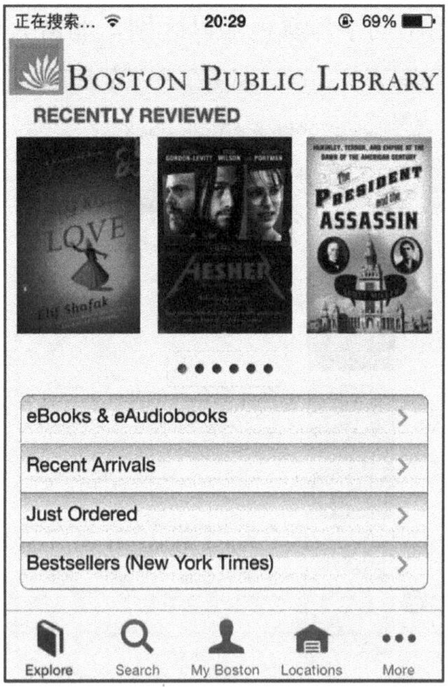

图 4.33　BPL 移动 APP 主界面

2. 电子图书和有声读物

移动 APP 提供电子图书和有声读物的浏览功能，点击首页的 eBooks & eAudiobooks 即可进入，如图 4.34 所示，点击 Refine（精炼，或者分面检索）即可通过文献格式（电子图书、有声读物等）、受众群体（成年人、儿童、少年等）、订购日期、主题、内容、语言、出版日期、地区、作者等途径进一步缩小检索范围，找到读者所需要的电子图书和有声读物。点击题名，即可进入电子文献的详细信息页面，如图 4.35 所示，显示的内容包括题名、封面、作者、出版年份、语言、评级、简介等内容。系统还会显示该文献的书评内容，如图 4.36 所示，显示读者对该电子图书的评级（最多 5 颗星）和评论内容。读者点击右上角的“+”，可以选择下载该电子文献，或者将资源放入个人书架（Add to my shelves…），以便下次阅读。

3. 文献推荐

移动 APP 提供了丰富的文献推荐功能，方便读者通过移动终端随时了解图书馆的图书最新采购信息，文献推荐功能包括最近访问、最近到馆（图 4.37）、刚刚订购（图 4.38）、畅销书（图 4.39）等。系统推荐的文献信息非常丰富，不仅有高清的图书封面，还有图书的详细题录信息，并提供目前图书的订购和在馆状态（订购中、全部复本在馆、部分分馆可借、仅限馆内阅读等），并采用不同字体颜色加以区别，非常人性化。

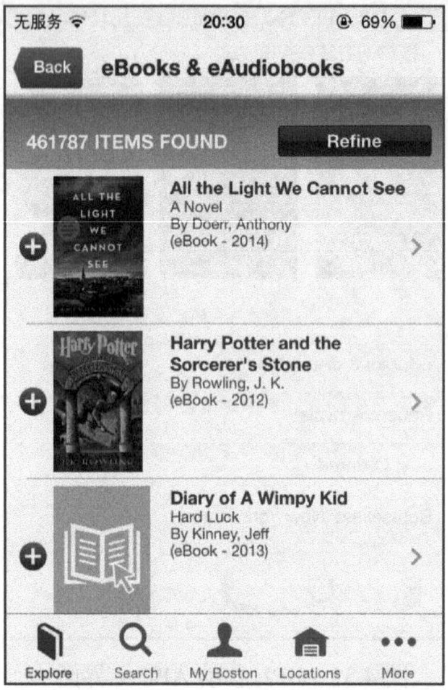

图 4.34　电子图书和有声读物浏览页面

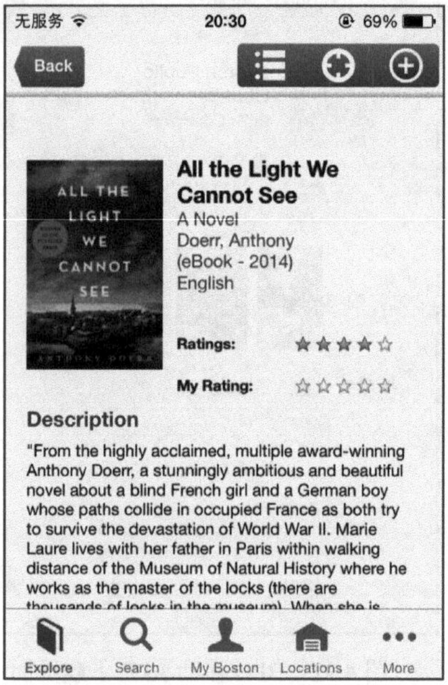

图 4.35　电子图书详细信息页面

图 4.36　电子图书的书评信息

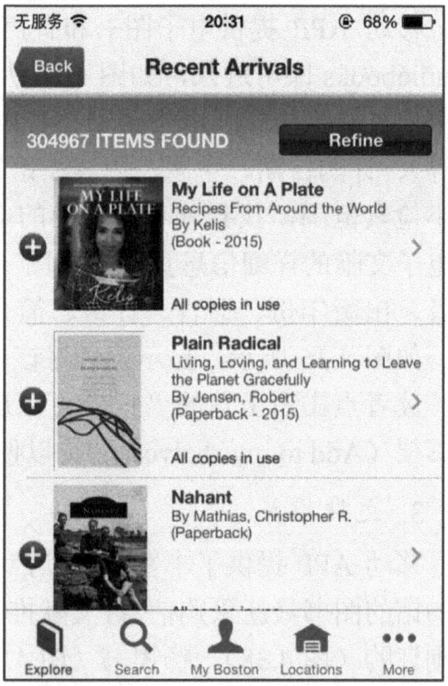

图 4.37　最近到馆的图书信息

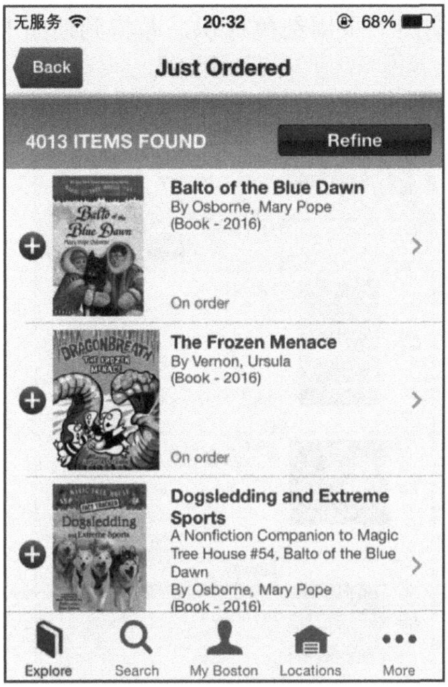

图 4.38 最近订购图书信息

图 4.39 畅销书信息

4. 移动 OPAC 检索

移动 APP 提供移动 OPAC 检索服务，点击 APP 主页的馆藏检索模块进入，如图 4.40 所示，检索范围包括图书馆的纸质馆藏，还有电子图书和有声读物等电子文献，检索方式有两种。一种是直接扫描图书馆的 ISBN，系统根据条码检索图书馆的馆藏信息。另一种则为关键词检索。例如，输入关键词“Library”，检索结果如图 4.41 所示，系统显示命中记录条数，并提供分面检索功能，分面途径包括文献格式（电子图书、有声读物等）、受众群体（成年人、儿童、少年等）、订购日期、主题、内容、语言、出版日期、地区、作者等。读者点击感兴趣的题名后，系统显示文献的详细信息（图 4.42），以及读者对于该文献的评级和评论，读者可以选择查看该文献在各分馆的馆藏状态（图 4.43），并可进行预约取书。

5. 个人图书馆

波士顿公共图书馆移动 APP 的个人图书馆提供了丰富的服务功能，如图 4.44 所示，方便查询读者在图书馆的各类服务状态，包括已经借阅图书馆信息（Checked Out）（具体有到期图书信息、即将到期图书信息、所有在借图书信息）、预约取书信息、个人书架和超期违约金信息等。移动 APP 还采用不同的颜色标志不同图书的服务状态，如超期图书采用红色标识，即将到期图书采用黄色标识。

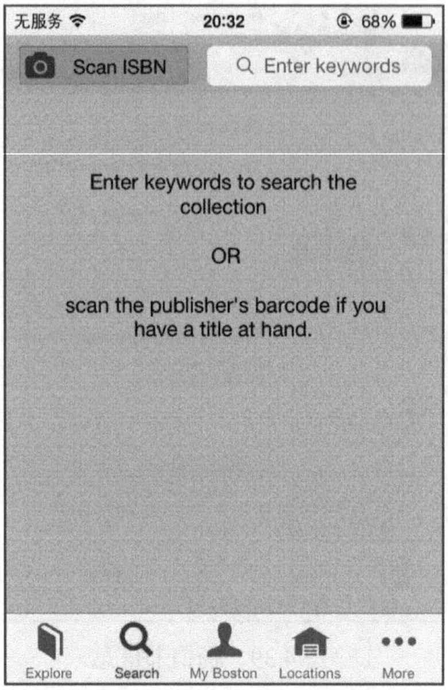

图 4.40　移动 OPAC 检索页面

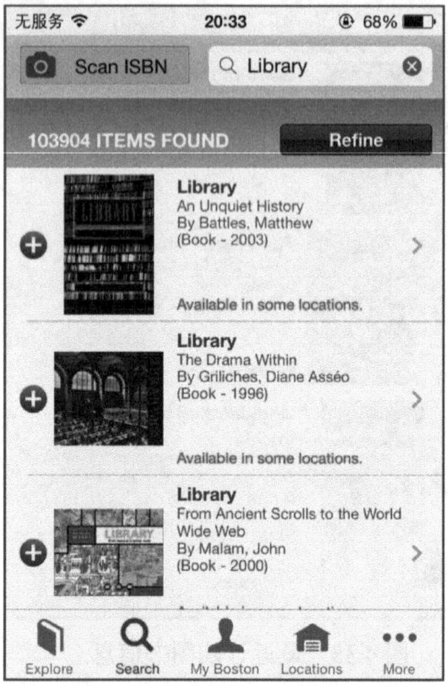

图 4.41　移动 OPAC 检索结果页面

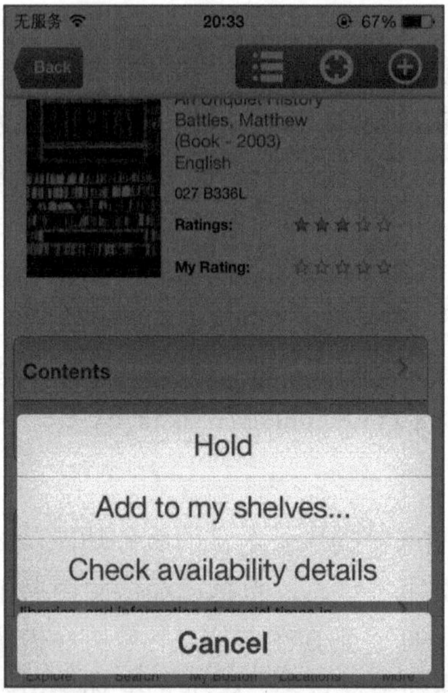

图 4.42　馆藏文献的详细信息

图 4.43　馆藏文献的在馆状态

6. 分馆信息

移动 APP 还提供了详细的分馆信息，点击主页的“Location”即可进入，如图 4.45 所示，移动 APP 以地图的形式显示了波士顿公共图书馆的所有分馆。读者点击地图中的红色标识，即可查看该分馆的详细信息，包括分馆图片、开放时间、地址、联系电话等信息，并集成 Google 地图为读者提供交通引导功能。开通 GPS 模块的读者，点击“View nearest location”还可以查看最近的分馆。

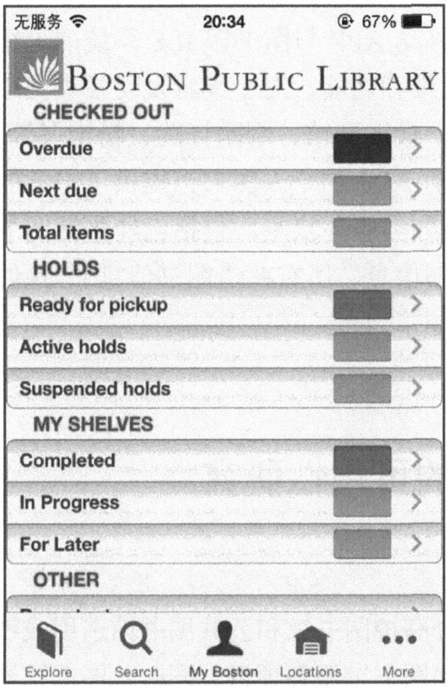

图 4.44 个人图书馆

图 4.45 分馆信息

4.4.4 功能特色

Biblio Mobile 系统的主要功能特色有如下五个方面。

第一，与图书馆 ILS 系统的无缝集成。Biblio Mobile 依托在 OPAC 产品领域的技术优势，实现与图书馆 ILS 系统的良好集成，实现了馆藏纸质文献、电子图书和有声读物的一键检索，读者在移动互联网环境下可以获得良好的检索体验，读者不仅能看到精美的图书封面，还能看到其他读者对于图书的评级和评论。

第二，先进的可视化与交互式设计理念。移动 APP 的设计理念非常先进，系统页面整体效果美观，按钮设计精美，用户友好性良好，这主要源自

BiblioCommons 公司的可视化设计和交互式设计理念。所有按钮、图标都是精美和直观的，不同的状态采用了不同的颜色标识，这保证了良好的读者交互性和系统可用性。

第三，优秀的文献检索性能。移动 APP 系统的检索功能非常强大，提供了非常丰富的分面检索功能，分面途径包括文献格式（电子图书、有声读物等）、受众群体（成年人、儿童、少年等）、订购日期、主题、内容、语言、出版日期、地区、作者等，相关排序功能方便读者发现感兴趣的文献。

第四，丰富的文献推荐功能。源自移动 APP 与图书馆 ILS 系统的无缝集成，移动 APP 为读者提供了丰富的文献推荐功能，对于读者发现各类文献非常有帮助。文献推荐功能包括最近访问、最近到馆、刚刚订购、畅销书等。

第五，完善的个人图书馆功能。移动 APP 的个人图书馆提供了丰富的服务功能，通过移动 APP，读者可以查询各类服务状态，包括已经借阅图书信息（具体有到期图书信息、即将到期图书信息、所有在借图书信息）、预约取书信息、个人书架和超期违约金信息等。

4.5 移动服务的可用性研究

随着移动图书馆服务的普及，大部分高校图书馆和公共图书馆选用成熟的移动图书馆系统，面向移动用户推出移动图书馆服务项目。同时，图书馆界对于移动服务的研究重点也有所转变，从移动服务的技术实现转而重点研究如何提升移动图书馆的服务水平、用户认可度和服务满意度。移动图书馆服务系统作为一个较为复杂的人机交互系统，其系统的可用性研究逐渐受到重视。可用性研究是近年来国外移动服务的研究热点，被广泛应用于移动服务的研究，被视为提升移动服务用户体验的重要途径，国内外学者都开展了不少有益的研究。

4.5.1 可用性

可用性[①]是交互式 IT 产品/系统的重要质量指标，指的是产品对用户来说

① 可用性. http: //baike.baidu.com/view/1436.htm.

有效、易学、高效、好记、少错和令人满意的程度，即用户能否用产品完成相应的任务，效率如何，主观感受怎样，实际上是从用户角度所看到的产品质量，是产品竞争力的核心。可用性被广泛应用于评估用户对于产品和系统的满意度和接受度，已经成为评价产品和系统的重要研究方法之一①。

对于可用性的概念，学者们提出了多种解释，目前有文献可查的最早的解释是在 1991 年由 Shackel 等②提出的。系统的可用性，是指系统等所具备的，能够被受过特殊训练的用户，在特定的范围内，容易而有效地使用的性能。Shackel 认为可用性是指技术的“能力”，在其定义中强调了环境因素的重要性。被特定范围的用户使用，经过特定培训和用户支持，在特定的环境中，去完成特定范围的任务。虽然在某种程度上也提及了人的重要性，但并未提升到足够的高度，在其可用性概念中，技术仍然是决定性的因素。Preece 等③在 1994 年，从人机界面的角度对可用性的概念进行了定义，交互系统的可用性体现在有效和高效性、易学性、操作安全性、易用性及用户满意性的程度。1998 年，H. Rex Hartson④指出可用性包含有用性和易用性两层含义，有用性指产品的功能性，易用性指系统的易学性、交互的效率及用户的满意度。H. Rex Hartson 对可用性的定义不单简单直接，而且把人这一因素的重要性又提升到了一个新的高度，突出了人在与机器交互中，人的能动性与主导地位。

关于可用性的定义，目前引用较为广泛的是 ISO 9241-11 国际标准提出的定义⑤⑥：指产品在特定使用环境下为特定用户用于特定用途时所具有的有效性（Effectiveness）、效率（Efficiency）和用户主观满意度（Satisfaction）。

（1）有效性：是指用户完成特定任务和达到特定目标时所具有的正确和完整程度，也就是用户能否用产品做他们想做的事情。

（2）效率：是指用户完成任务的正确和完整程度与所使用资源（如时间）之间的比率。

（3）主观满意度：是指用户在使用产品过程中所感受到的主观满意和接受程度。

---

① Wichansky A M. Usability testing in 2000 and beyond. Ergonomics，2000，43（7）：998-1006.

② Shackel B，Richardson S J. Human Factors for Informatics Usability. Cambridge University Press，1991.

③ Preece J，Rogers Y，Sharp H，et al. Human-computer Interaction. Wokingham：Addison-Wesley，1994.

④ Hartson H R. Human computer interaction：Interdisciplinary roots and trends. The Journal of System and Software，1998，43（2）：103-118.

⑤ 什么是可用性. 中国欧盟可用性研究中心. http：//usability.dlmu.edu.cn/chinese/kyxrd.htm.

⑥ International Organization for Standardization. Ergonomic Requirements for Office Work with Visual Display Terminals（VDTs）. Part 11：Guidance on Usability，International Standards Organization，Geneva，1998.

4.5.2 可用性指标

尽管可用性研究并不是网站评估的最有效方法，但是可用性研究还是提供了用户对于系统体验和客观满意度的可靠的定量估计。要开展移动服务的可用性评估，首先要建立移动服务的可用性指标体系，国外学者就移动服务的可用性指标提出了不同的见解，具体的可用性指标见表 4.1。

表 4.1 移动服务可用性评估指标

提出者	可用性指标
ISO 9241-11	有效性、效率、满意度
J. Nielsen①	效率性、可学习性、可记忆性、低出错率、满意度
R. Harrison 等②	有效性、效率性、满意度、可学习性、可记忆性、低出错率、认知负荷
R. Hegarty 等③	易学性、导航性、有效性、效率性、审美性
R. Toteja 等④	有效性、成本效率、易用性、易于操作、检索速度
A. S. Hashim 等⑤	前后一致性、可学习性、灵活性、最小动作量、最小记忆负荷
S. W. S. Sahilu 等⑥	可学习性、可记忆性、简洁性、满意度
Shea-Tinn Yeh⑦	有效性、效率、满意度
Kimberly D. Pendell⑧	有效性、效率、满意度
Alexandros S. Tsiaousis⑨	有效性、效率、满意度
Chun-Yi Wang⑩	有效性、满意度
陈深贵⑪	满意度

① Nielsen J. Finding Usability Problems Through Heuristic Evaluation. Proceedings of the SIGCHI Conference on Human Factors in Computing Systems. New York：ACM Press，1992：373-380.

② Harrison R，Flood D，Duce D. Usability of mobile applications：literature review and rationale for a new usability model. Journal of Interaction Science，2013，1（1）：1-16.

③ Hegarty R，Wusteman J. Evaluating EBSCOhost mobile. Library Hi Tech，2011，29（2）：320 -333.

④ Toteja R，Kumar S. Usefulness of M-devices in Education：A survey. Social and Behavioral Sciences. New Delhi：Elsevier，2012：538-544.

⑤ Hashim A S，Ahmad W F W，Ahmad R. Usability Study of Mobile Learning Course Content Application as a Revision Tool. Heidelberg：Springer-Verlag Berlin，2011：23-32.

⑥ Sahilu S W S，Ahmad W F W，Haron N S. Development and usability evaluation of platform independent mobile learning tool. International Journal of Computer & Information Engineering，2010，4（4）：1310-1321.

⑦ Yeh S-T，Fontenelle C. Usability study of a mobile website：The Health Sciences Library，University of Colorado Anschutz Medical Campus，experience. Journal of the Medical Library Association，2012，100（1）：64-68.

⑧ Pendell K D，Bowman M S. Usability study of a library's mobile website：An example from Portland State University. Information Technology and Libraries，2012，31（2）：45-62.

⑨ Tsiaousis A S，Giaglis G M. Mobile websites：Usability evaluation and design. International Journal of Mobile Communications，2014，12（1）：29-55.

⑩ Wang C-Y，Ke H-R，Lu W-C. Design and Performance Evaluation of Mobile Web Services in Libraries a case Study of the Oriental Institute of Technology Library. The Electronic Library，2012，30（1）：33-50.

⑪ 陈深贵. 手机图书馆的可用性研究——以上海手机图书馆为例. 图书馆，2013，(4)：125-127.

从表 4.1 可以看出，可用性指标非常多，如何选用可用性指标需要根据研究的需求来决定，但是 ISO 9241-11 提出的三个指标（有效性、效率、满意度）广泛用于移动服务的可用性评价。Dongsong Zhang 和 Boonlit Adipat[①]总结了移动服务可用性研究的九项指标，分别为易学性、效率、可记忆性、低出错率、用户满意度、有效性、简洁性、可理解性和学习性能。Constantinos K. Coursaris[②]在分析了现有的移动服务可用性指标体系的基础上，提出了移动服务可用性评价的核心指标就是有效性、效率、满意度。

4.5.3 可用性测试方法

可用性测试[③④]的定义为“让一群有代表性的用户在正常情况下对产品或系统进行操作，完成测试方案中的既定目标任务，同时收集若干用户的行为数据”。可用性测试研究通常是小样本的研究，通过 5 名用户就可发现 85%的可用性问题[⑤]，特别是当用户的单一性较强时。由于移动设备终端较为繁杂，加之移动操作平台较多，所以在大部分情况下，要完成该移动应用程序的可用性研究，需要招募更多的测试者。例如，在 12 名学生志愿者参与 Shea-Tinn Yeh[⑥]和 Kimberly D. Pendell[⑦]开展的移动图书馆网站可用性的研究中，10 名志愿者参与了健康科学图书馆移动网站的可用性测试[⑧]。

移动服务的可用性测试主要有两种方法[①]，分别为现场调查和实验室测试。现场调查法的优点是能够客观反映出测试者在完成任务时的真实移动环境，与实验室测试方法相比，在真实的环境下完成任务，研究者获取的用户体验与感受则更为可靠和真实。那么，通过实验室测试法进行可用性测试也

① Zhang D S，Adipat B. Challenges，methodologies，and issues in the usability testing of mobile applications. International Journal of Human-Computer Interaction，2005，18（3）：293-308.

② Coursaris C K，Kim D J. A Qualitative Review of Empirical Mobile Usability Studies. Proceedings of the Twelfth Americas Conference on Information Systems，2006：2873 -2879.

③ Wichansky A M. Usability testing in 2000 and beyond. Ergonomics，2000，43（7）：998-1006.

④ 可用性测试. http：//baike.baidu.com/view/2325591.htm.

⑤ Jakob N，Thomas L. A Mathematical Model of the Finding of Usability Problems. Proceedings of the INTERACT’93 and CHI’93 Conference on Human Factors in Computing Systems，1993：206-213.

⑥ Yeh S-T，Fontenelle C. Usability study of a mobile website：The Health Sciences Library，University of Colorado Anschutz Medical Campus，experience. Journal of the Medical Library Association，2012，100（1）：64-68.

⑦ Pendell K D，Bowman M S. Usability study of a library’s mobile website：An example from Portland State University. Information Technology and Libraries，2012，31（2）：45-62.

⑧ Rosario J-A，Ascher M T，Cunningham D J. A study in usability：Redesigning a health sciences library’s mobile site. Medical Reference Services Quarterly，2012，31（1）：1-13.

有若干优点，例如，对整个测试的掌控性更好，容易对可用性指标（如完成时间）进行衡量，以及对用户的行为进行视频捕捉也成了可能。Billi Marco等[①]指出，有关实验室试验法和现场调查法的重要性或有用性，在进行移动应用程序可用性测试时到底有何不同，还没有达成统一的认识。Ronan Hegarty[②]认为，现场调查法对于移动应用程序的可用性研究更加合适。此外，Xiaoxiao Ma[③]也认为，传统的实验室试验法过于单调乏味、昂贵，还无法反映出客观的使用情况。Jeff Wisniewski[④]也指出，实验室试验法可能会有用，但是不应该取代在现实环境下对实际用户的可用性评估。在现实情况中，移动设备应该是被尽可能使用的，而在真实的环境下，获得真实的用户体验和用户行为是非常重要的，真实的用户体验将有助于提高移动服务的服务质量。

4.5.4 移动服务的可用性研究

随着移动互联网时代的来临，越来越多的人拥有了智能移动设备，并通过这些智能设备访问互联网和使用各类移动服务。同时，越来越多的图书馆向移动终端用户提供移动图书馆服务，用户使用智能手机等移动设备访问移动网站或移动客户端使用各项移动服务，如馆藏 OPAC 查询、阅读电子图书、图书馆指南、我的图书馆、图书馆新闻、数字资源检索等。可是，图书馆并不清楚移动用户对于移动图书馆服务是否满意，服务有效性和效率评价如何。尽管可用性测试已经广泛地应用于数字图书馆中[⑤]，但是关于移动图书馆服务的可用性研究目前较少。移动图书馆的主要服务模式有短信息、移动网站、移动客户端和微信，目前相关研究主要关注的是移动网站和客户端的可用性研究。

移动网站的可用性研究，其研究对象主要是图书馆和文献数据库的移动网站。王茜等[⑥]对清华大学手机图书馆网站开展可用性研究，从页面信息的展

① Marco B，Laura B，Tiziana C，et al. A unified methodology for the evaluation of accessibility and usability of mobile applications. Universal Access in the Information Society，2010，9（4）：337-356.

② Hegarty R，Wusteman J. Evaluating EBSCOhost mobile. Library Hi Tech，2011，29（2）：320 -333.

③ Ma X X，Yan B，Chen G L. Design and implementation of a toolkit for usability testing of mobile apps. Mobile Networks and Applications，2013，18（1）：81-97.

④ Wisniewski J. Mobile usability. Bulletin of the American Society for Information Science and Technology. The Society，2011，38（1）：30-32.

⑤ Rogers R，Preston H. Usability analysis for redesign of a Caribbean Academic Library web site：A case study. OCLC Systems & Services：International Digital Library Perspectives，2009，25（3）：200-211.

⑥ 王茜，张成昱. 清华大学手机图书馆用户体验调研及可用性设计. 图书情报工作，2013，57（4）：25-31.

示机制、用户行为的导引机制和用户错误行为的预防与纠正机制三个方面提出可用性设计方案，结合用户体验调查的结果，分析用户对这些方案的满意程度，最终提出手机图书馆网站的可用性设计原则。陈深贵[①]以上海手机图书馆网站为研究对象，通过可用性测试、测试后问卷及用户访谈等方法分析和评价了上海手机图书馆的可用性，结合评价结果有针对性地提出提高手机图书馆可用性的具体建议。Chun-Yi Wang 等[②]以台湾亚东技术学院图书馆（Oriental Institute of Technology Library）的移动网站为研究对象，对到期提醒和图书续约两种移动服务进行了可用性评估，结果表明分别有 71.2%和 87.5%的参与者对到期提醒和图书续约服务特别满意。Wooseob Jeong 等[③]对报纸移动网站进行了可用性评估，并提出了具体的可用性改进建议。Shea-Tinn Yeh 等[④]以科罗拉多大学健康科学图书馆为研究对象，采用有效性、效率和满意度等三个指标对优化后的移动网站进行了可用性评估，研究表明参与调研的志愿者对于优化后的移动网站更为满意，移动站点的有效性和效率得到了明显提升。Jovy-Anne Rosario 等[⑤]将可用性研究应用于图书馆移动网站的重新设计。Ronan Hegarty 等[⑥]评估了 EBSCOhost Mobile（EBSCOhost 文献数据库的移动网站）的可用性，并为系统的可用性改进提出了建议。Kimberly D. Pendell 等[⑦]对波特兰州立大学（Portland State University）的移动图书馆网站进行了可用性评估，采用的可用性指标包括有效性、效率和满意度，并为提升用户体验和升级移动网站提出了改进意见。

关于图书馆移动客户端的可用性研究则少得多。Robin E. Miller 等[⑧]以 Boopsie 移动 APP 为研究对象，开展了可用性研究，并提出相应的改进意见。鉴于超星移动图书馆系统在国内图书馆界被广泛应用，且已经成为国内最为流行的移动图书馆产品，所以对于超星移动图书馆系统开展可用性研究非常有必要，系统收集用户的使用体验，从而改进移动用户对于移动服务的体验，

---

① 陈深贵. 手机图书馆的可用性研究——以上海手机图书馆为例. 图书馆，2013，(4)：125-127.

② Wang C-Y，Ke H-R，Lu W-C. Design and performance evaluation of mobile web services in libraries a case study of the Oriental Institute of Technology Library. The Electronic Library，2012，30（1）：33-50.

③ Jeong W，Han H J. Usability study on newspaper mobile websites. OCLC Systems & Services：International Digital Library Perspectives，2012，28（4）：180-198.

④ Yeh S-T，Fontenelle C. Usability study of a mobile website：the Health Sciences Library，University of Colorado Anschutz Medical Campus，experience. Journal of the Medical Library Association，2012，100（1）：64-68.

⑤ Rosariv J-A，Ascher M T，Cunningham D J. A study in usability：Redesigning a health sciences library's mobile site. Medical Reference Services Quarterly，2012，31（1）：1-13.

⑥ Hegarty R，Wusteman J. Evaluating EBSCOhost mobile. Library Hi Tech，2011，29（2）：320-333.

⑦ Pendell K D，Bowman M S. Usability study of a library's mobile website：An example from Portland State University. Information Technology and Libraries，2012，31（2）：45-62.

⑧ Miller R E，Vogh B S，Jennings E J. Library in an app：Testing the usability of boopsie as a mobile library application. Journal of Web Librarianship，2013，7（2）：142-153.

提升用户对移动图书馆服务的满意度。

4.6 移动图书馆云服务系统的可用性研究

前面提到，可用性对于收集用户体验和感受非常有帮助，已经成为评估系统和功能改进的重要研究方法。考虑到移动终端的多样性，在终端屏幕、硬件设备等方面存在一定的不足，并且移动环境存在着各种不稳定和限制因素，移动服务提供方在提供移动资源和应用的同时，如何确保它所提供的移动服务的服务质量（Quality of Service，QoS）是必须考虑的性能指标，所以对于移动图书馆服务的质量需要格外关注。

考虑到在目前国内图书馆中，超星移动图书馆系统是应用最为广泛的移动图书馆产品，为了提升用户的移动服务体验，了解用户对移动服务的满意度，非常有必要对超星移动图书馆产品开展可用性研究。为了对移动图书馆客户端和 WAP 网站的升级和改进提出可行性建议，让用户更好的使用移动图书馆服务，需要回答如下问题：在不同设备上，图书馆的客户端和 WAP 网站是否是有效的，高效的和满意的？针对存在的不足可以提出怎样的改进建议？以下内容将以重庆大学移动图书馆的客户端和 WAP 网站为研究对象，面向广大读者用户开展移动图书馆 APP 和 WAP 网站可用性研究，并提出具体的改进建议。

4.6.1 移动图书馆 APP 的可用性研究

1. *研究方法*

一般来说，可用性研究采用小样本，但是考虑到移动终端和操作系统的多样性，移动程序的可用性研究样本量要适当增加。鉴于此，移动图书馆 APP 可用性研究的样本数量为 12，招募的 12 位志愿者包括 2 位教师、5 位本科生和 5 位研究生，为了方便后续的可用性测试，所有志愿者都来自重庆大学的在校师生。所有的志愿者必须满足如下基本条件：①拥有智能手机，以便于下载和安装移动图书馆的客户端；②熟悉数字图书馆网站的使用，以便更好地完成后续的任务。志愿者招募通知发布在图书馆主页和学校的官方论坛（民主湖论坛，网址：http：//www.cqumzh.cn），通知中详细描述了研究目的和对志愿者的要求。另外，为了提高志愿者的积极性，每位志愿者将获得课题组提供的 50 元话费充值卡作为奖励。

为了获取志愿者的真实感受和用户行为，移动图书馆 APP 的可用性研究采用现场测试法。所有志愿者使用自己的智能手机，就像他们平时使用手机完成其他操作一样。当然，为了减少对测试的干扰，课题组选择了图书馆一个相对安静、环境舒适的会议室作为测试地点。为了更好地获取读者使用移动服务的行为，使用了带有摄影功能的相机对整个测试过程进行全程录像，以便后续的数据分析。为了更好地保护志愿者的隐私，拍摄的内容主要是手机屏幕和志愿者的手，以及志愿者与测试者的对话内容，不涉及志愿者的脸部。测试的时间为 2014 年冬天，本次可用性测试包括四个步骤。

第一步，准备阶段。请志愿者阅读《移动图书馆可用性调查者须知》（详见附录 6），让志愿者了解研究的目的不是评价志愿者的技能，而是开展可用性评价，无需紧张和担心。工作人员向用户介绍任务测试流程及注意事宜，并协助用户安装应用程序。

第二步，测试前问卷调查。请志愿者完成一个简单的问卷调查——《移动图书馆可用性测试前问卷调查》（详见附录 7），以便了解志愿者的基本情况，以及志愿者对于移动图书馆服务的基本认识。

第三步，完成指定的任务。志愿者使用自己的智能手机完成预定的 10 个任务（详见附录 8），每项任务都必须在 3 分钟之内完成。每完成一个任务，工作人员与用户交流，询问在任务完成过程中的疑问和问题。工作人员记录每项任务的完成时间，并全程录制用户操作过程。

第四步，测试后调查。请志愿者在完成所有任务后填写《移动图书馆 APP 网站可用性研究用户任务满意度评价表》（详见附录 9）。

可用性指标用于评价系统的可用性，超星移动图书馆 APP 的可用性研究采用的指标有三项，分别为有效性、效率和满意度。有效性就是用户能否成功完成指定的任务；效率就是用户完成任务所耗费的时间；满意度就是用户对于系统的满意程度，由用户根据满意程度进行评分。志愿者完成十项指定的任务后，要求马上填写一个李克特量表——《移动图书馆 APP 网站可用性研究用户任务满意度评价表》（详见附录 9）。评价表包括六个指标：可理解性（是否容易地找到你所需要的信息？）、清晰（各类标识、文字是否清晰，不容易产生误解？）、易用性（各项功能是否容易使用，容易掌握？）、高效性

（系统的使用效率是否高效？）、有用性（各项功能和服务对你的学习和科研是否有用？对你是否有吸引力？）和满意度（你对站点整体表现是否满意？）。志愿者根据自己的使用感受对这五个指标进行评分，分值为 1～7，1 分代表最差，7 分代表最满意，同时志愿者的评论也会被工作人员记录在案。

2. 测试结果

1）测试前问卷调查结果

12 名志愿者的分布及其手机型号见表 4.2。12 名被测试用户中有 5 名用户使用 iOS 平台手机，有 7 名用户使用 Andriod 平台手机，所占比例分别为 42%和 58%。在用户征集过程中，有报名用户使用 WP 平台手机，因为移动图书馆 APP 暂时未提供 WP 平台版本，所以该用户未参与后续的可用性测试。

表 4.2　志愿者智能手机操作系统和品牌统计表

志愿者数量/人	操纵系统	手机品牌
7	Android	小米 2S、小米 2A、海信 X68T、三星 I9002、三星 N719、OPPO 813T、酷派 5216D
5	iOS	iPhone 4S×3、iPhone 5S、iPhone 5

12 名参与者中有 7 名被测试用户知道图书馆所提供的移动图书馆服务，但是仅有 1 名被测试用户曾经使用过移动图书馆服务，这说明移动图书馆的知晓度较低，服务的宣传和推广还需要进一步加强。在参与本地测试的用户中，92%的用户都没有使用过移动图书馆客户端，对于可用性测试数据收集有一定的帮助。有 4 名被测试用户曾经使用智能手机检索学术信息和馆藏信息。11 名被测试用户都使用过智能手机阅读电子图书，用户对于移动阅读的认可度相当高。

2）有效性和效率测试结果

由表 4.3 可知，在被测试的 10 项任务中，有 4 项任务（任务 3、任务 4、任务 5 和任务 7）被所有测试者所完成，还有 2 项任务（任务 1 和任务 10）的完成比例超过 90%，另外 4 项任务的完成比例均低于 80%，不够理想。总体来看，全部任务的整体完成比例为 79.2%（95/120），有待进一步提升。

表 4.3　可用性测试中任务完成情况统计表

任务序号	完成人数/人	完成比例/%	最长完成时间/秒	最短完成时间/秒	平均完成时间/秒
1	11	91.67	165	23	71.4
2	4	33.33	50	22	35
3	12	100	84	11	37.1

续表

任务序号	完成人数/人	完成比例/%	最长完成时间/秒	最短完成时间/秒	平均完成时间/秒
4	12	100	65	22	47.2
5	12	100	124	12	35.4
6	9	75	139	60	101.4
7	12	100	96	29	53.3
8	7	58.33	166	55	101.9
9	5	41.67	74	18	53
10	11	91.67	147	26	60.5

注：（1）平均完成时间为顺利完成测试的人员所花费时间的平均值；
（2）完成任务的时间超过 3 分钟视为失败

完成比例较低的四项任务分别是任务 2、任务 6、任务 8 和任务 9。扫描功能已经成为智能应用程序的重要功能，一般来说，大部分用户都应该能够了解和使用该项功能，但 12 名测试者有 8 人未完成任务 2（ISBN 扫描功能），完成率较低的主要原因是功能标识不够显眼，用户无法找到该功能的入口。任务 6（查找期刊论文）和任务 9（查看通知公告）的失败原因也是功能模块名称不够准确，用户难以找到入口。12 名测试者中有 5 人未完成任务 8（查找电子图书），主要原因是用户对于几个电子图书入口感到困惑，无从下手。从以上分析可以看出，无法找到功能入口是任务失败和任务完成比例低的最主要原因，容易找到的功能模块位置和准确的功能标识名称对于系统的有效性非常重要。

仅考虑顺利完成的任务，所有任务的平均完成时间为 58.5 秒，与馆员完成任务时间的差距甚大，说明移动 APP 的效率还有待提升。经测试，一名对移动服务较为熟悉的馆员每项任务的平均完成时间为 20.3 秒。在 10 项测试任务中，有三项任务（任务 2、任务 3 和任务 5）的平均完成时间低于 40 秒，效率相对较高，四项任务（任务 1、任务 6、任务 8 和任务 10）的平均完成时间均超过 60 秒，效率较低。

任务 1（馆藏检索）是一项简单的任务，也是师生在图书馆网站中经常使用的一项服务，但是平均完成任务的时间为 71.4 秒。经过调取视频发现三位参与者花费时间较长，其中一名参与者输入了错误的检索词，一直没有获得正确的检索结果，另外两名参与者花费较长时间才找到检索功能的入口。最常用的服务应该放置在程序最前面和最显眼的位置，方便用户查找。

任务 6（查找期刊论文），这也是师生经常在数字图书馆网站经常使用的一项服务，进入“学术资源”模块即可完成相应的任务，然而参与者的平均完成任务的时间高达 101.4 秒。尽管“学术资源”模块就在首页面，但参与者都花费较长时间才找到该功能入口。学术资源检索的第一步是选择资源类型

（图书、期刊、报纸、视频、学位论文等），由于该选择项不够明显且位置在检索框的下方，大部分参与者都没有留意到，加之系统默认的文献类型是图书，而不是用户最常用的期刊论文，造成大部分参与者的检索失败。任务 10（查找学位论文）与任务 6 都是使用“学术资源”模块，所不同的是选择的资源类型不同，读者遇到的问题和困惑也几乎一样。

任务 8（查找电子图书）是读者最喜欢使用的移动服务之一，任务完成时间较长。主要原因是电子图书的入口有些混乱，参与者面对“书世界”“书架”和“学术资源”三个模块难以选择，感到困惑，无法迅速找到电子图书的检索入口。

3）满意度测试结果

用户评价因素的给分分值为 1～7 的整数，1 代表非常不满意，7 代表非常满意，分数越高表明用户对评价因素的满意程度越高。用户评价的各项指标平均得分情况如图 4.46 所示。调查问卷的信度是指问卷调查结果所具有的一致性或稳定性的程度。一般认为克龙巴赫 α 系数（Cronbach’s α coefficient）[①]值大于 0.7 时，属于高信度。应用 SPSS 软件计算满意度调查的克龙巴赫 α 系数为 0.856，说明本次满意度调查具有较高的信度和稳定性。

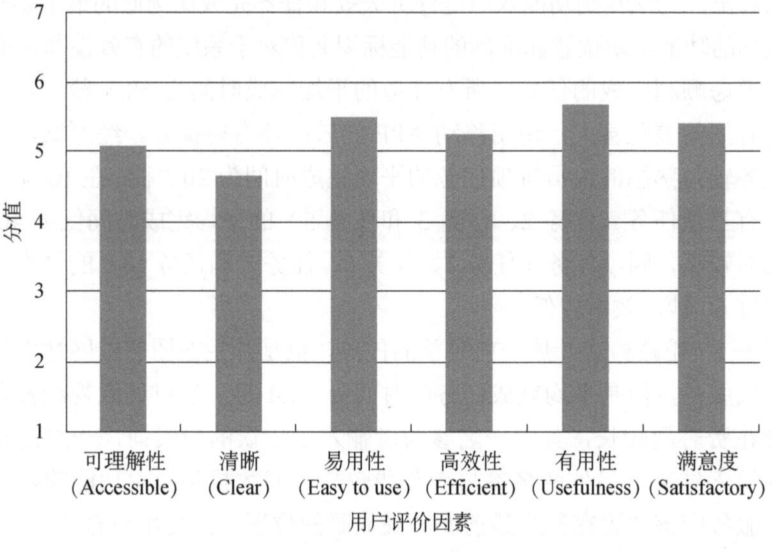

图 4.46　用户满意度调查结果统计

注：1 代表非常不满意，2 代表很不满意，3 代表不满意，4 代表基本满意，5 代表满意，6 代表很满意，7 代表非常满意

① Cronbach’s alpha. http：//baike.baidu.com/view/7227840.htm.

从图 4.46 可知，用户对于“清晰”因素的评分最低，为 4.67 分，说明网站的功能标识和文字描述不够清晰，容易引起用户的困惑与误解，这与前面关于“效率”（effectiveness）的分析结果非常吻合。评价最高的因素是“有用性”（usefulness），说明参与者对于移动 APP 所提供的丰富和有用移动服务较为满意，用户认为这些移动服务对他们的科研和学习有所帮助，服务功能具有较好的吸引力。

本次可用性研究采用了有效性、效率和满意度三个指标。移动 APP 的有效性指标良好，任务的完成比例为 79.2%。移动 APP 的效率指标有待提升，任务的平均完成时间为 58.5 秒。参与者对移动 APP 的整体满意度为 5.25，对于移动服务和功能较为满意。收集的改进意见将有助于提升移动 APP 的可用性。学习性也是一个重要的可用性指标，在本次可用性测试中 79.2%的任务都被参与者完成，而这些参与者中 92%（11/12）的用户都是第一次使用移动图书馆的服务。可以说参与者可以较快地掌握移动 APP 的使用，所以可以认为图书馆所提供的移动 APP 服务的学习性指标良好。

3. 可用性改进意见

第一，调整功能模块的摆放位置和标识名称。由于手机屏幕较小，难以在首页放置所有的功能模块。为方便用户查找和使用，应该在首页放置用户最常使用的功能和服务。同时规范功能模块的名称，减少对用户的干扰。修改几个功能模块的名称，建议将“馆藏查询”修改为“OPAC 检索”，将“扫一扫”修改“扫 ISBN”，将“学术资源”修改为“学术论文”，将“书世界”修改为“电子图书”。在移动 APP 首页放置八个功能模块，依次为 OPAC 检索、电子图书、学术论文、我的图书馆、图书馆通知、视频、报纸、订阅。图书馆通知与系统消息从名称上严格分开，减少对读者的困扰。同时全部模块均采用图标和文字一同描述的方式，便于用户理解。“我的图书馆”成为读者的个人中心，读者个性化的内容均放置于此，包括借阅记录查询、收藏内容、书架等模块。

第二，优化检索功能，提升检索效率。在狭小的手机屏幕上输入检索词与执行检索，是一件较为困难的事情。提升移动 APP 的检索性能对于提升用户体验至关重要。在本次可用性测试中，读者对于系统的检索功能抱怨较多。由于手机屏幕较小，难以展示过多的记录，增加高级检索功能将有效缩小检索范围，同时提升检索效率。OPAC 检索中目前仅有一键检索功能，需要增加高级检索功能。在“视频”模块中也缺乏检索功能，用户仅能通过浏览选择视频，查找视频非常不便，需增加检索功能。此外，“学术论文”模块（原“学术资源”模块）检索的文献类型包括期刊论文、会议论文和学位论文，将期刊论文作为默认选择项，并增加高级检索功能，同时对于检索结果增加排序功能（时间和相关性），方便用户定位和选择文献。

第三，根据智能手机的使用特点，提供更多的人性化操作。根据录制的视频分析，移动 APP 的人性化存在明显不足。目前系统的很多操作均没有操作是否成功的提示信息，例如，订阅主题、收藏论文、收藏视频后均没有提示信息，用户根本无法知道操作是否成功。在后续的功能改进中，将增加更多的操作提示信息，以提升系统与用户的交互性。

移动图书馆系统是一种人机交互系统，它通过移动终端设备提供服务，用户通过与移动设备交互来使用图书馆。由于移动设备本身存在屏幕小、输入效率慢等特点，其信息组织与展示显得尤为重要。由于手机操作不如个人计算机方便，应尽量减少用户的操作次数。用户使用扫描功能时，如果图书馆有相关馆藏，应该直接显示馆藏信息，而不是仅仅显示图书的详细信息。另外，手机输入文字较为不便，系统应该提供输入提醒功能，减轻用户的工作量。文献传递服务输入验证码比较麻烦，建议取消。手机屏幕较为有限，应该以适当的方式展示内容。比如，展示借阅记录，如果记录较多，可以将书目以列表形式展示，缩小展示篇幅。

4.6.2 移动 WAP 站点的可用性研究

移动 WAP 网站的可用性研究，采用的可用性指标、研究方法和研究步骤与移动 APP 基本类似，在此不再赘述。

1. 测试工作

为了对超星移动图书馆 WAP 网站进行较为全面的可用性研究，尽量覆盖系统的移动服务功能，本次测试设计了 11 个任务（详见附录 10）。一般情况下，图书馆馆员完成每个任务时间约 60 秒，考虑到馆员与测试者对该系统熟悉程度不同，因此规定测试用户完成每项任务的时间在 3 分钟以内。

采取逐个测试的方法，志愿者首先填写《移动图书馆可用性测试前问卷调查》（详见附录 7），然后用自己的智能手机访问移动 WAP 网站（网址：http：//g.superlib.com），并完成 11 项任务。计时员使用秒表记录下测试用户的完成任务所花费的时间，记录员观察并将用户的操作过程全程录制下来，并在测试中完成一个任务后询问遇到或存在的问题，并作相应的记录。测试全部结束后请用户填写《用户任务满意度评价表》（详见附录 9）。

2. 可用性测试结果

可用性测试中任务完成情况见表 4.4。

表 4.4 可用性测试中任务完成情况统计表

任务	完成任务的志愿者人数/人	任务完成率/%	最长完成时间/秒	最短完成时间/秒	平均完成时间/秒
1	12	100	54.66	13.38	34.88
2	10	83.33	51.62	6.16	24.32
3	10	83.33	116.27	40.51	67.89
4	9	75	163.74	32.48	61.34
5	3	25	142.04	35.03	81.49
6	12	100	68.9	23.75	38.78
7	10	83.33	196.70	74.22	125.70
8	10	83.33	126.31	35.40	73.29
9	12	100	74.45	22.16	44.75
10	12	100	130.21	49.38	76.45
11	4	33.33	41.93	13.70	22.51

注：（1）平均完成时间为顺利完成测试的人员所花费时间的平均值；
（2）完成任务的时间超过 3 分钟视为失败

从任务完成情况来看，有 4 项任务（任务 1、任务 6、任务 9 和任务 10）的完成率为 100%，即所有志愿者都完成了这 4 项任务；有 5 项任务（任务 2、任务 3、任务 4、任务 7、任务 8）的完成比例超过 75%；另外 2 项任务的完成比例低于 35%，不够理想。总的任务完成率为 78.78%，说明移动 WAP 网站的有效性有待进一步提升。

完成比例较低的任务为任务 5 和任务 11。资源收藏、文献传递和历史浏览记录查看都是图书馆系统的基本功能，按照常理一般用户均比较熟悉这些功能，但 12 名测试者中有 8 人未完成任务 5，有 7 人未完成任务 11。经过调取视频分析后得知，主要原因是用户成功登录后，个人登录信息的记忆时间太短，提示需要重新登录，但是用户重新登录系统总是提示密码错误，这属于技术缺陷和系统漏洞。可以看出，技术的增强和系统漏洞的修补对于提高系统的有效性非常重要。

如果仅考虑顺利完成的任务，所有任务的平均完成时间为 59.22 秒。有 6 项任务（任务 1、任务 2、任务 4、任务 6、任务 9、任务 11）低于最短平均时间，有 6 项任务（任务 3、任务 4、任务 5、任务 7、任务 8、任务 10）超过最长平均时间。任务完成时间较长，说明移动 WAP 网站的系统效率较低。

任务 1（登录并设置终端设备）是一项简单的任务，平均时间为 34.88 秒，其中有 5 人耗时较长，主要是无法区别个人账户与借阅账号、终端设置里功能模块选项。任务 3（查阅报纸并收藏）也是一项基本的功能，测试者进入数字阅读即能选定“报刊”进行查询，但是进入之后并没有更详细的二级目录对报纸进行“版”分类，以篇名出现的报纸让人无法查找。任务 8（查找电子书），这也是一项基本功能，但是在 Android 手机上无法查到能在 iOS 型手机上查到的书目。任务 2（续借）、任务 4（收藏图书）、任务 7（文献传递论文）、任务 11（查看历史记录），这些功能也是简单的功能，每个读者都熟悉并会使用，但是这些任务当进行到点击续借、收藏、文献传递、查看历史记录时，界面就转到登录页面，并且再次输入个人信息时不断提示密码错误，需要重新打开网页才能继续任务。任务 10（查找某日新闻头条），这也是一项简单的任务，进入数字阅读的新闻进行搜索就能完成，但新闻数据更新快，没有进行资料存储，如果不及时查询就找不到过时的新闻头条。

移动图书馆 WAP 网站的用户满意度调查表如图 4.47 所示。用户评价因素的给分分值为 1～7 的整数，1 代表非常不满意，7 代表非常满意，分数越高表明用户对评价因素的满意程度越高。

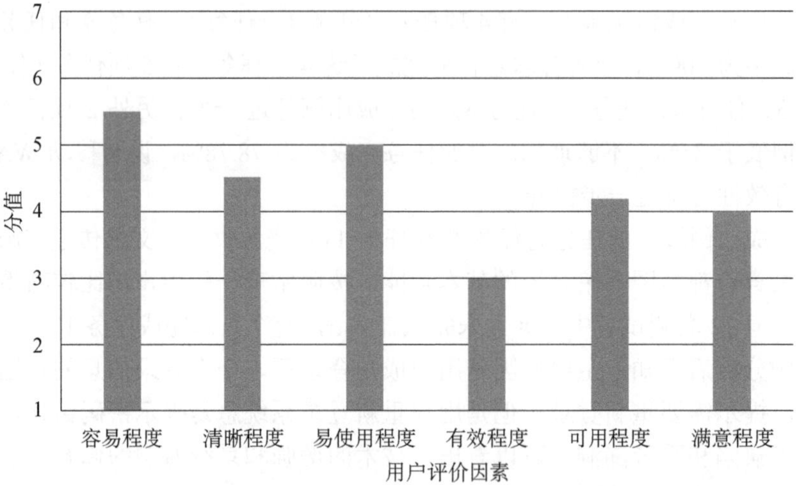

图 4.47　移动图书馆 WAP 网站的用户满意度统计

注：1 代表非常不满意，2 代表很不满意，3 代表不满意，4 代表基本满意，5 代表满意，6 代表很满意，7 代表非常满意

从图 4.47 可知，用户对效率因素的评分最低，为 3 分，说明网站的系统

使用效率不高效，顺利完成的任务不多，这与前面关于有效性的分析结果相吻合。评价因素最高的是容易程度，说明参与者对于 WAP 网站所提供的所需信息能容易地找到。

本次可用性研究采用了有效性、效率、满意度三个指标。移动图书馆 WAP 网站的有效性指标良好，任务完成的比例为 78.8%。任务的平均完成时间为 59.22 秒，移动图书馆 WAP 网站的效率指标有待提高。参与者对此次移动图书馆 WAP 网站的整体满意度为 4，对于移动服务的信息需求查找功能较为满意，有待进一步提升。

3. 可用性改进建议

第一，调整功能模块的位置和识别标签，减少对用户的干扰。在使用功能模块的时候，需要考虑用户的辨识能力，模块名称应该精确，并便于理解，以减少对用户的干扰，符合自己的使用习惯。

功能模块的名称应该更为准确，以避免用户产生混淆。例如，在个人中心栏目中，在登录时出现的“个人账户”和“借阅账户”两个功能模块易混淆测试者。建议规范“个人账户”和“借阅账户”，在选择这两个功能的时候给予提示说明，或者直接合并修改为“个人中心”。同样，在设置终端内放置五个模块，分别为“普通手机”“增强”“触摸屏手机”“手持阅读器”“iPad”，应给予文字说明是如何进行分类的，便于用户区别；图书馆还必须分开个人信息和馆藏查阅信息，减少用户混乱。例如，在馆藏书目查询栏目中，测试者习惯性将需要查找的书名输入后点击查询框下面的“个人借阅信息”，“个人中心”模块中已经有“个人借阅信息”，建议将馆藏书目查询模块中的“个人借阅信息”功能模块移除，减少对用户的干扰。例如，在数字阅读栏目中，在视频下载处设置更多的选择功能模块，如“观看”“下载”“收藏”“分享”等；在电子书地区查阅处设置一个全国所有地区的综合功能选择模块，便于用户快速锁定某个省市进行图书查找。

第二，优化搜索功能，提升搜索效率。效率测试结果表明，移动应用执行效率很低。能否快速搜索和定位所需的文献是影响该属性的主要因素。因此，应优化搜索功能，搜索效率提升改善手机应用程序的效率。在本次测验中，许多用户对检索系统抱怨较多，在查找期刊论文和新闻的时候，测试者希望增加高级检索功能，希望通过少量关键词检索到需要的信息，但是检索展示出的信息条目过多，含有的关键词少，不利于使用移动终端的测试者快速找到需要的信息，因此，添加高级搜索功能可以有效地缩小搜索范围，提高搜索效率。测试者甚至仅能通过输入全称找到需要的信息资源，在图片查找时输入“重庆大学校徽”全称，但显示出来的图片前几个并不是查找对象，关联性太低。建议在数字阅读模块内的“期刊论文”“期刊”“学位论文”“新闻”等模块，增加高级检索功能，同时对于检索到的结果增加排序功能（时间和相关性），方便用户定位和选择。

第三，增加技术支持，及时修补存在的不足。在很多子功能处加强修补，修复系统存在的 Bug。例如，测试者在将期刊论文以文献传递的方式传递到个人邮箱时，点击“文献传递到邮箱”功能模块时界面将转到登录界面，并在登录时提示密码错误。在选择获取方式（图片方式查看、PDF 格式查看、文摘方式查看、文献传递到邮箱）时都会出现系统错误；在进行电子书“戴安娜传”查询时，Andriod 和 iOS 系统的手机查看结果不同；在馆藏查询《平凡的世界》时，在相邻两级页面显示的“可借”“不可借”相悖，建议及时进行系统修复，以便用户能够使用这些移动服务功能。

第四，提高检索性能，提升用户体验。视频记录显示，有些操作不够人性化，用户操作友好性较差。例如，一些系统操作成功后，并不提示用户该操作已经成功，如订阅、收藏和下载等操作。因此，用户无法确定一个操作是否成功，他们会感到困惑。再者，移动设备种类繁多，但大多数都是小屏幕，对于输入和检索，不像电脑一样方便操作。在需要输入验证码才能进行下一步操作时，将验证码设置为数字运算，便于在移动设备上快速准确的进行验证，满足用户的需求和使用习惯。此外，根据用户习惯，报纸的查阅应以“刊”“版”为下设二级目录，直接转到某一篇文章的情况让用户难以接受。

第5章

移动图书馆云服务体系架构研究

从计算领域开始，云服务架构到目前为止已经比较完善，在各个领域都得到了广泛的关注和应用。图书馆历来是IT新技术的重要场所，新技术的应用经常在图书馆率先开启。云服务在图书馆管理系统、资源云存储和数字资源服务等领域都得到了广泛的应用，相应的云服务体系架构趋于成熟。移动图书馆作为近年来迅速发展的一项新服务，尽管很多高校图书馆和公共图书馆均选用成熟的移动图书馆系统，采用SaaS云服务模式开展移动服务，但是目前对于移动图书馆云服务体系架构的理论研究却很少。只有对移动图书馆云服务体系架构开展更为深入的研究，才能更好地完善移动图书馆的服务模式，更好地促进移动图书馆云服务的应用和发展。

5.1 移动图书馆云服务体系架构研究现状

5.1.1 云计算对移动图书馆服务模式的影响

云计算是指在分布式处理、并行处理和网格计算的发展上提出的一种新型计算模型，是一种新兴的共享基础架构的方法。作为一种新兴的共享基础架构的方法，云计算的应用给图书馆的服务方式与服务内容带来巨大变革，同样对移动图书馆的服务模式产生了重要的影响。云计算为移动图书馆服务提供了新的发展思路，云计算服务器中的大型存储器为日益丰富的数字文献资源的聚合奠定了坚实的基础，促使移动服务对使用者终端硬件的要求大幅降低，用户只需一台支持浏览器技术的移动设备，如手机、平板电脑、PDA 等，即可享受移动图书馆的服务。

云计算环境下的移动图书馆服务具备更多的服务优势，同时为移动图书馆创新服务带来新的发展机遇和更多的可能。师晓青①提出，在云环境下，移动图书馆的服务优势在于统一移动通信标准和降低终端设备要求，同时在云计算环境下移动图书馆将为实时参考咨询带来新局面，为推广阅读拓展新空间，为导读、书籍推荐等传统服务带来新机遇。施海燕②提出云计算给移动图书馆服务带来的影响主要体现在四个方面。第一，改变了现有的移动图书馆服务模式，在云计算环境下海量数字资源将存储于云服务器中，使用者无需再通过短信点播或 WAP 站点浏览等方式来获取电子图书等数字资源，只需使用移动设备通过浏览器即可接入“云”端存储器自行选择所需资源。第二，整合最丰富的数字图书资源，云计算时代全世界范围内资源商的数字资源都可以聚合到云端的存储服务器中，使用者只需遵守服务端既定的访问规则和访问权限，即可获取来云端的数字文献资源。第三，创建自主、多元的虚拟知识社区，在云计算背景下虚拟社区将向个性化、自由化、多元化的方向发展，每个使用者都可以自由地创建虚拟社区，并跟具有共同学习目标或兴趣爱好的其他读者一起交流与协作，同时与来自世界各地不同文化背景的读者进行交流，从而实现多元化的文化知识交流。第四，对移动图书馆终端设备的要求大幅降低，在云计算背景下所有数据的存储和处理都将在“云”端进行，由于所有数据的处理都是在“云”端进行，因此对移动设备除了要求运行浏览器本身所需计算能力以外，再无其他数据处理和数据存储的要求，从而有效降低对终端设备的硬件要求。李若等③认为，云技术给区域移动图书馆开展信息化服务带来的优势有信息资源云整合、快速资源部署、虚拟化存储、多终端访问等。吕蕴红④提出云计算在移动图书馆建设中具有海量的信息存储空间、安全可靠的数据存储、真正的信息共享等优势。Hoivik Jingru⑤提出云

① 师晓青. 基于云计算的手机图书馆服务研究. 图书馆工作与研究，2011，(5)：58-60.
② 施海燕. 云计算和移动图书馆. 图书馆建设，2009，(9)：10-12.
③ 李若，高鸿雁. 面向区域移动图书馆的云平台构建研究. 情报科学，2014，32 (9)：48-51.
④ 吕蕴红. 基于“云”环境的移动图书馆构想. 图书馆学刊，2012，(2)：100-101，142.
⑤ Jingru H. Global village：Mobile access to library resources. Library Hi Tech，2013，31 (3)：467-477.

计算技术最适合于移动设备，将图书馆资源存储在云端供全球移动访问，可以实现真正的全球图书馆网络。张莹等[①]提出将移动云计算应用于图书馆，存在五个方面的优势，分别为降低图书馆硬件购置成本，减少人员投入；满足用户需求，提供实时服务；便捷的数据存取，可扩展性强；改变现有移动图书馆模式；整合最丰富的数字图书资源，提高图书馆资源利用率。

将云计算应用于移动图书馆服务不仅给图书馆带来了机遇，同时也有不少挑战和难题，如管理问题、数据安全、全文访问和资源版权等。吕蕴红[②]认为，面临的挑战体现在两个方面。首先是云计算环境下图书馆的管理问题。云计算应用于移动图书馆并没有现成的道路可走，这就需要图书馆界迅速应对云计算给图书馆管理提出的挑战，对应用云计算所导致的管理问题进行系统、深入的研究。其次是云计算环境下的知识产权问题。在云计算环境下，通过"云"来托管图书馆自动化集成系统，随着服务规模的日益扩大，知识产权的问题必将日益突出。云计算企业深知"数据核心"原理，因而他们会千方百计地利用这些数据，并以数据整合、数据挖掘、知识服务的名义使用户数据利用合法化。文伟[②]也认为妥善解决版权瓶颈是区域性移动图书馆服务的发展动力，数字资源由于受版权保护的原因，数据库供应商通常都严格限制在单一高校内部使用，这已成为限制区域性移动图书馆服务发展的瓶颈问题，建议通过组织专业馆员搜集无版权限制的信息资源、适当扩大授权范围、与数字库供应商和文献作者签订数字资源对外营利服务协议等方式，保证图书馆数字资源对外服务中不受版权的限制，同时数字信息资源供应商和文献作者也适当得到一定的补偿，实现双赢的目标。师晓青[③]对在云计算环境下手机图书馆服务面临的问题进行了分析，认为其存在的主要问题是安全问题和电池瓶颈问题。李桂贞[④]认为，移动图书馆云服务平台构建面临的问题是全文数字资源的使用和数据安全问题。

5.1.2 云计算服务体系架构研究

从体系架构的角度来看，云计算平台为统一有效配置 IT 资源、部署客户应用而搭建。用户通过应用发出获取信息的请求，云计算平台通过统一调度计算资源回应用户的请求。云计算可以按需提供弹性资源，它的表现形式是

① 张莹，俞天岩. 图书馆应用移动云计算技术的探讨. 沈阳航空航天大学学报，2012，29（6）：80-82.
② 文伟. 区域性移动图书馆服务建设初探. 图书馆，2012，（3）：107-109.
③ 师晓青. 基于云计算的手机图书馆服务研究. 图书馆工作与研究，2011，（5）：58-60.
④ 李桂贞. 基于云计算的移动数字图书馆服务平台构建研究. 现代情报，2015，35（3）：82-85.

一系列服务的集合。云计算分为 IaaS、PaaS 和 SaaS 三种类型，不同的厂家又提供了不同的解决方案，因此目前没有一个统一的技术体系架构，以下罗列三种有代表性的学者观点。

罗军舟等[①]结合当前云计算的应用与研究，将云计算服务体系架构定义为三层结构，分别为核心服务、服务管理和用户访问接口，如图 5.1 所示。核心服务层将硬件基础设施、软件运行环境、应用程序抽象成服务，这些服务具有可靠性强、可用性高、规模可伸缩等特点，满足多样化的应用需求。服务管理层为核心服务提供支持，进一步确保核心服务的可靠性、可用性与安全性。用户访问接口层实现端到云的访问。云计算核心服务通常可以分为 3 个子层：IaaS 层、PaaS 层和 SaaS 层。服务管理层为核心服务层的可用性、可靠性和安全性提供保障。服务管理包括服务质量保证和安全管理等。用户访问接口实现了云计算服务的泛在访问，通常包括命令行、Web 服务、Web 门户等形式。

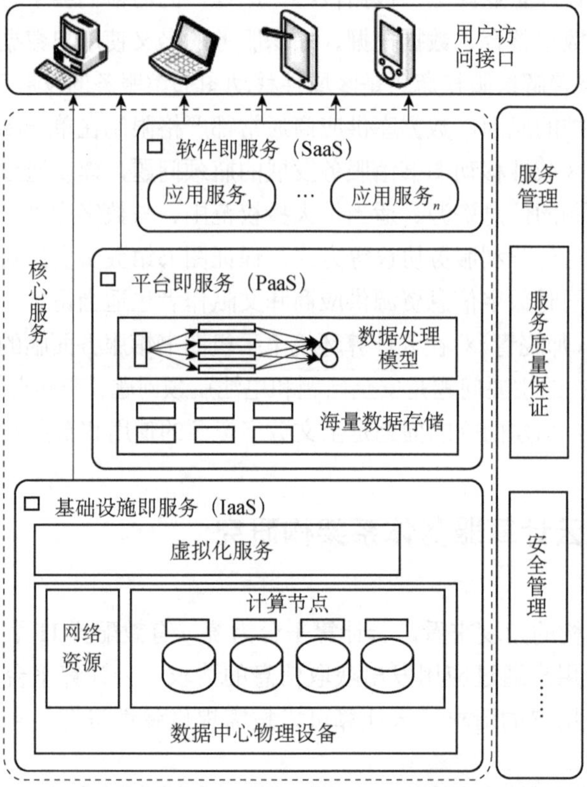

图 5.1　云计算服务三层体系架构图[②]

①② 罗军舟，金嘉晖，宋爱波，等. 云计算：体系架构与关键技术. 通信学报，2011，32（7）：3-21.

中国云计算专家刘鹏[①]提出了云计算的技术体系架构，如图 5.2 所示。整个体系机构由四个层次组成，自下而上依次是物理资源、虚拟化资源、管理中间件和 SOA 构建层。物理资源包括计算机、存储器、网络设施、数据库和软件等，资源池层将大量相同类型的资源构成同构或者接近同构的资源池，如计算资源池、数据资源池等。SOA 构建层将云计算能力封装成标准的 Web 服务，并纳入到 SOA 体系进行管理和使用，包括服务接口、服务注册、服务查找、服务访问和服务工作流等。管理中间层和资源池层是云计算技术的最关键部分，SOA 构建层的功能更多地依靠外部设施提供。管理中间件则负责资源管理、任务管理、用户管理和安全管理等工作，其核心在于系统管理和监视统计。

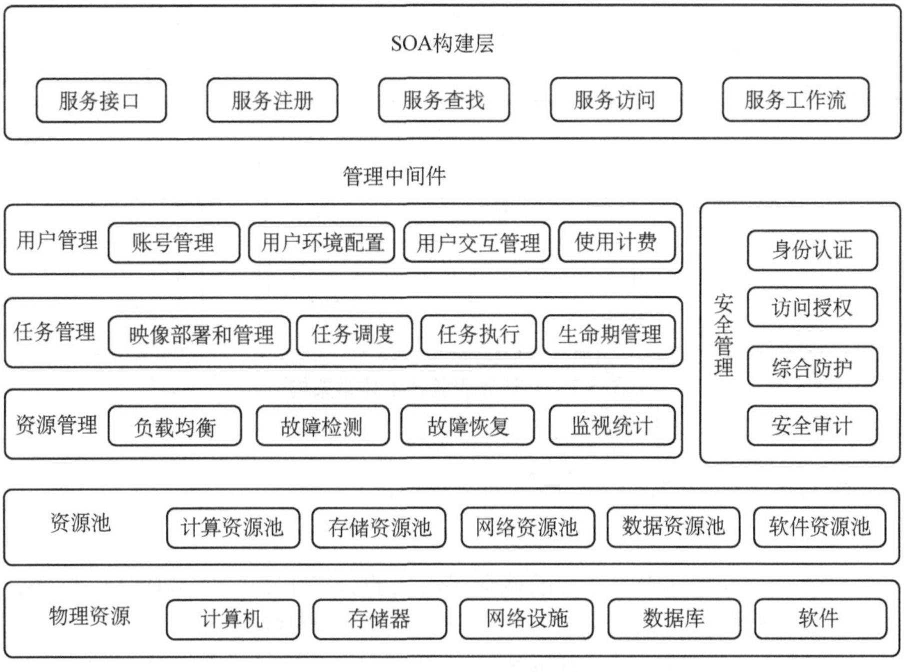

图 5.2　云计算四层技术体系架构[②]

雷万云[③]博士提出的云计算体系架构如图 5.3 所示，整个体系结构由五个主要部分构成，分别为应用层、平台层、资源层、用户访问层和管理层。资源层是指基础架构层面的云计算服务，它把基础架构的各种功能提供给用户，

①② 刘鹏. 云计算. 第二版. 北京：电子工业出版社，2011.

③ 雷万云. 云计算技术、平台及应用案例. 北京：清华大学出版社，2011.

使得用户可以基于这些服务搭建自己的应用。这种服务可以提供虚拟化的资源，从而隐藏物理资源的复杂性。平台层为用户提供对资源层服务的封装，使得用户可以使用并为高级的服务构建自己的应用。应用层为用户提供软件服务。用户访问层是方便用户使用云计算服务所需的各种支撑服务。管理层是提供所有层次云计算服务的管理功能。

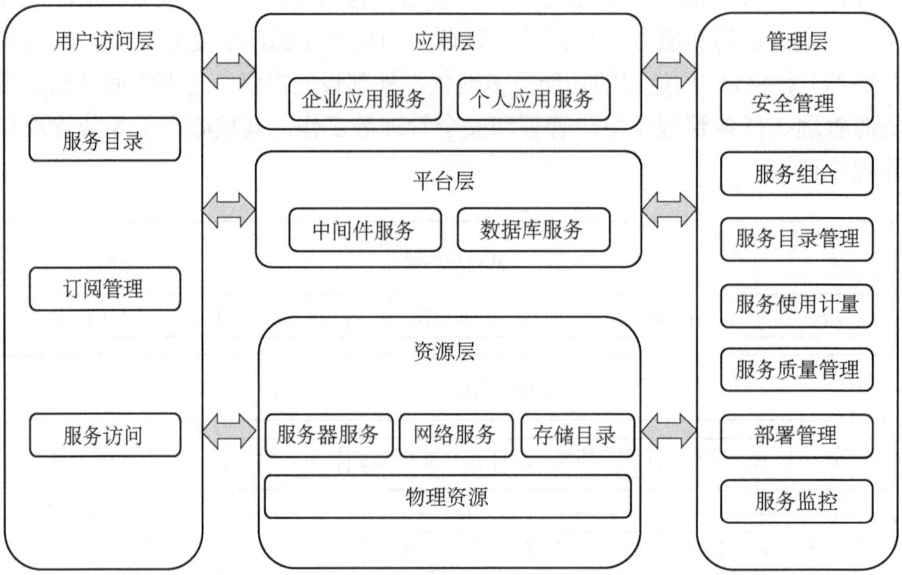

图 5.3　云计算服务技术体系架构①

5.1.3　移动云计算及其服务模型

移动云计算是基于云计算的概念提出来的。移动云计算②是移动用户/终端通过移动互联网以按需、易扩展的方式获得所需的基础设施、平台、软件或应用等的一种 IT 资源或信息服务的交付与使用模式。移动云计算作为云计算的扩展，提供给移动用户云平台上的数据存储和处理服务。在移动云计算中，终端的移动性要求其在任何时间、任何地点都能进行安全地数据接入，以便用户在移动云计算环境中，通过移动设备使用应用程序及访问信息时，有更好的用户体验。

① 雷万云. 云计算技术、平台及应用案例. 北京：清华大学出版社，2011.
② 刘越. 云计算综述与移动云计算的应用研究. 信息通信技术，2010，4（2）：14-20.

移动云计算的服务模型可以用“端”“管”“云”三个组件来描述[①]，如图 5.4 所示。“端”是指任何可以使用“云”提供服务的移动终端设备，包括手机、PDA 等；“管”是指完成信息传输的通信网络，即移动互联网；“云”则是包含了丰富资源和服务的平台。“云”端的架构是基于服务的，有三个层次，分别为基础设施服务、平台服务和应用服务，最底层为基础设施层面，由各种服务器、数据库、存储设备、并行分布式计算系统等组成，即 IaaS；中间层是提供应用程序先进的集成环境和平台，即 PaaS；最顶层是服务云，提供软件、数据等各种应用，即 SaaS。移动云计算通过移动互联网提供云服务，这对于网络带宽提出了更高的要求。目前，许多云计算服务提供商在提供云服务的同时还打包出租网络流量，形成 NaaS，当然主要的网络提供者仍是电信运营商。

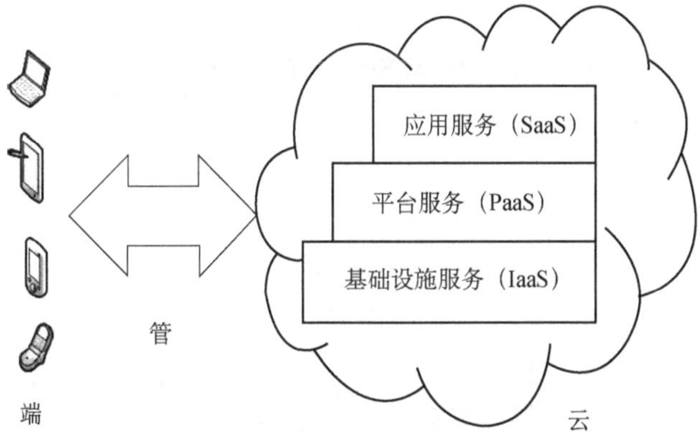

图 5.4 移动云计算服务模型[②]

5.1.4 移动图书馆云服务体系架构研究现状

云计算技术给移动图书馆服务带来了新的思路，注入了新的理念。施海燕[③]认为云计算将是未来移动图书馆的主要支撑平台，也将推动移动图书馆的发展。国内图书馆与情报界的学者纷纷开展了相应的理论研究，提出了移动图书馆云服务体系架构。

① 邓茹月，覃川，谢显中. 移动云计算的应用现状及存在问题分析. 重庆邮电大学学报（自然科学版），2012，24（6）：716-723.

② 刘越. 云计算综述与移动云计算的应用研究. 信息通信技术，2010，4（2）：14-20.

③ 施海燕. 云计算和移动图书馆. 图书馆建设，2009，（9）：10-12.

申飞驹[1]阐述了基于云计算的移动图书馆建设思想，提出了移动图书馆云服务的5项设计原则（以需求确立定位、以技术支持选择、以体验引领功能、以共享增强保障、以空间满足个性），并提出了移动图书馆整体架构，将系统分为高阶应用层、业务层、数据层，如表5.1所示。在云计算环境下的移动图书馆需要实现四大功能：与OPAC系统的集成，实现纸质馆藏文献的移动检索与自助服务；与数字图书馆门户集成，实现电子资源的一站式检索与全文移动阅读；与全国共享云服务体系集成，实现馆外资源联合检索与文献传递服务；构建读者信息交流互动平台，实现公告信息发布与读者个性化服务定制。从图5.4可以看出，申飞驹提出的整体架构主要考虑了资源的整合与服务，与第3章提到的超星移动图书馆的资源整合服务模式非常相似，侧重于对文献资源的挖掘、整合、管理，在元数据整合的基础上开展资源共享与文献传递服务，而对于其他移动服务关注较少，难以体现移动服务的丰富性。

表5.1　云计算环境下的移动图书馆整体架构表[2]

高阶应用层	统一认证门户系统			
	统计管理系统			
业务层	元数据挖掘存储管理		资源调度系统	
	元数据收割		资源链接	
	元数据分析		资源调度	
	元数据建模		资源管理	
	元数据存储		资源分发	
	云图书馆共享与文献传递服务系统			
数据库	电子期刊	电子图书	会议文献	报纸
	政府出版物	专利	学位论文	……

朱朝晖等[3]提出了一个基于云服务的图书馆系统模型，系统模型分为基础设施即服务、基础服务平台（Basic PaaS）、平台即服务和业务接入层。基础服务平台提供对数据库和应用环境的服务，平台即服务提供对图书馆系统的核心功能模块，如统一认证、服务注册与集成、计费、安全等服务。他在此基础上提出了基于云计算的移动图书馆系统架构设计，如图5.5所示，移动图书馆系统的架构由门户展现层、业务应用层、业务管理层、格式适配层等四层构成。用户通过门户展现层提供的各种访问方式使用手机阅读业务。手机阅读业务共包括WAP门户、手机客户端门户、手持阅读器门户、Web门户、管理门户。业务应用层是用户登录站点后可以进行的一些操作和应用的集合，

①② 申飞驹. 基于云计算的移动图书馆建设探析. 商业时代，2013，(15)：54-55.

③ 朱朝晖，王翔，周冠宇. 基于云计算的移动图书馆系统的研究与设计. 移动通信，2011，(9)：29-33.

业务应用层主要包含在线阅读、用户下载、个人空间等 16 项功能。业务管理层包括栏目策划、内容策划、页面定制、排行策略、热门推荐、关联推荐、产品上架、终端适配等。格式适配层将图书资源中各种格式的数字图书转换为移动终端可支持的格式，如 HTML、TXT、JPG 等。

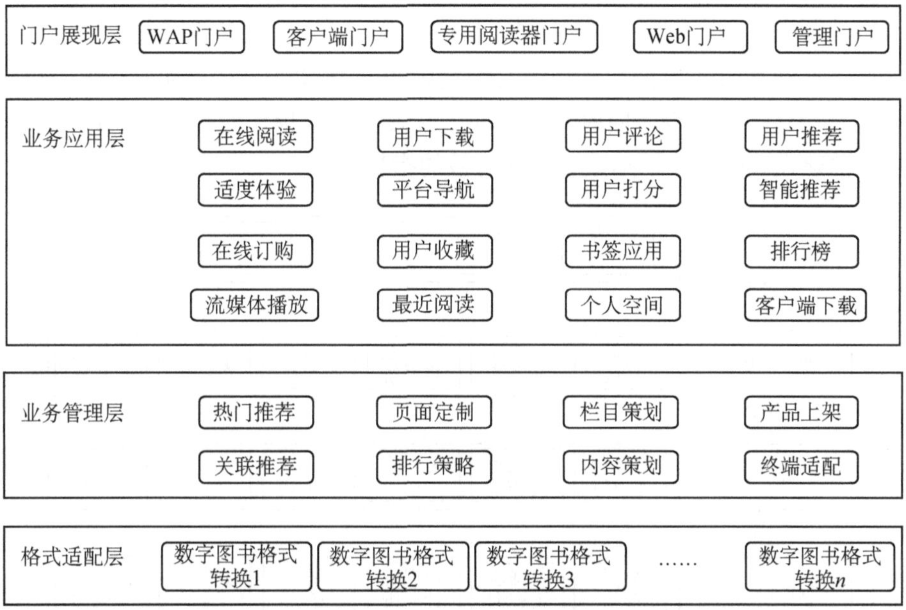

图 5.5 基于云计算的移动图书馆系统架构示意图[①]

李若等[②]从信息资源云整合、快速资源部署、虚拟化存储、多终端访问等方面分析云技术为区域移动图书馆开展信息化服务带来的优势，提出基于云技术的区域移动图书馆平台的架构，如图 5.6 所示，云服务平台架构分为基础设施层、数据存储层、基础服务层、业务应用层、应用展示层等五层。基础设施层是整个框架的支撑系统，保证了一体化管控平台的正常运行，为资源层提供了全方位的环境支撑。数据存储层是云存储最基本的部分，在区域移动图书馆云平台的运行过程中，数据存储层为应用展示层、基础服务层的合理运行提供数据支撑，是所有数据信息存储与管理的逻辑表现。数据存储层为各类数据资源的交互交换、检索查询、统计分析、统一存储、统一管理提供数据支持。基础服务层借助中间件的接口服务，提供区域移动图书馆云平台所需要的通用服务接口组件，支撑不同业务的需求的实现。业务应用系统

① 朱朝晖，王翔，周冠宇. 基于云计算的移动图书馆系统的研究与设计、移动通信，2011（9）：29-33.
② 李若，高鸿雁. 面向区域移动图书馆的云平台构建研究. 情报科学，2014，32（9）：48-51.

层是直接为应用系统提供服务的，主要指面向数字图书馆的最终应用服务系统。应用展示层是区域移动图书馆云平台展示给用户的最终页面，用户访问该层进行系统操作和功能访问。用户通过权限管理体系确定应用层的访问内容的分布，门户网站层是应用系统层的前台表现，整合接入应用系统，为系统各级用户提供统一、集成、个性化的访问。

图 5.5 和图 5.6 所提出的云服务架构更多侧重云计算技术层面的实现，可以作为云计算服务架构在移动图书馆领域的一个移植应用，对于资源云和服务云的构建涉及较少，同时缺乏相应的实践案例支撑，对移动图书馆云服务模式的建设和改进难以形成切实而有效的指导。

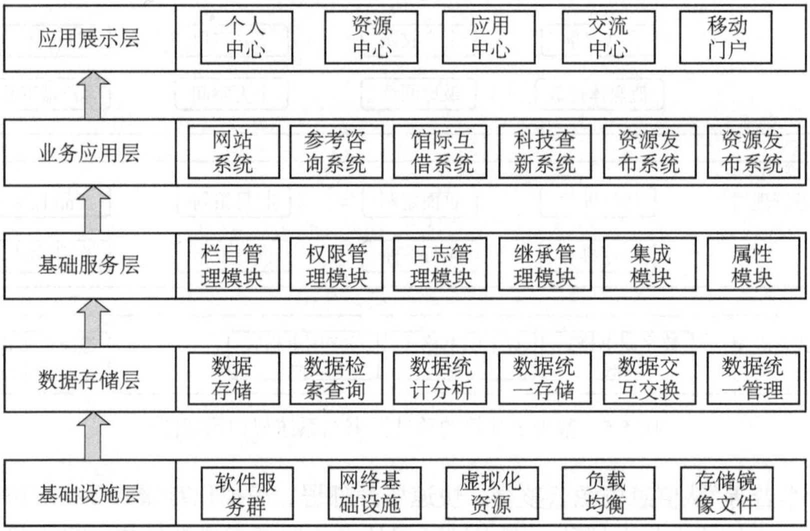

图 5.6　区域移动图书馆云服务平台服务架构①

秦晓珠等②提出智能手机等手持移动设备由于其特殊功能的限制，使得其对应的计算能力、存储能力、I/O 输入输出能力、电池续航能力、网络带宽等受到了极大的局限，因此，使得基于移动终端的移动图书馆服务在业务构建模式、服务体系等的深化方面极其有限。将移动图书馆与云计算相结合是一个良好的解决方案，因为云计算一个极大的优势是可以将这些限制条件置于“云端”，由云服务体系中的虚拟计算机集群为高性能的服务器，为移动终端提供计算能力与存储能力，最大限度发挥移动终端的潜力。通过分析在移动

① 李岩，高鸿雁. 面向区域移动图书馆的云平台构建研究. 情报科学，2014，32（9）：48-51.

② 秦晓珠，张兴旺，李晨晖. 移动云计算环境下的数字图书馆云服务模式构建研究. 情报理论与实践，2012，35（5）：72，90-93.

云计算环境下数字图书馆的云服务模式，提出一种基于应用融合的 MaaS 服务模型，如图 5.7 所示。MaaS 服务模型分为三层：服务终端、网络载体及移动服务云。移动服务终端是指用户访问图书馆所提供的移动云计算时所使用的各类移动设备，包括手机、PDA 等；网络载体是指由移动运营商所提供的通信网络传输通道；移动服务云则是由图书馆所提供和建立的云端资源和服务，包括基础设施、文献信息资源、个性化服务、相对应的应用软件等。

纵观以上的四种移动图书馆云服务架构，可以看出大部分技术架构均为技术层面和理论层面的阐述，对于移动图书馆云服务的具体实施缺乏案例支持，同时和目前现有的移动图书馆服务模式缺乏关联度，均没有涉及新兴的微信服务模式，难以促进移动图书馆云服务模式的升级与改进。对于高校图书馆和公共图书馆的管理者来说，到底如何升级和选择现有的移动图书馆服务模式，如何应用云计算服务理念提高移动图书馆服务质量，提升移动用户的使用体验，依然非常迷茫。要解决难题，必须对移动图书馆云服务架构进行进一步研究，切实将云计算服务引入到移动图书馆服务中来。

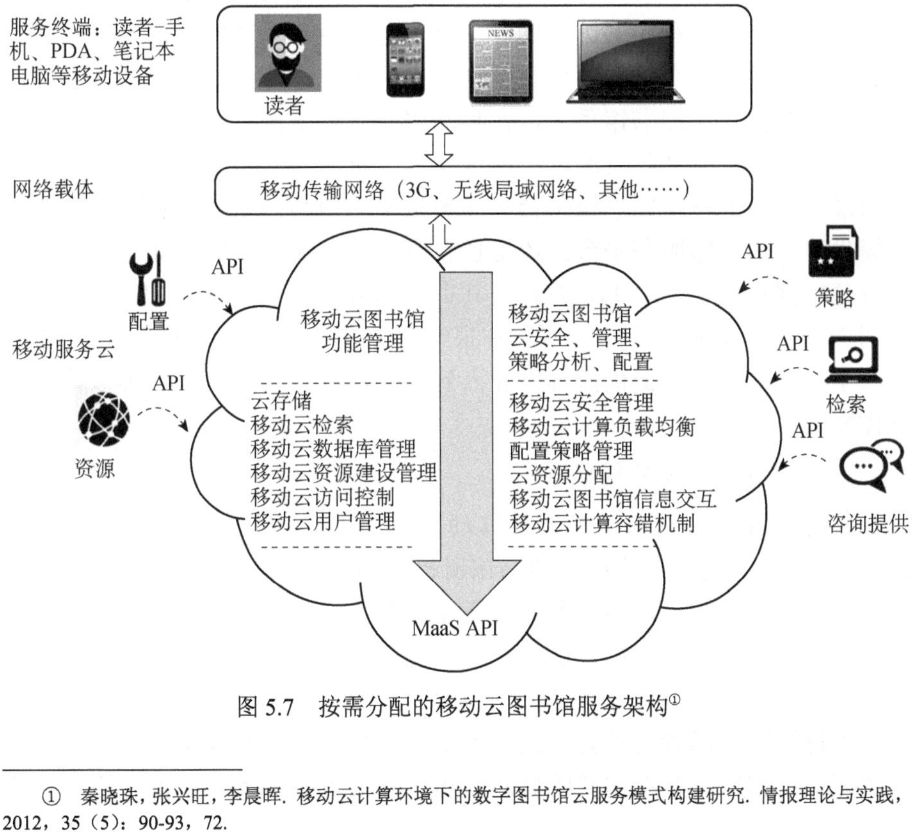

图 5.7　按需分配的移动云图书馆服务架构[①]

① 秦晓珠，张兴旺，李晨晖. 移动云计算环境下的数字图书馆云服务模式构建研究. 情报理论与实践，2012，35（5）：90-93，72.

5.1.5 当前云服务模式的问题分析

根据第 2 章的调研结果，不少高校图书馆和公共图书馆均选用成熟的移动图书馆系统产品，包括超星移动图书馆系统、书生移动图书馆系统、Boopsie 和 Biblio Mobile 等产品，并采用 SaaS 云服务模式为图书馆读者提供移动图书馆服务。可以看出，云服务模式已经成为当前移动图书馆服务的重要运行模式。根据第 2 章的用户调研结果来看，移动用户对移动图书馆服务的满意度有待进一步提升，当前的移动云服务模式主要存在云服务体系开放性差、移动资源体系不够完善、移动服务体系缺乏创新、移动云服务缺乏个性化等问题。

1. *移动云服务体系的开放性较差*

当前的移动图书馆云服务体系总体来说较为封闭，没有构建完善、开放和可持续发展的移动服务生态系统。在现有的移动服务生态系统中，仅有服务平台提供商和图书馆、读者三个角色，由于系统的封闭性，数字资源商在其中并没有合适的角色和定位。在中国，不管是超星移动图书馆系统，还是书生移动图书馆系统，在移动服务平台上的移动资源基本上都是平台提供商的自有文献资源，不能提供其他资源商的文献资源。比如，在中国最为流行的移动图书馆平台——超星移动图书馆系统，它不仅为图书馆提供移动图书馆服务平台，还提供自有的移动文献资源，其中的超星移动资源包拥有电子图书 110 万种（其中文本格式电子图书 20 万种）、电子期刊 3000 种、音视频有 3 万多集和报纸有 300 种。在现有的移动服务生态体系中，更多的资源提供商难以加入到现有的服务体系中来，难以体现服务体系的开放性。

2. *移动资源体系不够完善*

移动资源体系是指读者通过移动图书馆可以访问的文献资源共同形成的资源体系，也可称为移动图书馆所提供的各类文献资源的集合。在“内容为王”的信息时代，移动图书馆所能提供的文献资源是读者所关注的重要内容。通过移动图书馆开展移动阅读是读者最喜爱的移动服务之一，建立较为完善的移动资源体系是移动图书馆服务的关键所在，也将是移动服务能否持续吸引读者的重要因素。但是，现有移动资源体系与数字图书馆的资源体系相比，存在非常明显的差距，移动资源体系主要依靠移动服务平台提供商的自有文献资源，造成移动文献资源的来源单一，不仅移动资源体系集成的文献数据库非常少，而且所覆盖的文献类型不够丰富，难以满足移动用户的资源需求。为了进一步完善现有的移动资源体系，必须加强与数字资源商的合作，探索新型的合作模式，提高资源商参与图书馆移动服务的积极性。

3. 移动服务体系缺乏创新

根据第 2 章的调研结果可以看出，现有的移动服务缺乏创新，大部分移动服务都是数字图书馆现有信息服务的简单复制，没有充分挖掘和利用移动终端的特性，造成移动服务对读者缺乏吸引力。从移动服务的创新性来看，美国公共图书馆普遍强于中国公共图书馆，比如，美国公共图书馆基本上都提供 GPS 地图导航功能，对于读者通过智能终端查找附近的图书馆、推荐交通路线前往图书馆等非常有帮助；美国公共图书馆提供的通过手机预约取书功能，也非常人性化。智能手机充当借阅卡、刷手机通过门禁、手机扫条形码借还书等特色移动服务尽管在一些图书馆中得到了一定的应用，但是还远没有得到充分普及。智能手机、平板电脑等移动终端一般都具有摄像、GPS 等模块，这是智能终端非常重要的特性，充分利用这些特性，可以开发出独具特色的移动服务，从而进一步提升移动服务体系的创新性，完善现有的移动服务体系，吸引更多的移动用户使用移动服务。

4. 移动云服务缺乏个性化

移动图书馆云服务缺乏个性化，主要体现在两个方面：系统界面和功能的个性化及用户的个性化服务。中国公共图书馆的移动服务在系统界面和功能方面明显缺乏个性化，根据第 2 章的调研，采用同一家移动图书馆系统产品的图书馆，其系统界面（界面风格、色调等）几乎完全一致，甚至没有图书馆的标志；移动服务功能及其位置也几乎完全一致，如果不看主页界面上的单位名称，根本无法分辨是哪个图书馆的移动服务，难以展示图书馆的特色，以及对用户产生较好的服务认同感。移动用户也许会认为使用的是超星移动图书馆系统，而不是某个图书馆的移动客户端。在系统界面和功能上，美国公共图书馆做得更好，尽管选用的同一个产品，但是其界面和功能具有较好的个性化，而且具有独立的标志和客户端。用户的个性化服务主要侧重用户的服务体验，用户可以根据自身的喜爱，对于系统界面、功能设置进行个性化定制，满足用户的个性化服务需求。

5.2 移动图书馆云服务概念及其交付模式

5.2.1 移动图书馆云服务概念

云服务的出现给各行各业的信息服务带来全新的思路，各类云服务平台层出不穷。图书馆作为信息技术的应用先锋，利用云服务技术打造了云存储平台和数字资源平台，甚至出现了自动化系统和管理系统的云服务平台。我们有理由相信，云计算服务必将对图书馆的信息服务模式继续产生深刻的影响。第 4 章提到，移动图书馆云服务系统平台已经出现，并已经在图书馆中得到了广泛的应用，但根据第 2 章的用户体验调研和第 4 章的可用性研究，可以发现用户对于移动图书馆服务的体验较差，部分服务模式的服务稳定性和有效性较差，不同服务模式之间的移动服务的一致性较差，移动资源难以满足用户对于海量资源访问和阅读的需求。要解决这个问题，必须对现有移动图书馆服务模式进行升级，将云计算理念和技术引入到移动图书馆领域，切实提升移动资源的容量，以及移动用户的使用体验，提高移动服务的稳定性和持续性。

移动图书馆云服务并不是一项新的服务名称，也不是一种新的服务模式，而是一种新的服务理念和服务思路，是云计算在移动图书馆服务中的应用案例。当前移动图书馆的服务模式依然是短信息、移动网站、移动客户端和微信，移动图书馆云服务并不会颠覆目前的移动模式，但是将改变移动服务模式。移动图书馆云服务是指将云计算理念和技术融入到当前移动图书馆运行和管理模式中，打破当前孤立和封闭的移动服务系统，通过整合云服务产业链，重塑云服务生态系统，梳理图书馆、资源商、移动平台服务商、读者之间的角色关系和利益关系，为移动用户提供高质量移动图书馆服务的新理念和新思路。在移动图书馆服务平台下，系统将不再是一个封闭的服务系统，平台可以接入更多的资源云服务和应用云服务，更多的资源云使得用户可以查询和获取更多资源商的文献资源，阅读更多数据商的电子图书，更多地应用云服务使得用户可以享受更多的移动服务应用。个性化资源与服务推送，有利于读者使用各类移动终端随时随地开展学习，满足读者的个性化学习需求。

5.2.2 移动图书馆云服务的特点

云服务在图书情报领域已经得到了一些应用，如在竞争情报领域，黄兰秋①就提出了基于云计算的企业竞争情报服务模式，认为基于云计算的企业竞争情报服务的特征表现为服务的经济性、安全性、便捷性、个性化、协同性、智能性、多样性等七个方面。移动图书馆云服务将有效融合云计算服务的特点，并呈现出经济性、扩展性、稳定性、可靠性、专业化的特点。

1. 经济性

廉价的使用成本是云计算服务的显著特点。由于“云”的特殊容错措施可以采用极其廉价的节点来构成云，“云”的自动化集中式管理方式，使大量企业无需负担日益高昂的数据中心管理成本，“云”的通用性使资源的利用率较传统系统大幅提升，因此用户可以充分享受“云”的低成本优势。在云计算服务平台上，各类 IT 资源（计算、存储、网络、数据）面向所有云服务使用者按需弹性扩展或收缩，显著降低所有用户的使用成本。移动图书馆云服务的经济性表现为三个方面。首先，硬件投入成本显著降低，图书馆无需单独购置服务器、存储、交换机等硬件设备，而是根据硬件使用量和服务量（CPU 核心数量、内存容量、存储容量、下载流量等指标）支付使用费用，云服务费用明显低于单独硬件建设的费用。其次，人员维护成本大幅度减低。在传统服务模式下，图书馆技术部同时维护微信图书馆、移动网站、多平台移动 APP 等移动服务系统，工作量非常巨大。而云服务平台提供商同时为多个图书馆提供移动云服务，同时提供成本软硬件平台维护、功能升级等工作，绝大部分维护工作不需要图书馆的技术人员进行参与，对图书馆来说维护工作量明显减少，维护成本和人员投入将明显减少。最后，移动图书馆服务平台使用费用更少，在云服务模式下移动图书馆提供商同时为多个单位提供移动服务，可以有效分摊运行成本，从而有效降低单个图书馆的服务费用。

2. 扩展性

移动图书馆云服务由于云服务平台的开放性而具备高扩展性，主要表现在 IT 资源、文献资源和移动服务等三个方面。首先是 IT 资源的高扩展性，这是云计算技术的天然优势，表现为一种对资源快速和弹性提供，并且同样对资源快速和弹性释放的能力。对图书馆来说，“云”的规模可以动态伸缩，满

① 黄兰秋. 基于云计算的企业竞争情报服务模式研究. 南开大学博士学位论文，2012.

足应用和用户规模增长的需要。云计算可以弹性地提供所利用的硬件资源，图书馆可根据需要随时增加或减少所使用的IT资源。其次是移动文献资源的高扩展性，在移动图书馆云服务平台下，资源云是一个开放的系统，文献资源提供商不再局限于某一家单位或某一个数据库平台，各类文献资源均可以通过云服务方式接入到移动图书馆平台，供移动用户检索和使用，满足读者对海量文献资源的阅读需求。最后是移动服务的多样性，在移动图书馆云服务模式下，服务云也是一个开放的系统，图书馆可以根据自身需求不断扩展和丰富移动服务体系，定制特色的移动服务内容，从而满足读者对各类移动服务的使用需求，以及个性化服务的需求。

3. 稳定性

通过第2章开展的用户调研，可以发现用户非常注重移动服务的稳定性，稳定性对于用户体验具有重要的影响，而移动图书馆服务相对而言属于一项新服务，作为服务提供方的图书馆更需要关注服务的稳定性。因此，稳定性将直接影响用户是否愿意继续使用移动服务，以及用户对于移动服务的口碑相传。在传统的本地服务运行模式下，要保证各项移动服务模式（移动网站、移动APP、微信图书馆）的稳定性对于技术维护部门来说，需要巨大的工作量。云计算技术的使用，可以有效提升移动服务的稳定性。首先，移动云服务提供商将保障大部分移动服务的稳定性，因为商家为众多图书馆提供移动云服务，如果服务不够稳定的话，服务提供商将承受很大的压力，所以平台提供商需要配置强大的技术维护团队，并为移动云服务提供切实的技术保障能力，以维护各项服务的稳定性和有效性。其次，由于技术维护工作量的减少，图书馆拥有足够的人力监控特色服务的运行情况，保障各项服务接口的正常运行，从而提升云服务平台的整体稳定性。

4. 可靠性

移动服务的可靠性主要指数据的安全性和服务的稳定性。在移动云服务运行模式上，所有的音视频、电子图书、数字资源、报纸、有声读物等移动阅读资源，以及用户配置信息（个性化设置信息、收藏夹、阅读与学习记录等内容）和用户产生内容（如图书评论、阅读批注、阅读笔记等）都保存在云端，数据的备份、维护、安全，以及升级均由云计算平台进行托管，由专业的IT管理团队和数据中心负责提供专业化信息安全与保密方案，可以确保文献资源和用户数据的安全。相比在传统模式下，图书馆单独进行资源保存和数据安全而言，云服务平台可以大幅度提升数据的可靠性和安全性，最大限度地避免因为意外、灾难、系统漏洞等情况产生的数据安全问题。除了数据的安全性之外，通过云服务方式运行移动图书馆服务，移动服务的稳定性均由云平台提供商进行保障，由于云平台服务商同时为众多图书馆提供服务，服务商借助专业的技术团队和稳定的服务运行经费，移动服务的稳定性更加容易得到保障，从而有效提高移动图书馆服务的稳定性。

5. 专业化

云计算是一种先进的社会分工模式，必将催生一个完整的产业链条，更加专业化的分工有助于提升服务的专业性。移动图书馆云服务平台包括移动服务平台提供商、移动资源提供商、图书馆、读者等角色，在云服务模式下，云生态的各种云角色可以发挥各自特长。云服务平台提供商保障云服务平台的数据安全性和服务稳定性，提供丰富的移动服务；移动资源提供商为移动用户制作和提供更多丰富的符合移动终端使用和适合移动互联网传输的各类移动阅读资源，保障移动资源的版权和资源丰富性；图书馆则注重服务的宣传、推广与咨询，密切关注用户需求和使用体验，提供更好的移动服务。在云服务模式下，各角色可以充分凸显各自的专业特长，可以更好地发挥不同领域的专业优势，有效提升移动服务的专业化服务水平，从而构建更加完美的移动图书馆服务模式，最终提升移动用户对于移动服务的满意度。

5.2.3 移动图书馆云服务的三种交付模式

云计算的主要概念都源自“一切皆服务”，云计算的三大交付模式分别为 IaaS、PaaS 和 SaaS。与此相对应地，移动图书馆云服务也有三种交付模式，即 IaaS、PaaS 和 SaaS。

1. IaaS

IaaS 通常译为基础设施即服务，这里的基础设施主要指 IT 设施，包括计算机、存储、网络，以及其他有关的设施。IaaS 服务是用户通过网络，按照实际需求所获得 IaaS 云服务提供商所提供的上述 IT 设施资源服务，用户可以将自己的应用部署到基础设施上面，从而开展业务工作。IaaS 服务商为客户提供了完善的计算机基础设施服务（含硬件和底层软件），为用户提供处理、存储、网络，以及基础计算资源的一种能力，通过创造虚拟的数据中心，把内存、I/O 设备、存储和计算机能力集中起来形成一个虚拟的资源池，并根据用户对资源的实际使用量或占用量进行收费。通常来说，IaaS 服务商提供的 IT 基础设施大致可以分为计算资源、存储资源、网络资源和中间件资源、数据库资源等。可以说，IaaS 服务模式重塑了 IT 资产的拥有者和这些资产所包含的计算能力的使用者之间的关系，简言之，就是与其昂贵地获得产出计算能力的资产，不如低成本地直接获得需要的计算能力[①]。IaaS 服务模式将 IT 资产和 IT 能力相分离，作为 IT 能力的使用者，无需拥有资产，就可以获得相应的计算能力。IaaS 服务具有免维护、经济性高、标准开放、应用支持广泛、可扩展性强的特点[②]。

随着各地智慧城市建设进程的加快，各省市均大规模开展大型云计算服务中心的建设，例如，2014 年建成的重庆两江国际云计算服务中心[③]，投资金额达 300 多亿元。可以预见，未来集中的存储中心和云服务中心将成为信息技术领域最重要的发展趋势。移动图书馆云服务作为云计算技术在移动图书馆中的应用案例，IaaS 交付模式的应用领域主要包括移动文献资源的存储和移动服务平台的运行。

移动文献资源的存储。对于移动资源提供商来说，将海量的移动文献资源存储在云端，可以充分利用 IaaS 服务模式扩展性强、经济性高、免维护的特性，为广大图书馆的移动用户提供稳定的移动资源服务。对于图书馆来说，也可以将适合移动终端访问的各类文献资源存储在云端，有效降低移动资源的存储成本。价格低廉和免维护是IaaS的重要优势，以新浪的云存储服务 SCS[④]为例，1GB~50TB 的存储空间，使用费用为 0.0063 元/GB/日，下载流量为 0.3GB~2TB，单价为 0.60 元/GB/日，明显低于图书馆单独采购和维护存储的费用。

移动服务平台的运行。对于选择自主研发移动服务系统的图书馆来说，可以选择IaaS服务作为移动服务的运行平台。功能较为简单的移动 WAP 网站，占用的存储空间较小，部署在云端，几乎不需要支付额外的使用费用，非常适合 IaaS 云服务。微信图书馆和 APP 服务平台也可以轻松实现 IaaS 云服务，在 IaaS 云服务模式下，图书馆可以充分利用云服务的计算资源、存储资源、网络资源和中间件资源、数据库资源等，不需要关注基础的硬件资源即可实现硬件资源的弹性扩展，图书馆可以专注系统平台的功能建设和移动资源的

① 雷万云. 云计算技术、平台及应用案例. 北京：清华大学出版社，2011.
② 郎为民. 大话云计算. 北京：人民邮电出版社，2012.
③ 重庆两江国际云计算服务中心. http：//cq.cqnews.net/cqqx/html/2014-09/19/content_32040149.htm.
④ 新浪云价格. http：//www.sinacloud.com/index/price.html.

内容建设，从而为读者提供稳定的移动云服务。

2. PaaS

PaaS 面向广大互联网应用开发者，把分布式软件开发、测试、部署、运行环境及复杂的应用程序托管当作一种服务，通过互联网提供给用户，使用户能够在平台上开发新的应用，或者扩展已有的应用。用户并不需要管理和控制云的基础设施、网络、服务器、操作系统或存储，但用户可以控制部署应用和可能对应用环境进行配置。PaaS 依托基础设施云平台，通过开放的架构，为互联网应用开发者提供共享云计算的有效机制，覆盖了应用程序开发的完整生命周期，为开发人员提供了包括统一开发环境在内的软件开发服务，使得开发者无法花费更多精力从事环境搭建、配置和维护等一些基础性工作，而集中精力在软件编写、功能开发中，从而大幅度提升软件和应用开发的工作效率。与当前基于本地部署环境的应用开发模式相比，PaaS 平台具有开发环境友好、服务类型丰富、管理监控精细、可扩展性强、采用多租户机制、整合率高等优点[①]，体现了互联网低成本、高效率和规模化应用的特性。

PaaS 最初只是 SaaS 服务商为提高自己的影响力、增加用户黏度的一种努力和尝试，随着众多 PaaS 平台的成功运营，PaaS 不再是 SaaS 服务的延伸，而发展成为一场互联网应用软件开发革命。目前，PaaS 服务没有标准的服务列表，不同服务商有不同的实现策略和服务内容，例如，Google 在其 App Engine 上，为用户提供了包括集成开发环境（IDE）、Account、Mail 在内的互联网应用程序开发平台。一般来说，PaaS 提供的服务[②]有软件开发环境（物理环境、开发环境、测试环境、调试环境、部署环境和运行环境）、基于云平台的配套服务（账户、邮件、数据库、消息列表等）、基于 Web 浏览器的使用模式、易于掌握的编程语言和编程环境、安全的工作环境、动态扩展的资源分配、应用程序监控服务、良好的认证和计算机制，从而帮助应用程序开发人员快速定制、开发满足特性需求的互联网应用。

移动图书馆的三种服务模式（移动网站、移动客户端、微信）均可以采用 PaaS 服务架构进行开发和提供服务，PaaS 服务商除了提供开发环境服务外，一般都同时提供有 IaaS 服务，所以不仅能够满足移动服务开发人员对于软件开发环境、数据库环境的需求，同时还可以满足开发人员对硬件存储、服务

① 郎为民. 大话云计算. 北京：人民邮电出版社，2012.
② 雷万云. 云计算技术、平台及应用案例. 北京：清华大学出版社，2011.

器等 IT 资源的需求。移动服务的开发人员无需考虑服务器和存储资源的弹性配置，也无需从事繁杂的软件开发环境搭建工作，以及复杂的平台安全策略应用，加之 PaaS 服务商提供了丰富的 API 接口，可以供开发人员调用，满足了移动互联网服务的开发需求，这样就可以大幅度提升移动服务应用的开发效率，有效缩短移动图书馆应用的开发周期。例如，新浪 PaaS 云服务平台 SAE 就专门为移动 APP 开发推出了云推送（Push）服务[①]，这是 SAE 开发的协助开发者推送手机通知的服务，目前支持 iOS 和 Android 系统的推送。开发者通过编写代码调用 API 接口（或直接通过 SAE 提供的页面）推送消息，消息先存到 SAE，再由 SAE 的推送服务发送到苹果的推送服务器（APNs），最后由 APNs 投递到用户的手机上。

PaaS 云服务在国内移动图书馆服务领域已经有应用案例，未来在自主研发移动图书馆和微信图书馆个性化开发领域将大有作为。微信公众平台也是一项 PaaS 服务，通过微信开发模式就可以实现微信图书馆的菜单定制和功能开发。目前微信图书馆在国内图书馆中的普及率极高，已经成为移动图书馆不可忽视的一种服务形式。根据陈明[②]的调研，“985”高校中 84.6%的院校图书馆开通了微信服务。微信 JS-SDK[③]是微信公众平台面向网页开发者提供的基于微信的网页开发工具包。通过使用微信 JS-SDK，网页开发者可借助微信高效地使用拍照、选图、语音、位置等手机系统的功能，同时可以直接使用微信分享、扫一扫、卡券、支付等微信特有的功能，为微信用户提供更优质的网页体验。北京市委党校图书馆的陈晨[④]利用微信基础平台 JS-SDK 和新浪 SAE 平台，充分利用 PaaS 提供的各类服务接口，搭建了可交互、富功能的微信图书馆系统，实现了毕业寄语模块、用户分享模块、书籍推荐模块等读者交互式功能，使用户在使用微信图书馆时就像使用原生社交 APP 一样，甚至优于原生 APP，有效提升了移动用户的使用体验。

3. SaaS

SaaS 是最成熟、最知名，也是应用最为广泛的一种云计算模式。SaaS 是一种以互联网为载体，以浏览器为交互方式，把服务器端的程序软件传给远程用户来提供软件服务的应用模式。SaaS 提供商为用户搭建软件服务所需要

① 云推送. http：//www.sinacloud.com/doc/sae/php/push.html.
② 陈明. 985 高校图书馆微信公众平台调查研究. 农业图书情报学刊，2015，（5）：91-93.
③ 微信 JS-SDK Demo 官方案例. http：//my.oschina.net/superkangning/blog/367484.
④ 陈晨. 微信 JS-SDK 下的社交图书馆的设计与实现. 知识管理论坛，2015，（3）：37-44.

的网络设施、硬件设施和全部软硬件运行平台，负责前期实施、日常运行和后期维护等一系列工作；而用户只需通过按需付费的方式从提供商订购并使用应用软件服务，不需要购买软硬件和相应的基础设施，也无需招募 IT 技术人员对软件进行升级和维护，对于用户来说真正实现了零安装和零维护。可以看出，SaaS 服务强调的是最终的应用，而 IaaS 和 PaaS 侧重对 IT 资源和底层架构的充分利用。

SaaS 作为一种新型的软件服务模式，与传统桌面软件相比，SaaS 的优势在于使用简单、安全性高、初始成本低等。移动图书馆 SaaS 云服务模式与传统软件开发服务模式相比，具有如下几方面的优势。首先，供应商与图书馆的关系从售卖关系转变为服务关系。SaaS 几乎颠覆了传统的软件授权费用使用模式，服务提供商将应用软件统一部署在服务器上，同时为多用户提供软件和应用服务。图书馆无需购买软件平台，只需要根据使用情况支付软件服务费用，即可获取相应的移动图书馆服务。其次，移动图书馆项目部署周期短，风险较低。采用 SaaS 服务模式，图书馆无需涉及更多的技术工作，移动服务供应商即可在较短时间内协助图书馆完成移动图书馆项目的搭建和部署工作，尽快开始为读者提供移动服务。图书馆也不需要承担项目开发失败的风险，因为大部分的移动服务模块都是标准化模块，实施风险极低。最后，SaaS 服务具有多重租赁性和自定制性。SaaS 提供商只需提供一套软件系统就能够同时支持多个图书馆用户，同时，图书馆也可以根据自身的应用需求，定制个性化的 SaaS 软件。

SaaS 是在目前移动图书馆云服务中应用最为广泛的云服务模式。根据第 2 章的调研情况，在国内“985”高校图书馆中，90.4%的图书馆选用 SaaS 云服务模式，主要采用超星移动图书馆系统和书生移动图书馆系统；另外，86.3%的中国省级公共图书馆选择 SaaS 云服务模式，大部分图书馆采用的是超星移动图书馆服务系统。SaaS 云服务的移动服务模式主要有移动 WAP 网站和移动 APP。同样根据第 2 章的调研，在美国顶尖的公共图书馆中，大部分图书馆的移动服务采用 SaaS 云服务模式，选用的移动图书馆产品主要有 Boopsie 和 Biblio Mobile。通过选用成熟的移动服务产品，不仅实现了移动图书馆的云服务，而且实现了良好的个性化服务，让每所图书馆都拥有具有馆藏标志的独立 APP。可以看出，SaaS 云服务模式在移动图书馆应用中得到了大多数图书的认可。不管是移动 WAP 网站还是移动 APP，均适合 SaaS 云服务，对于图书馆来说，不仅可以快速启动移动图书馆服务，免去运行和维护的工作量，还可以实现个性化的定制服务。

5.3 移动图书馆云服务体系架构

前面提到，云服务在移动图书馆中已经得到了广泛的应用，尤其是 SaaS 云服务模式，涌现出了超星移动图书馆、书生移动图书馆、Boopsie、Biblio Mobile 等移动图书馆云服务产品，但对于移动图书馆云服务的理论研究明显不足。然而，目前国内外学者对移动图书馆云服务架构的研究更多偏重于理论层面和技术层面，与移动图书馆的服务模式和具体实践的融合较差，相关研究对于移动图书馆的实践和应用缺乏有效的指导。下面结合移动图书馆具体服务模式的实践，分别阐述移动图书馆云服务的三种服务体系架构。考虑到 SaaS 服务是移动图书馆未来的主流模式，将重点讨论 SaaS 云服务体系架构。

5.3.1 移动图书馆 IaaS 服务架构

IaaS 就是指将硬件和基础软件以服务的形式交付给用户，使用户可以在云服务平台上安装和部署各自的应用程序。一般来说，IaaS 通常包括网络和通信系统提供的通信服务、服务器设备提供的计算机、数据存储空间提供的存储服务，以及操作系统、通用中间件和数据库等软件服务。在 IaaS 云服务模式下，用户能够租用具有完整功能的计算机和存储设备，从而获得相应的计算资源和存储资源，并满足用户通过网络获取服务的需求，同时根据用户对资源的使用情况进行收费，可以满足用户按需使用、按需付费的需求。

移动图书馆服务模式包括短信息、移动网站、移动客户端和微信，移动网站、移动客户端和微信均可以采用 IaaS 服务架构，将移动服务的应用程序部署在云端，面向移动用户提供移动图书馆服务。其中，移动网站更加适合 IaaS 云服务架构，主要原因有三个方面。首先，移动网站一般具有规模小、占用存储空间小的特点，将移动网站部署在云端，存储成本极低。例如，在新浪云存储 SCS 价格体系[①]中，如果网站存储容量低于 1G 的话，存储费用为 0。其次，移动网站的用户使用量不高，采用 IaaS 服务架构性价比更高。随着

① 新浪云价格. http://www.sinacloud.com/index/price.html.

智能手机、平板等智能终端设备在移动用户中的普及率逐渐提升，移动用户逐渐偏好功能更为丰富、界面更为友好的客户端应用，人们对于移动网站的需求将逐渐减少。根据第 2 章的用户对移动服务模式偏好的调研，仅有 6%的移动用户首选移动 WAP 网站服务模式。而 IaaS 服务均采用根据使用量收费的模式，非常适合使用量不高的各类应用服务。最后，IaaS 服务架构有助于提升移动网站的服务稳定性。虽然移动网站访问量不高，但是移动网站依然是一种重要移动服务模式，对于图书馆而言，开通移动网站服务是必要的，因为移动网站仍然可以满足非智能手机的访问需求。将移动网站部署在云端，不仅可以减少因硬件问题带来的服务不稳定的因素，有效提升移动服务的稳定性，同时也可以减轻技术人员的维护工作量。

以下将以移动网站为例，阐述移动图书馆 IaaS 架构，其服务架构主要分为资源层、虚拟化层、管理层和服务层，如图 5.8 所示。其中资源层、虚拟化层、管理层都是 IaaS 服务商提供的服务，图书馆仅需要使用虚拟机即可。

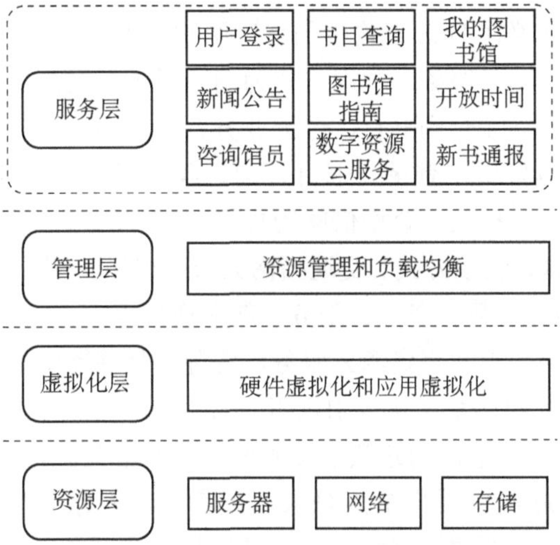

图 5.8　移动图书馆移动网站的 IaaS 架构

1. 资源层

资源层位于 IaaS 架构的最底层，主要包括服务器、网络、存储等硬件设备。这些硬件资源不再是独立、分散的物理设备个体，而是组成一个集中的资源池。作为移动服务的提供方，图书馆不再需要关心这些硬件资源，只需要根据资源需求申请使用即可。

2. 虚拟化层

虚拟化层的主要作用是按用户或者业务的需求，从资源池中选择资源并打包，从而形成不同规模和容量的计算资源，或者称为虚拟机。虚拟化层主要包含了各种虚拟化技术，虚拟化技术是 IaaS 架构中的核心技术，以便灵活地使用物理资源构建不同规模、不同能力的计算资源，并可以动态、灵活地进行资源调整。图书馆需要做的就是规划和申请移动站点所需的 CPU 核数、物理内存和存储容量，即可以形成一台虚拟机，并部署移动网站系统。

3. 管理层

管理层主要对资源层进行统一的运行维护和管理，包括收集 IT 资源信息、了解硬件运行状态和性能情况，并保证计算资源实现负载均衡，以便稳定、高效地提供移动图书馆服务。管理层具有完备的系统监控功能，使得管理人员可以随时了解 IaaS 架构中各个模块、资源的运行状态和性能指标。

4. 服务层

服务层是指部署在 IaaS 架构中的移动网站应用，通过移动 WAP 门户为移动用户提供各类移动云服务，使用方式为用户通过手机浏览器访问移动站点，满足读者通过智能终端查询书目、办理业务、了解图书馆动态等的服务需求。主要的服务功能包括用户登录、书目查询、我的图书馆（查询读者当前借阅信息、续借、读者证挂失、查询借阅历史等）、新闻公告、图书馆指南（图书馆简介、分馆信息、联系方式、交通指南）、开放时间、咨询馆员（电话咨询、E-mail 咨询、FAQ）、数字资源云服务、新书通报等。

在此特别强调一下数字资源云服务，资源云是移动图书馆云服务的关键。构建完备的移动资源体系，是吸引读者、提升资源服务的重要途径。在移动图书馆 IaaS 架构体系中，构建数字资源云服务非常关键。在移动网站的 IaaS 架构中，可以通过实现用户单点登录（读者成功登录移动网站后，使用数字资源服务系统时无需再次登录），搭建与数字资源移动网站的链接，实现与云资源服务系统的集成，以便读者通过移动网站可以访问到更加丰富的数字资源。目前很多数字资源商都已经开始布局移动服务，相继推出了各自的移动资源服务，例如，中国知网作为中国最大的数字资源提供商，通过“手机知网”（WAP 网址：http：//wap.cnki.net/）为移动用户提供集成期刊、报纸、学术论文、工具书等多种文献类型的移动资源服务，其他提供移动资源服务的文献数据库还有博看期刊网、读览天下、网上报告厅、中文在线等。目前国家图书馆 WAP 网站[①]已经成功集成了手机知网、读览天下等数字资源服务。

5.3.2 移动图书馆 PaaS 架构

PaaS 是云计算的三大服务类型之一，它面向互联网应用开发者，把端到端的分布式软件开发、测试、部署、运行环境，以及复杂的应用程序托管作为一种服务，为互联网用户提供一个共享云计算、超大规模计算能力的有效机制。PaaS 覆盖应用程序完整的开发生命周期，为开发者提供集成开发环境在内的一站式软件开发服务，从而大幅度提升软件开发的效率，节约开发者用于开放环境搭建、配置和维护的时间。PaaS 是云计算技术与业务提供平台相结合的产物，它不但可以为更高可用性、更具扩展性的应用提供基础平台，还可以提高硬件资源的利用率，降低业务运营成本，被认为是解放“草根”开发者业务创新能力行之有效的解决方案[②]。从业界对平台即服务 PaaS 的定位来看，它主要是解决业务应用和业务平台解耦的问题，即业务平台能力的资源池化[③]。在 PaaS 模式下，应用程序的开发、测试、部署、运行和维护都在同一个集成环境中进行，有助于降低软件开发、维护的成本，降低项目实施的风险。同时，PaaS 自身的扩展性、可靠性和安全性，有助于解决用户数据、网络流量和源代码的安全问题。最后，PaaS 支持贯穿整个软件开发的生命周期，并提供深入的应用程序监控手段，使得开发者随时了解应用程序的运行和使用状态。相对于 IaaS 而言，PaaS 最大的特点就是免运维[④]。使用 PaaS 后，技术人员只需要关心代码，所有的平台运维工作均交由 PaaS 服务提供商去完成，从 PaaS 平台来讲免运维是跟 IaaS 平台最大的区别。

根据第 2 章的调研结果，微信服务已经成为中国高校图书馆和公共图书馆的重要移动服务模式之一，96.7%的省级公共图书馆均提供微信图书馆服务，同时微信也是中国特色的移动服务模式。微信作为移动图书馆的典型服务模式，非常适合采用 PaaS 云服务架构，可以说，微信图书馆天生就是移动图书馆 PaaS 模式的典型案例。首先，微信平台本身就一个简化版的 PaaS 云

---

① 掌上国图. http：//wap.nlc.gov.cn/.

② 徐鹏，陈思，苏森. 互联网应用 PaaS 平台体系结构. 北京邮电大学学报，2012，35（1）：120-124.

③ 周剑，张明新. 云计算平台即服务 PaaS 架构研究与设计. 常熟理工学院学报，2012，26（8）：85-88.

④ 【专访间】新浪 SAE 总负责人丛磊：对比 IaaS 和 PaaS 谈运维本质. http://www.csdn.net/article/2015-06-09/2824911.

服务平台，依靠开放的 API 进行功能拓展。微信图书馆依托微信的海量用户群体优势，可以迅速汇集人气，从而有效推广图书馆的移动服务。其次，微信自带的开发工具可以有效地调用微信的各类接口，满足微信图书馆的基本开发需求；同时，PaaS 云服务平台不仅提供一站式的开发环境，还提供了丰富的 API 接口，尤其是各类互联网服务接口，开发人员不仅可以忽略底层硬件设计，还可以有效提高开发工作效率，节约宝贵的开发时间。最后，PaaS 云服务模式可以很好地保障移动服务的个性化，图书馆可根据自身特色开发出更多独具特色的移动服务功能，从而提升微信服务的个性化服务水平。

微信是腾讯公司 2011 年推出的一款免费应用程序，是中国目前最流行的手机社交应用，它可以发送语音短信、视频、图片和文字，可以群聊，仅耗少量流量，适合大部分智能手机。真正影响移动图书馆服务模式的则是 2012 年 8 月开通的微信公众平台功能，凭借众多用户基础、良好交互性和营销推广特性，掀起了移动互联网轻应用开发（Light APP）的革命，借助微信公众平台进行服务宣传和推广成为一种时尚和潮流，微信图书馆也由此产生并迅速普及。要实现微信图书馆的移动服务功能，仅依靠微信自身提供的功能是远远不足的，必须使用开发者模式的 API 接口，采用 PaaS 云服务模式将是微信开发应用的一个重要发展趋势。目前，腾讯公司已经推出了微信云服务[①]，微信云服务里的一个重要功能就是向开发者提供由腾讯云统一管理的服务器服务。微信云上线后，目前已经提供了微社区、微信生意宝、微信卡卡、微俱聚等服务商，覆盖了社交、交易、展示、互动、场景等众多模块，不管是订阅号还是服务号，可通过官方途径接入的第三方功能模块已经基本满足了主流需求。除了微信云服务之外，主流的 PaaS 服务提供商也是开发微信图书馆服务的一个很好选择，如新浪的 SAE 平台。北京市委党校图书馆陈晨[②]利用微信基础平台 JS-SDK 和新浪 SAE 平台[③]，充分利用 PaaS 提供的各类服务接口，搭建了可交互、具有丰富功能的微信图书馆系统，实现了毕业寄语模块、用户分享模块、书籍推荐模块等读者交互式功能。

以下将以微信图书馆为例，阐述移动图书馆 PaaS 架构，如图 5.9 所示，整个架构自下而上分为基础设施层服务、平台层服务和应用层服务。

1. 基础设施层服务

基础设施服务层将经过虚拟化的计算资源、存储资源和网络资源以 IaaS 的方式通过网络提供给用户和管理人员。鉴于“5.3.1 移动图书馆 IaaS 服务架

① 微信云：不仅仅是提供服务那么简单. http：//net.chinabyte.com/156/12867156.shtml.
② 陈晨. 微信 JS-SDK 下的社交图书馆的设计与实现. 知识管理论坛，2015，(3)：37-44.
③ 新浪云应用 SAE. http：//www.sinacloud.com/sae.html.

构”一节中对基础设施层服务已有较为详细的论述，在此仅做简要说明。

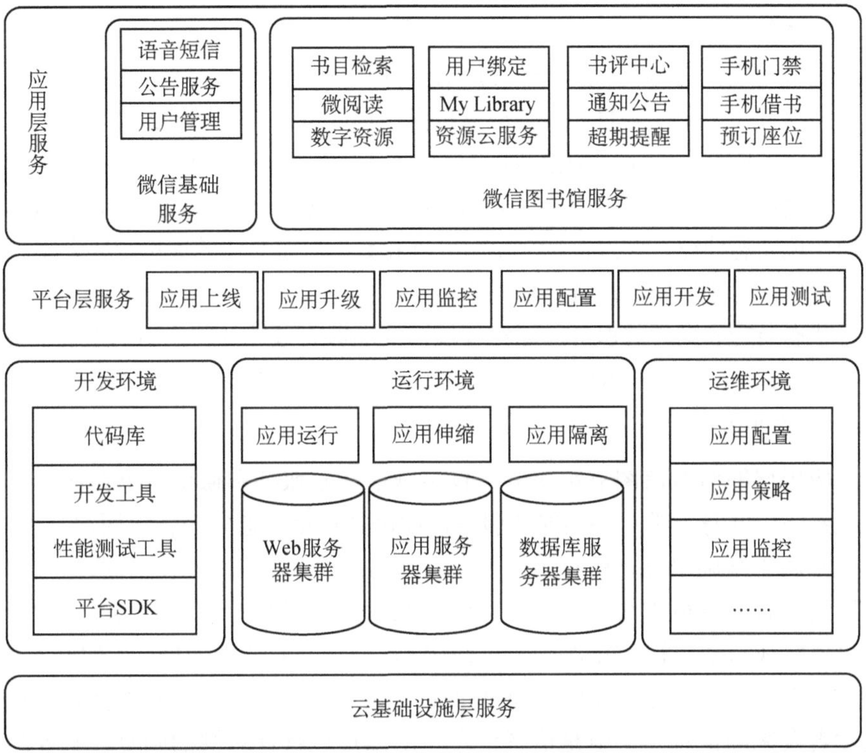

图 5.9　微信图书馆的 PaaS 服务架构

2. 平台层服务

平台层包括开发环境、运行环境和运维环境，以及这些环境所提供的一系列平台服务。开发环境为用户提供了快速开发各类应用的支持，运行环境为运行不同的应用提供了一个共享的中间件平台，运维环境则支持不同角色的用户对资源和应用进行管理①。

首先是开发环境。在开发环境中，开发人员使用平台 SDK 和集成开发环境进行应用开发。同时，平台层为用户提供模拟运行环境，供开发者模拟运行程序和调试。为支持应用与平台层的无缝整合，开发环境提供了自身平台的 SDK，SDK 一般包括平台 SDK 和通用服务 API。该 SDK 还能够模拟出与真实运行环境非常类似的测试环境，保证运行时生产环境中可用的各种服务同

① 虚拟化与云计算小组. 云计算实践之道：战略蓝图与技术架构. 北京：电子工业出版社，2011.

样在测试环境中适用，并且所有的使用条件和限制也在测试环境中被反映出来。

其次是运行环境。运行环境为应用提供运行时的各类支持，并持续监控应用的性能，根据工作负载调整资源供给。运行环境需要解决两方面的问题，第一是应用之间的隔离性，每个应用对于其他应用都是不可见的。第二是应用的可伸缩性，应用的容量和能力应该根据访问需求进行动态的改变和调整。通过为不同的应用分配不同的虚拟机和中间件实例，每个应用都拥有自己的虚拟运行环境，并且实现不同应用之间的互不干扰。平台层可以通过虚拟化技术很好地实现动态伸缩，大致包括应用服务器和数据库服务器的虚拟解决方案。

最后是运维环境。运维环境则为用户提供应用的上线、升级、维护，以及运行状态监控和配置等服务。运维环境需要能够有效地处理应用的上线、升级和维护，实现在线的应用配置，并满足管理员随时关注应用的运行状况的需求。

3. 应用层服务

应用层即为微信图书馆服务，包括微信基础服务和微信图书馆服务。前面提到微信本身自带一些功能和服务，如语音短信、通知公告、用户管理等，这些都属于基础服务，所有的微信公众服务账号都可以提供这些服务。图书馆通过语音信息可以与读者进行交流和互动，实现参考咨询的功能。微信不仅可以实现自动问答，馆员可以设定关键词自动回复读者的提问，如输入“开放时间”，即可返回图书馆的开放时间；还可以实现实时的咨询服务，微信接受读者发来的信息，甚至是语音留言，由馆员进行针对性的回复，必要的时候可以进行音频留言对话。另外，在编辑模式下，由馆员进行资讯的自定义编辑，进行图片、文字、视频等多媒体资源的编辑处理，然后进行图书馆有关活动、新闻、公告的发布与呈现。所有关注了微信图书馆的用户，都可以在第一时间接受到图书馆所推送的内容。

微信图书馆服务主要指图书馆根据读者需求开发和推出的移动图书馆服务，满足读者对更多移动服务的使用需求。应用部署在 PaaS 云平台，不仅可以使用微信云服务，也可以使用新浪 SAE 平台等云服务。微信支持自定义菜单，方便图书馆进行个性化定制和设计，目前支持三个自定义菜单，每个菜单可以放置五项移动服务功能，微信服务功能参见表 5.2。读者要使用个性化的微信服务，必须首先进行用户身份绑定。微信的开放性和云服务特性，有助于微信图书馆与其他资源商的合作服务，从而进一步提升微信服务的移动资源容量，例如，博看期刊网和读览天下的微刊产品，就可以很好地集成到微信图书馆中，读者的阅读体验良好。目前，重庆图书馆的微信公众平台已经集成了以上两种微刊产品，集成效果如图 5.10 和图 5.11 所示。

表 5.2 微信服务功能列表

序号	服务功能	服务说明
1	书目检索	读者通过书名、作者、出版社等途径检索图书馆的 OPAC 书目信息
2	微阅读	提供移动阅读服务，满足读者随时随地阅读的需求
3	数字资源	提供数字资源检索服务
4	用户绑定	要使用个性化服务，读者必须首先进行用户绑定。一旦绑定成功，下次使用就无需再输入账号和密码
5	My Library	个人图书馆服务（查询读者借阅信息），提供个性化服务
6	资源云服务	提供数字资源的云阅读服务
7	新书通报	提供图书馆的新书通报，满足读者随时了解图书馆馆藏的需求
8	通知公告	通知公告服务
9	超期提醒	提前三天免费给读者发送超期提醒信息，提醒读者及时归还图书
10	手机门禁	通过微信扫描门禁系统的二维码，直接通过门禁，无需携带读者借阅证
11	手机借书	扫描图书的条形码，借阅图书，实现自助借书功能
12	预订座位	通过微信预约阅览座位、会议室、研讨室等空间服务

图 5.10 微信集成博看期刊网微刊

图 5.11 微信集成的读览天下微刊

5.3.3 移动图书馆 SaaS 服务架构

1. 概述

SaaS 是一种以互联网为载体，以浏览器为交互方式，把服务器端的程序和软件作为一种服务提供给远程用户使用的应用模式①。SaaS 作为目前最为流行的云服务模式之一，在各行各业中都得到了广泛的应用。根据第 2 章的调研结果，大部分高校图书馆和公共图书馆均选用成熟的移动图书馆系统产品，86.3%的中国省级公共图书馆选择成熟的产品，不管是 WAP 网站，还是移动客户端 APP，基本都采用 SaaS 云服务模式。在 SaaS 云服务模式下，图书馆作为移动服务的提供方，无需购买服务器、存储等硬件设备，无需进行软件平台的开发，也无需招募额外的技术维护人员，仅需要根据使用情况支付相应的服务费用即可。对于图书馆来说，不仅可以节约硬件购买、软件开发和招募 IT 人员的费用，同时使得移动服务的部署时间更短，降低了项目开发的风险，可以在最短的时间内面向读者推广图书馆的移动服务。与其他两种云服务模式相比，IaaS 侧重硬件资源的利用，PaaS 侧重底层架构的利用，SaaS 则强调最终的服务和应用。

在目前的移动图书馆服务模式中，移动网站和移动客户端都适合采用 SaaS 云服务架构。当前国内主流的移动图书馆产品——超星移动图书馆和书生移动图书馆，其移动网站和客户端都采用 SaaS 云服务架构，并同时为众多的图书馆提供移动服务。国外主流的移动图书馆产品——Boopsie 和 Biblio Mobile，其客户端也采用 SaaS 云服务架构，并同时为多个图书馆提供移动服务。超星移动图书馆还推出了 APP+的服务，允许图书馆根据自身需求将新功能集成到超星移动图书馆 APP 中，例如，南京理工大学图书馆②就扩展了课程表实时发布、课程学分查询、四六级报名系统、招生就业信息发布、馆长与读者交流、读者与读者之间的交流、用户信息安全服务、休闲小游戏等多达十几项的服务，不仅体现了图书馆的特色服务，还极大地丰富了移动服务的功能。

2. 移动图书馆 SaaS 服务架构设计原则

移动图书馆 SaaS 服务要面向众多图书馆的读者提供移动服务，对于系统

① 雷万云. 云计算技术、平台及应用案例. 北京：清华大学出版社，2011.

② 南京理工大学移动图书馆. http://lib.njust.edu.cn/content.aspx?id=2FBC4F27EBA04B5BB353264899D36DC6.

的存储、管理、可靠性和安全性要求较高，因此在充分考虑系统的总体目标和应用背景的前提下，移动图书馆 SaaS 服务架构设计应遵守开放性、个性化、扩展性和安全性的原则，以改进当前移动图书馆云服务模式存在的开放性差、资源体系不够完善、服务体系缺乏创新、云服务缺乏个性化等问题。

（1）开放性。移动图书馆云服务系统不应该是一个封闭的系统，因为仅仅依靠系统提供商的资源和服务难以满足移动用户对于海量移动资源的需求。云服务架构应该具有良好的开放性，以便与其他数字资源商开展资源合作，共同为读者提供移动资源检索、移动阅读等服务。同时，云服务系统还需要与图书馆的集成管理系统进行数据交换，这也需要系统具有良好的开放性。

（2）个性化。移动图书馆云服务系统不能采用一个固定的服务界面面向所有图书馆用户提供移动服务，这难以体现图书馆的服务特色，也无法让读者产生对服务的归属感。每个图书馆的移动服务系统必须拥有独立的标志和标识，满足图书馆的个性化需求。同时，云服务系统还需要为读者提供个性化的服务，允许读者设置个性化的服务界面和偏好的移动服务列表，并通过用户行为分析模块，根据读者的喜爱推荐个性化资源和服务。

（3）扩展性。随着移动互联网的进步和移动服务的发展，读者和图书馆都必将对移动图书馆服务提出更多的要求，移动图书馆 SaaS 云服务体系应该具备良好的扩展性，这样可以不断地扩充和完善移动服务体系和移动资源体系，以满足读者日益增长的服务需求，持续吸引读者使用移动图书馆服务。图书馆要将本馆的特色服务，如空间预约、硬件服务，集成到移动图书馆系统中，必须要求云服务系统具有良好的扩展性。

（4）安全性。云服务系统的安全性尤其重要，因为众多的用户数据、用户个人设置等信息均保存在云端，涉及敏感的用户数据，要求云服务系统具有高安全性。系统要能够抵御来自外部的干扰和攻击，比如，系统操作不当、破坏性使用、恶意攻击，以及系统内部的某些缺陷等。为了防止软硬件故障等原因造成的数据毁坏，要求系统有很强的抗压性和容错性，具有故障检测与恢复功能。同时，系统还应具有数据库备份和恢复功能，对数据库进行定期备份，以便在灾难发生后及时恢复系统和重启服务。

3. 移动图书馆 SaaS 服务架构

移动图书馆有四种服务模式，分别为短信息、移动网站、移动客户端和微信。移动网站和移动客户端均适合采用 SaaS 服务架构。以下将以移动客户端为例，论述移动图书馆 SaaS 服务架构，如图 5.12 所示。SaaS 服务架构包括四层，分别为云基础设施层、平台层、软件服务层和用户层。云基础设施层和平台层与移动图书馆 PaaS 服务架构几乎一致，在此不再赘述。用户层即为享受移动图书馆客户端的移动用户，鉴于移动终端的平台多样性，为了满足使用不同终端的用户使用需求，移动客户端要至少支持 iOS、Android 和 WP 三种手机操作系统。根据第 4 章的调研，在平台多样性支持方面，国内的移动图书馆产品不及国外系统，目前国内的超星移动图书馆和书生移动图书馆仅仅支持 iOS 和 Android 平台，均不支持 WP 平台，而国外的 Boopsie 系统不仅支持 WP 平台，还有 Kindle 平台。在第 2 章的用户调研，也发现有用户因为使用 WP 平台而无法使用超星移动图书馆的客户端。以下重点介绍软件服务层的架构和功能。

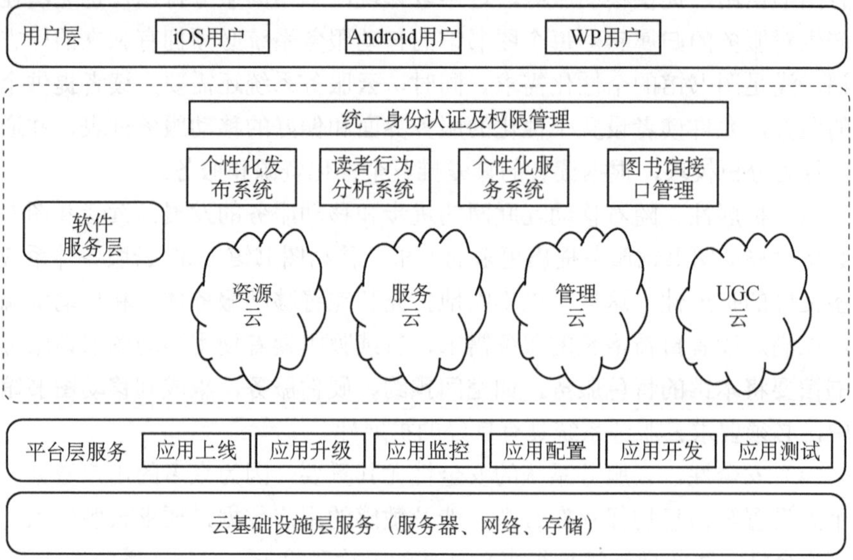

图 5.12　移动图书馆 SaaS 服务架构

1）统一身份认证及权限管理

由于移动图书馆服务系统的功能众多，加之云服务模式可能有众多外接的资源系统和服务系统，要求 SaaS 云服务平台具有统一身份认证模块，能够实现单点登录，以及用户权限控制。单点登录（single sign-on，SSO），是指在多个应用系统中，用户只需要登录一次就可以访问所有相互信任的应用系统。SSO 是一个用户认证的过程，允许用户一次性进行认证之后，就可以访问系统中不同的应用，而不需要访问每个应用时，都重新输入密码。IBM 对单点登录有一个形象的描述“单点登录、全网漫游”。常见的单点登录模型方案[①②]有 Broker-Based SSO 模型、Agent-Based SSO 模型、Token-Based SSO 模型、Gateway-Based SSO 模型、Agent & Broker-Based SSO 模型和 SAML-Based SSO 模型。张洋洋[③]基于 SAML 改进的单点登录模型实现了 SaaS 平台的单点登录功能。

2）个性化发布系统

根据第 4 章的研究结果，目前国内移动图书馆系统的个性化较差，例如，所有使用超星移动图书馆系统和书生移动系统的图书馆均采用同一个客户端，用户登录之后甚至连图书馆的标志都没有，难以满足图书馆的个性化需求。随着移动服务的深入发展，图书馆必将对移动图书馆服务品牌的个性化提出更多的要求。

在移动图书馆 SaaS 架构中，配置有客户端的个性化发布系统，满足图书馆打造个性化服务品牌的需求，功能示意图如图 5.13 所示。SaaS 云服务系统应提供不同页面风格（例如，大图标按钮、类似菜单功能等）供图书馆选择，图书馆可以根据系统要求（例如，图片的大小、颜色和像素）提供图书馆标志，选择相应的功能模块（未来选用不同的功能模块，意味着不同的服务费用，图书馆可以自身需求进行选择）和各项功能模块显示的顺序，修改服务帮助内容（包括如何使用移动图书馆、遇到问题如何寻求帮助、服务电话等）后，即可进行移动图书馆客户端的个性化发布。每家图书馆都可以生成具有图书馆特色的客户端应用，打造图书馆的移动图书馆服务品牌，并同步在苹果应用商店、安卓商店等进行应用更新，提示用户更新至最新的客户端应用版本。

3）读者行为分析系统

移动图书馆 SaaS 云服务系统将移动服务的应用以服务的形式，可以同时为众多图书馆提供移动服务。由于所有读者都访问云端的资源和服务，具有明显的读者数量优势，借助读者访问系统和使用各项服务所产生的访问数据和日志，可以为移动用户行为分析提供良好的数据基础。读者行为分析系统功能示意图如图 5.14 所示，分为读者行为分析系统和移动资源推荐系统两部分，不仅可以分析本机构读者的行为，同时可以分析云服务系统读者的行为，

---

① 任传伦. 分布环境下身份认证和授权管理的研究. 北京邮电大学博士学位论文，2007.

② 徐亮亮. 基于 PKI 的 Web 单点登录系统的设计与实现. 中南大学硕士学位论文，2010.

③ 张洋洋. SaaS 架构设计及单点登录技术研究. 东北大学硕士学位论文，2011.

并为后续的资源推荐提供数据基础。依托积累的海量用户访问数据，可以进行读者检索行为分析、移动服务偏好分析和资源使用偏好分析，并可以根据读者类型，进行移动服务使用情况分析。同时，根据读者访问资源的日志，可以开展读者的个性化推荐，例如，查看该电子图书的读者还阅读过哪些电子图书，以及根据读者以往的阅读兴趣，进行相关的聚类资源推荐。

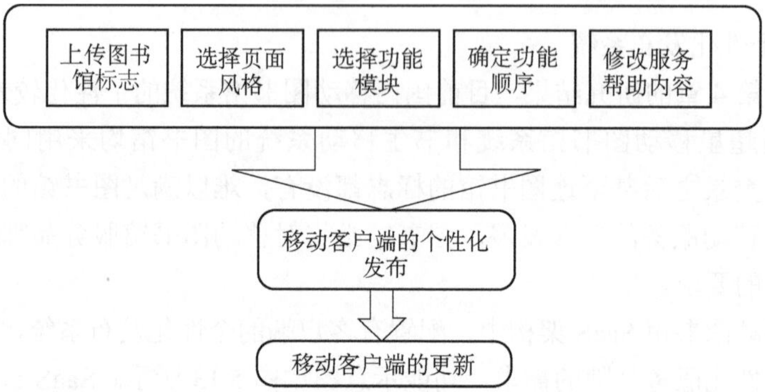

图 5.13　移动图书馆个性化发布系统

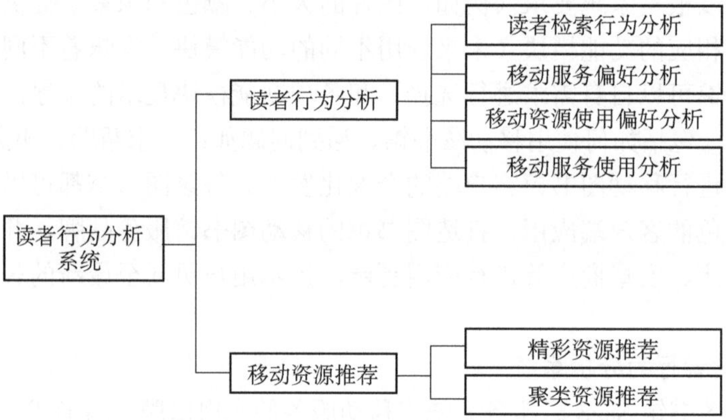

图 5.14　读者行为分析系统

4）个性化服务系统

尽管移动云服务系统为读者提供了丰富的移动服务和海量的移动资源，但是读者对于个性化服务系统仍然充满期待。移动图书馆 SaaS 服务系统的个性化服务包括收藏夹、学习/阅读记录、个性化服务页面、资源订阅服务、借阅记录和扫描历史等，以满足读者的个性化学习和文献利用需求。

“收藏夹”指读者可以对于感兴趣的电子图书、视频、学术论文等资源进行收藏，以便下次迅速定位和阅读。“学习/阅读记录”是指读者使用移动客户端的学习和阅读记录，记录读者的学习和阅读历程。“个性化服务页面”提供个性化设置功能，允许读者设置主页面显示的功能模块，以及功能模块的顺序，对于不喜爱的功能可以选择屏蔽，为读者提供一个个性化的服务界面。“资源订阅服务”是指读者通过关键词的方式订阅移动阅读资源，如果有最新的阅读资源，系统第一时间推送给读者；另外，读者还可以根据喜好订阅系统的各类资源包。“借阅记录”是指读者可以通过客户端查询当前借阅记录、历史借阅记录、超期信息、超期违约金等。“扫描历史”是指读者可以查看查询扫描二维码和条形码的历史。

5）图书馆接口管理

移动图书馆 SaaS 服务系统要实现用户登录、查询馆藏、查询读者借阅记录等功能，必须与图书馆的集成管理系统进行数据交换，功能实现的方式有数据接口和网页分析两种。网页分析方法的优点是不需要图书馆的技术力量参与，所有工作均由云服务平台提供商承担，但是该方法的缺陷是服务不够稳定，需要定期的技术监控和维护。如果图书馆的 OPAC 等页面发生变化，需要重新设置程序以提取网页中的数据。相对而言，采用数据接口的实现方式则更为稳定和高效，虽然第一次的程序编制工作量较大，但后续的维护工作量较少，无需定期的技术监控，数据接口服务更加稳定。

数据接口是指由图书馆提供其用户登录、OPAC 系统、个人图书馆、空间预约、硬件预约等相关功能的接口，包括用户登录接口（可以根据图书馆账号和密码，验证是否为该图书馆的合法用户，返回登录是否成功标识）、馆藏查询接口（可以通过关键词和相关字段组合查询相关的纸本资源，显示为馆藏图书的题录信息，包括书名、作者、出版社、出版年、索取号、馆藏数量、可借数量等）、纸本的详细页面接口（可以根据纸本图书的馆藏号，查询图书的详细信息，包括相关的藏书情况、所在校区、复本的各个状态、是否在架、是否可借、是否可预约等）、预约接口（可以根据图书的流水号、读者证号、密码去预约图书。接口可以自动去验证该书是否能过预约和自动验证用户的合法性，返回对应的状态）、续借接口（可根据纸本馆藏号、读者证号、密码去续借纸本、接口自动去验证纸本或用户是否服务续借规则和用户的合法性，返回对应的续借操作是否成功状态标识）、研修室预约接口（根据图书馆研修室的使用状态，进行空间服务预约）和预借笔记本接口（根据图书馆笔记本电脑的使用状态，进行笔记本电脑的预约）。

6）UGC 云

用户原创内容[①]（user generated content，UGC），是伴随着以提倡个性化为主要特点的 Web2.0 概念而兴起的。随着互联网运用的发展，网络用户的交互作用得以体现，用户既是网络内容的浏览者，也是网络内容的创造者，即用户将自己原创的内容通过互联网平台进行展示或者提供给其他用户。

移动图书馆领域中的 UGC 主要是读者对于纸本图书和电子图书的书评等内容。随着互联网学习和移动阅读的不断推进，书评已经成为读者之间重要的交流渠道，分享书评成为读者展示自我的一个途径。书评是读者对书籍的独特见解和读后感，属于原创性文学作品。书评不仅是读者阅读的感受，同时可以作为其他读者阅读图书的重要参考；通过书评，还可以加强读者之间的交流和互动，营造在云服务环境下读者分享与交流的新型环境。在移动图书馆 SaaS 云服务模式下，不仅可以实现同一个图书馆内的读者交流，还可以促进不同高校图书馆之间的读者互动，打造全新的网络交流社区。随着移动图书馆服务的普及，书评等 UGC 内容将成为移动图书馆的重要原创内容。此外，基于相似的阅读兴趣形成不同的读书圈，满足读者的社交需求，帮助图书馆建立用户阅读社区，使用户之间产生共鸣，并基于阅读兴趣进行传播，从而强化用户对移动服务的忠诚度，提升移动阅读的用户黏度。

书评已经成为图书馆重要的 UGC，随着阅读推广的深入开展，高校图书馆也纷纷发力开展书评资源建设，成效显著。例如，重庆大学图书馆提出“以书评促进阅读”的理念，自 2011 年起将书评纳入借阅流程，加入虚拟书会友的读者在借阅图书后必须发表书评。截止到 2015 年 5 月底，图书馆已经积累原创书评 158 730 条，其中精品推荐书评 12 740 条。移动图书馆 SaaS 云服务的 UGC 云可以通过数据接口的技术手段有效整合各个图书馆和其他网站（如豆瓣、京东和当当等）已有的书评资源，从而进一步丰富书评内容，打造书评资源丰富的 UGC 云中心。读者在检索馆藏图书和浏览电子图书的同时，就可以查看和阅读其他读者对当前图书馆的书评内容，当然读者也可以在移动图书馆平台发表自己的书评。

7）资源云

现有的移动资源体系主要存在移动资源容量偏少、文献类型不够丰富、资源商与图书馆的合作较少等问题，仅仅依靠移动平台商的数字资源，难以满足移动用户对于丰富移动资源的需求。移动资源体系的构建须吸纳云服务

① UGC. http：//baike.baidu.com/subview/713949/9961909.htm.

理念，运用云服务技术，加强图书馆与资源商的合作，共同搭建移动资源云服务系统。移动图书馆 SaaS 云服务系统的资源云架构是一个开放的资源体系，如图 5.15 所示，资源云服务系统可以集成移动平台提供商的资源、图书馆的特色资源，以及其他数字资源商的数字资源，为读者提供集电子图书、学术论文、视频、有声读物、报纸、图片等于一体的丰富的移动资源服务。

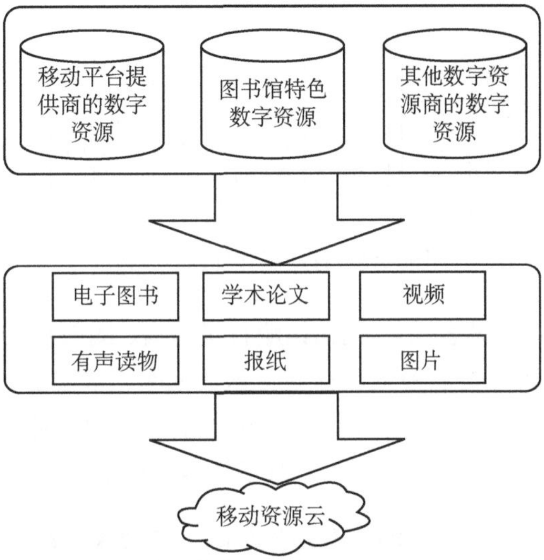

图 5.15　移动图书馆 SaaS 服务系统的资源云

要打造移动资源云，除了服务平台提供商自带的数字资源外，还需要集成其他数字资源商的数字资源和图书馆的特色资源。目前有两种集成方式可以采用，分别是元数据和链接 APP。元数据方式是指将待集成的数字资源的元数据提交至移动图书馆的统一检索平台，读者通过一站式的检索平台检索各类数字资源，在访问全文的时候进行用户身份认证，由数字资源提供商提供全文内容，类似于目前资源发现系统的实现方式。第二种方式为链接 APP，这种方式的前提是数字资源提供独立的 APP，并且读者已经安装了该数字资源的 APP。移动图书馆云服务平台只提供数字资源 APP 的链接，并自动打开读者智能终端的 APP，满足读者检索和获取数字资源的需求。从读者使用的角度来看，元数据集成方式更加方便读者使用，无需读者安装过多的 APP，读者的使用体验更佳。

8）服务云

在移动图书馆 SaaS 架构下，服务体系由学习资源类服务、读者交互类服务、图书馆指南、信息推送服务、个性化服务、移动技术应用类服务、学习与科研支持服务组成，如图 5.16 所示。移动服务体系的设计充分考虑了移动终端的特性（具有 GPS 模块和照相功能），利用已有的各类移动技术，满足读者使用移动终端享受图书馆各项创新移动服务的需求。

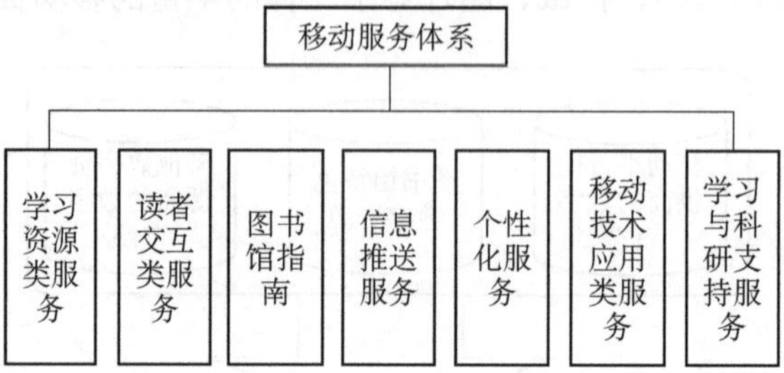

图 5.16　移动服务体系示意图

学习资源类服务见表 5.3，包括馆藏目录检索、图书预借、电子书刊阅读、音频/视频资料、数字资源检索、移动文献数据库、数字资源阅读、数字资源下载、数字文献传递、扫描二维码下载电子书等十项服务，满足移动用户通过移动客户端对于图书馆馆藏资源和数字资源的检索与获取需求。

表 5.3　移动图书馆服务体系之学习资源类服务

序号	移动服务名称	移动服务说明
1	馆藏目录检索	通过题名、作者、出版社等检索途径，检索图书馆的馆藏目录，查询图书的馆藏状态
2	图书预借	读者在检索到需要的图书后，通过移动终端实现预约借阅，并及时在图书馆前台办理借阅手续
3	电子书刊阅读	检索与阅读电子图书和电子期刊
4	音频/视频资料	检索音视频资源，并收听有声读物等音频，观看视频
5	数字资源检索	一站式数字资源集成检索平台，提供丰富的检索字段和高级检索功能
6	移动文献数据库	检索各类文献数据库
7	数字资源阅读	数字资源的在线阅读
8	数字资源下载	数字资源的在线下载
9	数字文献传递	由于版权的限制，对于部分无法在线阅读和下载的数字文献，通过文献传递的方式，将数字资源发送至读者的邮箱
10	扫描二维码下载电子书	扫描电子图书的二维码，即可将对应的电子图书下载至移动客户端

“图书预借”是一项创新服务，读者通过移动终端检索到可借图书后，即可申请预借，预借成功后读者就可以到图书馆服务台办理借阅手续。考虑到部分文献数据库未开通移动访问服务，对于无法通过移动终端直接阅读和下

载的电子文献，“数字文献传递”可以满足读者对此类数字文献的使用需求。“扫描二维码下载电子书”服务则充分利用智能手机都配有摄像头的功能特性，将热门电子图书通过二维码的形式进行推广，读者只需要扫描二维码，即可将对应的电子图书下载至移动客户端。

读者交互类服务见表 5.4，包括参考咨询服务、读者留言、SNS 服务、社交网站访问链接、推荐购书、查找附近书友等六项服务，满足读者与读者、读者与馆员之间的交流和互动。“参考咨询服务”和“读者留言”提供读者与馆员之间的交流功能，读者不仅可以对图书馆的各项服务提出建议和意见，在使用图书馆各项服务遇到问题时，还可以通过客户端与馆员进行交流，满足读者随时随地咨询馆员的服务需求。近年来，图书馆都非常重视社交网站服务，如微信、微博等，在移动客户端通过“社交网站访问链接”功能提供这些服务的链接，供读者随时点击使用，增强不同服务之间的链接。“推荐购书”同样是一项人性化的服务，读者在书店查找图书的同时，扫描条形码即可查询图书馆是否拥有馆藏，如果没有，即刻推荐购买，方便读者随时随地推荐购书。“SNS 服务”和“查找附近书友”满足读者之间的交互需求。“SNS 服务”是 Web 2.0 时代读者喜爱的服务，读者不仅可以针对喜爱的图书发表书评，还可以将精彩内容通过微信、微博和短信进行分享。“查找附近书友”是一项有趣的移动服务，打开移动图书馆客户端，即可查找附近同样安装客户端的书友，不仅可以添加好友，还可以相互交流和互动。

表 5.4　移动图书馆服务体系之读者交互类服务

序号	移动服务名称	移动服务说明
1	参考咨询服务	提供电话、邮件、实时等多种参考咨询服务
2	读者留言	读者对移动图书馆进行留言和反馈
3	SNS 服务	包括图书评论、微博、内容分享等功能
4	社交网站访问链接	提供各类社交网站的链接，方便读者使用
5	推荐购书	读者直接填写题录信息或扫描图书条码，向图书馆推荐购书
6	查找附近书友	查找附近同样安装有移动客户端的书友

图书馆指南、信息推送类服务、学习与科研支持类服务见表 5.5 所示，包括开放时间、读者指南、通知与公告、短信息服务、书刊推介、优秀 APP 推荐、空间服务预约和硬件服务预约等八项服务。“通知与公告”是一项基础服务，满足读者通过移动终端查询图书馆各项通知和公告的需求，应按照活动时间、活动类型、用户群体等进行细分，以便用户查询。“优秀 APP 推荐”是指图书馆馆员为读者收集和推荐的各类学习类 APP，可以有效地提升读者

的学习和科研效率，如EndNote、Notability、GoodReader、Pages、Numbers和Keynote等。“空间服务预约”和“硬件服务预约”是图书馆近年来的创新工作，如果能通过移动终端查询和预约，对于读者来说非常方便。读者可以通过这两项服务查看图书馆的空间服务和硬件资源的供应情况和当前使用情况，并对空闲的研修室、阅览座位、会议室、笔记本电脑等资源进行预约。

表5.5 移动图书馆服务体系之指南、信息推送、学习与科研支持类服务

移动服务类型	序号	移动服务名称	移动服务说明
图书馆指南	1	开放时间	查看图书馆的开放时间
	2	读者指南	图书馆使用指南，包括读者导引、到馆路线、FAQ、联系我们等
信息推送类服务	3	通知与公告	查看图书馆的通知与公告
	4	短信息服务	手机短信息服务，包括预约提醒、到期提醒、通借通还服务提醒等
	5	书刊推介	新书通报、热门推荐、馆员推荐等
学习与科研支持服务	6	优秀APP推荐	推荐各类学习类优秀APP
	7	空间服务预约	预约图书馆的空间服务，包括研修室、阅览座位、会议室等
	8	硬件服务预约	预约图书馆的硬件服务，包括笔记本电脑、平板电脑等

个性化服务见表5.6，包括我的图书馆、订阅功能、读者证挂失、学习/阅读记录、个性化服务页面设置等五项功能，满足读者的个性化服务需求。“读者证挂失”是指读者丢失了借阅证，通过客户端第一时间进行挂失，及时冻结借阅权限，避免因证件丢失造成图书误借。

表5.6 移动图书馆服务体系之个性化服务

序号	移动服务名称	移动服务说明
1	我的图书馆	包括借阅历史、当前借阅、预约、续借、收藏夹、检索历史、浏览历史、扫描历史等
2	订阅功能	关键词订阅资源、RSS订阅、订阅期刊、讲座订阅、报纸订阅等
3	读者证挂失	通过移动客户端挂失读者证
4	学习/阅读记录	记录读者在移动客户端的学习和阅读记录
5	个性化服务页面设置	设置页面风格、功能模块和排列顺序等

移动技术应用类服务见表5.7，包括位置服务、增强现实、NFC、扫描条码、二维码借阅证、停车位查询/预约等六项服务。增强现实是一种实时地计算摄影机影像的位置及角度并加上相应图像的技术。付跃安[①]提出了移动AR技术在图书馆中的五种应用，分别是提供图书馆指引服务、实现图书定位、

① 付跃安. 移动增强现实（AR）技术在图书馆中应用前景分析. 中国图书馆学报，2013，39(3)：34-39.

提升阅读体验、开展信息推送、促进馆藏资源的开发和利用。NFC 又称近距离无线通信，是一种短距离的高频无线通信技术，通过在 NFC 芯片上集成感应式卡片、感应式读卡器和点对点通信的功能，能够在较短距离内与相关设备通信，达到识别和数据交换的目的。随着技术的发展和推进，NFC 将广泛应用于图书馆的手机读者证、信息推送、数据传输和移动支付等方面[①]。“停车位查询/预约”服务非常适用于公共图书馆，读者在来馆之前查询停车位情况，以便决定是否开车前往。

表 5.7 移动图书馆服务体系之移动技术应用类服务

序号	移动服务名称	移动服务说明
1	位置服务	包括查找最近的图书馆、图书馆导航、交通引导、书架导航等
2	增强现实	提供图书馆指引服务，实现图书定位，提升阅读体验，开展信息推送等
3	NFC	手机借阅证、手机支付等服务
4	扫描条码	扫描条码查询馆藏
5	二维码借阅证	智能手机生产二维码，并可作为读者借阅证
6	停车位查询/预约	查询图书馆当前的停车位使用情况，并进行预约

9）管理云

管理云主要满足移动服务的管理职能，包括租用单位管理、图书馆管理、资源管理、服务管理、用户管理等。作为云服务使用单位的图书馆来说，主要管理功能有推送信息管理、用户管理、服务统计等。推送信息管理以对移动图书馆的客户端进行消息推送，例如，重大事件通知或开放时间更改等，可以在第一时间被推送至用户终端。图书馆管理员还可以进行用户管理，查询用户的信息及服务使用情况。服务统计不仅包括本单位总访问量、读者登录次数、APP 启动量、APP 安装量等，还有读者各项移动服务的使用统计。管理员可以看到读者对图书的所有评价，可以按照图书名称或评论标题来查看，同时可以看到每一个评级的详细内容，还可以针对所有评价进行删除。

① 刘淑萍. NFC 技术与图书馆服务创新. 图书情报工作，2014，58（16）：91-95.

第6章

移动图书馆云服务运行机制与管理模式研究

6.1 移动图书馆云服务运行机制研究

6.1.1 移动图书馆云服务安全机制

对于移动云服务系统而言，安全性是最重要的质量属性。对于云平台提供商来说，能否提供完备的安全保障是决定云服务系统成败的决定性因素。对于图书馆来说，安全性则是其选择云服务系统的重要决策依据。云计算在提供方便易用与低成本特性的同时也带来了新的挑战，安全问题首当其冲，云安全已成为制约云计算发展的关键因素之一。移动图书馆云服务平台规模较大，同时为众多图书馆提供云服务，存储了海量的用户数据和文献资源，云服务系统本身的开放性，也给云服务系统的安全带来一定的复杂性，除了面临传统的计算机安全问题外，还面临云计算技术带来的特有的安全问题。能否确保云服务平台的完整性和保密性，在很大程度上影响着图书馆使用移动图书馆云服务系统的意愿。

1. 云计算平台的安全体系架构

云计算安全是云计算服务提供商和云计算用户之间共同的责任，两者之间的责任界限取决于所采用云计算模式的类型。在不同云计算服务模型中，提供商和用户的安全职责有很大的不同①。IaaS 提供商主要负责为用户提供基础设施服务，所以云计算基础设施的可靠性、物理安全、存储安全、系统安全、环境安全是云服务提供商的职责范畴，而用户则负责与 IT 系统相关的安全控制，包括操作系统、应用程序和数据。PaaS 提供商主要负责为用户提供简化的分布式软件开发、测试和部署环境，云服务提供商除了负责底层基础设施的安全外，还有操作系统、接口等安全职责，而用户则负责应用和数据的安全。SaaS 提供商将软件作为服务，则需要保障其所提供的 SaaS 服务从基础设施到应用层的整体安全，不仅负责物理和环境安全，还必须解决基础设施、应用和数据相关的安全控制。不同的云服务模式的安全关注侧重点不同，IaaS 关注基础设施安全，PaaS 关注平台运行安全，SaaS 关注应用安全。同时这三种云服务模式也有共有的安全问题，如数据安全、密钥管理、身份识别和访问权限、安全事件管理、业务连续性与稳定性等。

王惠莅等②通过对目前 IaaS、PaaS、SaaS 三种云计算服务模式中存在的安全问题进行分析，提出了云计算平台的安全体系结构，如图 6.1 所示。

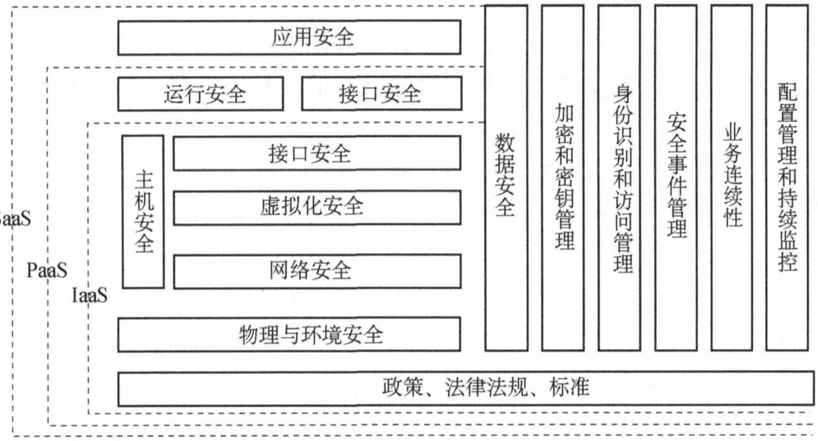

图 6.1　云计算平台的安全体系架构③

① 雷万云. 云计算技术、平台及应用案例. 北京：清华大学出版社，2011.

②③ 王惠莅，杨晨，杨建军. 云计算安全和标准研究. 信息技术与标准化，2012，(5)：16-19，27.

IaaS 层的安全主要包括物理与环境安全、主机安全、网络安全等。物理与环境安全主要包括两个方面：一是指保护云计算平台免遭地震、水灾、火灾等事故及人为行为导致的破坏；二是为云服务供应商的数据中心设施的安全设计和运维进行管理，建立严格的管理规程。云服务依靠互联网提供服务，云服务提供商在网络安全方面应提供防火墙、防毒墙、入侵检测和防护系统等安全措施。在主机安全方面，应提供对操作系统的安全加固、病毒防范、入侵检测及防护功能，同时应加强对操作系统的日志管理和监视。IaaS 服务提供商应保证数据中心的运行连续性，涉及的技术有负载均衡技术、群集技术和系统高稳定技术。

PaaS 层的安全主要体现在保障用户的业务应用系统的安全部署和安全运行上。运行安全主要包括对用户应用的安全审核、不同应用的监控、不同用户系统的隔离、安全审计等。接口安全指采取相应的安全措施，来确保接口的用户认证、加密和访问控制的有效性，避免利用接口对内和对外的攻击，避免利用接口进行云服务的滥用等。

SaaS 层的安全主要包括应用安全和共有安全。在云计算中对于应用安全，尤其需要注意的是 Web 应用的安全。要保证 SaaS 的应用安全，要在应用的设计开发之初就充分考虑到安全性，应该制定并遵循适合 SaaS 模式的 SDL（安全开发生命周期）规范和流程，从整个生命周期来考虑应用安全。

2. 移动图书馆云服务安全机制与策略

图书馆在选用移动图书馆云服务解决方案时，必须将安全问题放在重要位置，因此，云服务安全关系到云服务系统的可持续发展。前面提到，在不同的云服务模式下，云服务提供商和图书馆所承担的安全职责有所不同。只有明确职责，依靠双方的共同努力，各司其职，才能从云系统安全、云物理安全、云网络安全、虚拟化安全、云应用安全、云管理安全等方面完善移动图书馆云服务的安全机制①。对于移动云服务使用单位的图书馆而言，可以从如下四个方面制定移动图书馆云服务的安全策略。

首先，图书馆要选用可信的移动云服务提供商。选择云服务提供商之前，须进行信息安全风险评估，选用一个可信的云服务提供商。基于云计算的信息安全风险评测方法②是对云计算文档信息、软件信息、应用云计算平台、云安全设施、云存储设施等云计算平台上的所有资源进行分类列表，并根据资

① 黄兰秋. 基于云计算的企业竞争情报服务模式研究. 南开大学博士学位论文，2012.

② 张建中，钟慧敏. 基于云计算的图书馆云服务及其安全问题浅析. 高校图书馆工作，2012，32（2）：67-69.

源对评估信息系统的重要程度对这些资源赋值、威胁识别和脆弱性识别。另外，加强对云服务提供商的信誉、企业实力和安全措施的考察，选用可信的云服务提供商，是降低移动图书馆云服务建设和运营风险，确保读者对移动服务满意度的有效保障①。图书馆应考察云服务提供商的商业信誉、企业实力和安全措施，确保提供商具有能够持续、优质地履行云服务租赁合同的信誉与实力，能够有效抗拒云服务的安全风险，保证用户隐私不被泄露和窃取。另外，应根据移动图书馆的业务与安全需求，定期对云服务提供商进行安全性综合评估，及时更新安全服务协议内容，确保云服务平台服务满足图书馆云应用发展的安全需求。

其次，加强移动云服务平台访问的认证和授权。在云计算环境下的用户身份认证对于数据安全起到至关重要的作用，须保证只有通过认证的授权用户才能访问资源云中的相应的信息资源②。身份管理和访问控制的安全性和可靠性，是保障在云计算环境下移动图书馆云服务平台安全的有效措施。访问安全认证可以通过单点登录的统一身份认证结合特权管理基础设施 PMI 权限控制技术严格控制不同的用户对资源的访问权限，对图书馆用户角色进行合理的权限划分和管理，例如，区分图书馆用户、管理员和服务提供商的权限，以保证图书馆数据与服务的安全。对移动云服务系统访问者的用户身份进行认证与操作权限分配，主要认证对象为读者、合法用户、云服务提供商管理员、云图书馆管理员和非法攻击者，防止非法用户获取相应的访问权限。

再次，加强数据传输、用户数据安全与隐私保护。在数据的安全传输方面，为确保在云计算环境下数据存储和传输过程中不被丢失、窃取与篡改，无论是终端用户还是存储服务提供商，使用数据加密技术和数字签名认证技术可以有效地保证数据的完整性和隔离性。用户数据，包括读者的姓名、学号、身份证号、学院、专业、电话号码、访问密码等信息，都需要保证足够的安全性，以免被窃取而造成数据和隐私泄露。建议不要在云存储端保存全部完整的用户数据，仅保存系统必需的字段（如学号、专业、电话号码等），读者的详细信息（如密码、身份证号、学院等）尽量通过标准的数据接口的形式实时获取。同时，读者的借阅记录，以及在移动服务系统中的阅读记录与浏览记录等均属于读者的个人隐私，图书馆须在云服务协议中增加相应的约定，要求仅作相应的统计功能用途，云服务提供商不得向第三方提供读者

① 马晓亭，陈臣. 云计算环境下图书馆 IaaS 平台的技术架构与安全策略. 图书馆理论与实践，2012，(11)：1-3，20.

② 王长全. 云计算环境下数字图书馆信息资源安全策略研究. 情报杂志，2010，(3)：184-186.

的隐私数据。

最后，加强数字文献的访问监控，防止移动文献资源的滥用，保护移动资源的知识产权。在云服务环境下，文献资源的利用突破了传统数字图书馆的 IP 限制和地域限制，读者只需要拥有智能手机和合法账户，即可在任何地点通过移动终端使用移动文献资源，需在满足读者日常使用的前提下，谨防文献资源的过度使用，最大限度保护数字文献的知识产权。图书馆应该在移动服务系统中有文献资源利用和知识产权保护的提示和告知，以提升读者的版权意识。另外，移动云服务系统必须具有资源访问的实时监控功能，随时监控读者下载文献资源的日志，对于同一读者短时间内大批量下载文献的情况，必须有预警处理机制，在预警阈值达到之前及时提示读者，甚至在接下来的短时间内冻结其下载权限，以促进读者遵守移动文献的知识产权保护条例。

6.1.2 移动图书馆云服务生态机制

1. 云计算系统的生态机制

生态系统（Ecosystem）是指在一定区域中共同栖居着的所有生物（即生物群落）与其环境之间由于不断进行物质循环和能量流动过程而形成的统一整体①。Alexander Lenk 等②将生态系统的概念引入到云计算领域，并提出了云生态系统（Cloud Ecosystem）的概念，认为云生态系统就是云计算技术服务，以及服务提供者所处的更为繁复的环境。其后，更多的研究机构和学者对云计算生态系统的构成要素进行了探索。国际电信联盟远程通信标准化组织认为云计算生态系统包含云服务用户（CSU）、云服务提供者（CSP）和云服务参与者（CSN）三种角色。王伟军等③提出，云计算生态系统又称为云计算产业生态系统，它以云计算技术为基础，以商业价值创造为核心，由云计算产业链上各方利益相关者共同参与形成的共生平台，它包含用户、政府、软硬件提供商、运维服务商、经销商、金融服务商、科研机构等多种角色，种群多样性是其形成的主要标志。在生态链的层面上，云计算生态系统以云计算

① 奥德姆，巴雷特. 生态学基础. 陆健健，王伟，王天慧，等译. 北京：高等教育出版社，2009.

② Lenk A，Klems M，Nimis J，et al. What’s Inside the Cloud? An Architectural Map of the Cloud Landscape. Proceedings of the 2009 ICSE Workshop on Software Engineering Challenges of Cloud Computing. IEEE Computer Society，2009.

③ 王伟军，刘凯，鲍丽倩，等. 云计算生态系统计量研究：形成、群落结构及种群边界. 情报理论与实践，2014，37（9）：11-15，25.

技术产生的价值为推动力，以商业利益为纽带，尽管存在众多相互交织的生态链闭合成环，但其整体却是开放的，它既允许契约式个体也允许非契约式个体的加入，随着信息化水平的逐步提高，准入门槛在不断降低。

Larry Carvalho①将云计算生态系统划分为八个角色，分别为云服务消费者、独立软件开发商、技术提供商、系统集成商、咨询服务商、创业公司、云服务提供商、软件栈提供商，如图 6.2 所示。

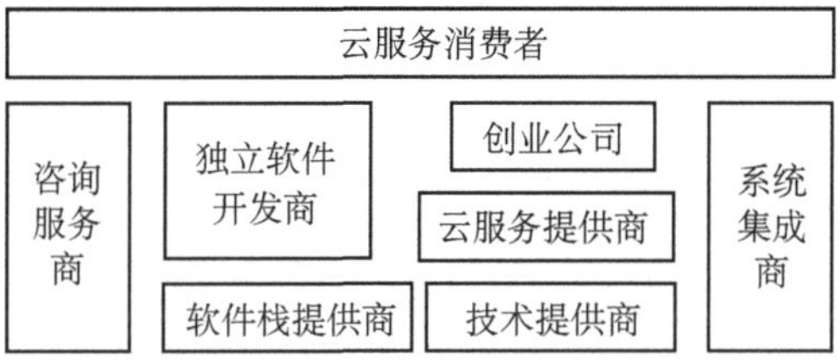

图 6.2　云计算生态系统

云服务消费者进一步分为个人消费者、中型消费者和大型消费者三类。云服务提供商是云计算服务的载体，也是云计算产业生态系统中的核心，只有构建了云服务平台，其他角色才能获取云计算产业链的价值。独立软件开发商希望通过云带来新的盈利资金流，提供多租户的能力享受规模经济带来的效益。他们在云服务提供商的基础平台上提供了“百花齐放”的增值服务补充，对底层平台也有一定的需求，包括可靠的托管服务、企业到企业（E2E）平台、平台的弹性、计费能力及商业灵敏性等。技术提供商提供一些新的技术，软件栈提供商提供通用的软件栈，为云服务提供商提供可用的技术和产品。咨询服务商和系统集成商可以帮助云服务提供商构建云服务的商业模式和服务平台，同时也可为云服务的消费者提供咨询和集成，采取最佳的方案实现 IT 基础设施向云的迁移及互操作。创业公司是一种特殊的角色，他们既要使用服务提供商提供的云服务，同时也是云计算产业中新技术和新服务的创新来源，占有重要的地位。他们需要一个带有计费能力的整合的云平台及低成本进入门槛，通过多租户模式实现市场分享。

2015 年 2 月，商业伙伴咨询机构②发布了《2014—2015 中国云计算生态系统白皮书》，全面阐述了云计算服务在政府行业、教育行业、能源行业、金融行业、制造行业和医疗行业的应用现状，并在白皮书中提出了云计算生态

① Carvalho L. Your Position in the Cloud Ecosystem. 7th Cloud Computing Conference & Expo，2010.

② 中国云计算生态系统白皮书（2014-2015）. http://www.chinacloud.cn/upload/2015-02/15020210251575.pdf.

系统模型，如图 6.3 所示。

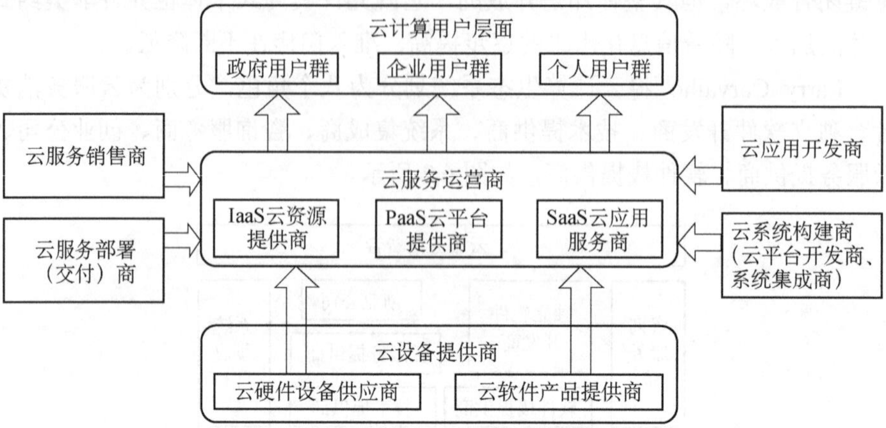

图 6.3　云计算生态系统模型

云计算生态系统模块将云计算生态链分为七大角色，分别为云设备提供商、云系统构建商（云平台开发商、系统集成商）、云应用开发商、云服务运营商（IaaS 云资源服务提供商、PaaS 云平台提供商、SaaS 云应用服务商）、云服务部署（交付）商、云服务销售商和最终用户。

云设备提供商面向全生态系统提供软硬件设备，包括云硬件设备供应商和云软件产品提供商。众多的服务器、存储硬件厂商，数据库、安全等软件产品厂商及网络设备厂商都希望通过云计算平台将自己的产品推广到云计算服务提供商，为各类企业提供服务。

云系统构建商面向云服务运营商提供系统搭建服务，包括云平台开发商（提供云计算平台实现所需的相关技术及软件）和云系统集成商（将软硬件设施相连接，提供云计算平台建设的解决方案）。硬件系统集成商搭建云计算数据中心的硬件系统，即传统的硬件商。软件系统集成商负责云计算系统的软件集成业务。云应用开发商面向云服务运营商提供应用开发服务，为云应用服务商开发及提供云计算应用软件及解决方案，大致可分为通用应用软件开发商和行业应用软件开发商。通用应用软件开发商为云计算系统开发通用类应用软件，如 OA、协作、CRM 等。该类应用软件无明显行业特征，通常可适用于各类行业的用户。行业应用软件开发商为云计算系统开发行业类应用软件，如银行、医疗、商超、交通等。该类应用软件具有明显的行业特征，不适用于其他行业的用户。

云服务运营商面向全生态系统及用户提供基础云服务，包括 IaaS 云资源服务提供商、PaaS 云平台提供商及 SaaS 云应用服务商。云服务运营商是云生态系统中真正意义上的面向终端客户实现交付的渠道类型。同时，云服务运营商还可为其他云渠道角色如云服务部署商提供支持，从而为客户提供更灵活的服务（如混合云服务）。

云服务部署（交付）商面向最终用户提供云及增值服务交付，以云服务运营商提供的服务为基础，通过自身的增值（咨询、培训、定制开发等）服务，通过满足客户个性化的需求实现盈利。它通常包含云整合服务商、云应用培训服务商和云定制开发商三种角色。云服务销售商面向最终用户提供云服务订阅服务。云服务转售商以向客户提供标准的云服务订阅为盈利手段，与传统 ICT 市场中的零售商不同，云计算带来的交付方式的变化给转售商带来了最大的灵活性，无论是线上还是线下，只要拥有客户资源，即使本身没有任何 IT 服务能力，也可以成为云服务的转售商。

最终用户是云服务的最终归属地，是生态链的最终环节。在云生态链中，最终用户和传统 IT 生态链最大的不同，在于使用单位没有自建机房。最终用户主要包括政府用户，企业用户和公众个人用户。

2. 移动图书馆云服务生态系统

根据第 3 章的需求分析和第 4 章的架构研究，目前移动图书馆云服务的提供方主要有三种形式，分别为图书馆自主开发的移动服务系统、图书馆购买成熟的云服务平台、资源商开发的云服务平台。第一种为图书馆自主开发的移动服务系统，主要移动服务模式为移动网站和微信，图书馆自主研发的移动网站系统部署在商用的 IaaS 平台为读者提供移动 WAP 服务，或者是图书馆开发的微信系统部署在商用的 PaaS 平台为读者提供微信图书馆服务。第二种是图书馆购买成熟的云服务平台，例如，超星移动图书馆系统和书生移动图书馆系统，利用平台商的 SaaS 服务为读者提供移动网站和移动客户端服务。第三种则是资源商开发的移动云服务平台，为读者提供移动服务；部分资源商服务平台与图书馆进行合作并提供定制服务，例如，首都图书馆就有中国知网和读览天下合作，开发了面向首都图书馆读者专用的移动客户端产品——首图移动知网①和首图读览天下②。

在当前移动云服务生态系统中，主要存在的问题有资源商、图书馆和云

① 首图移动知网. http：//www.clcn.net.cn/special/mlibrary/donwload/clcncnki.html.
② 首图读览天下. http：//www.clcn.net.cn/special/mlibrary/donwload/clcndooland.html.

服务平台三者之间的协作太少，造成读者对移动服务的体验较差。试想一下，读者要使用不同文献数据库的移动服务，就必须安装不同资源商的移动客户端，这是多么可怕的事情。图书馆与数字资源商之间的合作较少。每家数字资源提供商纷纷通过推出各自的移动网站或移动客户端的方式，推广各自的移动资源服务，积极在移动服务领域占有一席之地。比如，中国知网推出的手机知网服务，主要是面向社会用户服务，服务模式就是按照用户下载篇数收取文献获取费用，难以实现为广大移动用户提供服务的目标。另外，移动云服务平台提供商几乎不与数字资源提供商开展合作，这与目前国内两大主流移动服务提供商（超星公司和书生公司）同为数字资源提供商有很大的关系，造成现有的云服务平台提供商的开放性较差，难以为读者提供丰富的移动资源，严重影响移动服务的读者体验。

要改进目前云服务生态系统存在的问题，提升读者的移动服务体验，须提出新的移动图书馆云服务生态系统，如图 6.4 所示。在新的生态系统中，有用户层、云服务运营商、移动数字资源提供商、移动数字资源集成提供商、云设备提供商、移动应用开发商等六个角色。

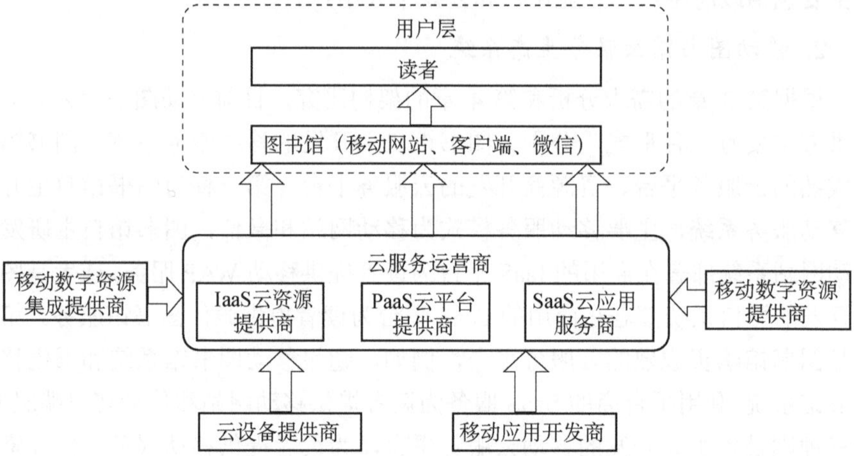

图 6.4　移动图书馆云服务生态系统

用户层包括图书馆和读者，读者是移动图书馆云服务的最终消费者和使用者，其使用的所有移动服务均由图书馆直接提供，移动服务模式包括移动网站、微信、客户端等。在此，不提倡数字资源商直接向读者提供移动资源服务，这种服务模式将影响读者对图书馆移动服务的认同感，难以体现图书馆的服务价值。

云服务运营商面向图书馆提供移动云服务的供应商，包括 IaaS 云资源提供商、PaaS 云平台提供商及 SaaS 云应用服务商。IaaS 云资源提供商和 PaaS 云平台提供商可以采用成熟的云服务产品，如新浪云、腾讯云、百度云等。Saas 云应用服务商指移动云服务提供商，如超星公司、书生公司等。

移动数字资源提供商是指向云服务运营商提供移动文献资源的服务商。为了丰富移动资源体系，必须引入数字资源提供商并让其发挥重要作用，以便为移动用户提供类型丰富、海量的移动资源，满足读者的移动阅读需求。除了移动数字资源提供商之外，未来还有可能出现移动数字资源集成商，通过集成数家资源商的数字资源，统一向云服务运营商提供资源服务，这样可以减少合作成本。在这种模式下，图书馆就无需与众多资源商进行商务沟通，直接与云服务提供商协商与约定即可，图书馆可以根据移动资源的使用量支付费用。移动应用开发商向云服务运营商提供各类移动应用，以进一步丰富移动服务体系，打造一个开放的移动服务体系。

3. 移动图书馆云服务运行机制

根据图 6.4 的移动图书馆云服务生态系统，要提供高质量的移动服务，需要图书馆、移动数字资源提供商、云服务运营商、移动应用开发商几方的共同努力。根据第 3 章的需求分析，可以看出目前数字资源提供商与服务运营商之间缺乏合同，必须提升数字资源提供商的积极性，因为它们是移动资源的提供方；同时，要提升图书馆的移动服务意识，移动资源的使用不太可能是免费的午餐，要为读者提供更好的移动资源服务，图书馆需要支付相应的费用，当然这个费用不太可能与目前数字图书馆的使用费用相当。作为数字资源提供商，不能漫天要价，毕竟目前移动资源访问不是图书馆的主流服务，移动用户通过移动终端获取和使用文献资源的使用习惯需要进一步培育。只有几方面共同努力，才可以营造移动服务的更好局面，在未来实现合作共赢。提供更多丰富的移动资源和移动丰富，才能吸引更多读者使用移动服务，同时，只有更多用户使用移动服务，图书馆才愿意在移动服务领域进行更多的经费投入。

在移动图书馆云服务运行机制中，必须首先落实各方的职责范围。图书馆作为移动服务的提供方，负责移动服务的管理、宣传与推广，同时保障图书馆管理系统同云服务系统的数据接口的稳定性和有效性。云服务运营商负责提供稳定的云平台服务，同时与移动数字资源提供商、移动应用提供商等进行合作，为移动用户提供丰富的移动资源和移动服务。移动数字资源提供商负责制作更多类型的、丰富的、适合移动终端使用的移动文献资源，并提供稳定的资源服务。移动应用提供商负责开发适合移动终端使用的各类应用服务，方便移动用户通过移动终端开展移动学习和移动阅读等。

要保持移动云服务的高效运行，推进移动云服务生态体系的可持续发展，还必须充分考虑移动云服务生态中的各个角色的利益，设计合理的移动服务费用机制，以提升各方的参与积极性。在目前的移动云服务运行模式中，图书馆向云服务运营商支付使用费用，没有考虑移动数字资源商的利益考虑。例如，重庆大学向读者提供的云服务有移动 WAP 网站和客户端服务，均使用的超星公司的移动图书馆云服务产品，图书馆向超星公司支付的费用约为 10 万元/年。移动云服务的服务费用机制可以采用两种模式共图书馆选择，第一种是根据移动资源和移动应用的选用量；第二种是根据移动资源和移动应用的使用量。在第一种模式下，移动云服务运营商提供资源列表和应用服务列表供图书馆进行选择，图书馆根据读者需求进行选择，同时根据资源和应用的选用量支付每年的服务费用。在第二种模式下，移动云服务运营商向图书馆开放所有的移动数字资源和移动服务应用，图书馆根据每年的移动资源和应用服务的使用量向运营商支付相应的费用。

6.2 移动图书馆云服务管理模式研究

6.2.1 云服务管理模式现状

云计算服务模式对于服务管理提出了新的要求，在云服务环境下，各自独立分离的运行模式不能支持云服务的展开，新的 IT 运行模式对传统的管理架构提出了挑战。管理是 IT 系统良性运行的重要保障，不同的 IT 设备都有自己的管理系统。特别是大规模数据中心，必须通过集中的管理系统来运行管理计算、存储、网络等设备，以能够快速响应和处理数据中心的业务变更、异常事件、持续优化。在云计算服务环境下云服务管理模式包括集中统一运行管理模式、双属性管理模式和三层式管理模式[①]。

① 云计算环境下数据中心管理运行探讨. http://www.cnii.com.cn/js/content/2012-07/20/content_994165.htm.

1. 集中统一运行管理模式

在集中统一运行管理模式下，云的操作管理平台能够对计算、存储、网络进行整合，在用户操作平面上形成单一的界面，在逻辑结构、运行结构上很清晰，管理层次少。这种结构虽然在一定程度上实现统一的业务部署、基础资源的自动化调度，但它的局限性很明显。不同的 IT 业务系统有其固有的专业性，网络、计算、存储各个系统的监控运行、故障处理、软硬件升级、容量与规划完全不同，要在一个管控系统中既做到业务的统一，又做到基础管理的全面，不仅对这个系统本身的规模、复杂性、功能性、专业性提出了挑战，而且对于支撑管理运行的团队，也在操作配合、知识体系、专业交叉上产生了巨大的复杂度。即使是一个厂家能够以极高的专业程度整合多个基础资源的运行管理到这样的统一系统，这个系统也必将非常巨大、复杂，其本身的运行维护也会存在极大困难。

2. 双属性管理模式

第二种管理模式是双属性管理模式，除了统一的运行管理平台，在计算、存储、网络各个系统中集成各自专业的管理系统。不仅可以简化统一运行管理平台的复杂度，又引入了传统成熟的运维管理方式，并分离了云计算的服务运营与基础架构管理，形成一个具备分工与协作的 IT 运行结构。但这种模式的不足在于，对底层物理设备而言，存在两套指令系统（供应云服务的统一管理平台和独立的运维系统），如果存在操作上的偏差，需要这两套系统之间预先定义或确定一个优先顺序，否则在某些条件下将导致因不同系统的指令冲突造成服务的异常。同时，对于基础设备来说，两套指令系统的调用接口或协议也可能完全不同，甚至由于当前标准化的不足，针对不同的云管理平台有不同的定制化要求，带来了基础设备运行与设计上的复杂。

3. 三层式管理模式

第三种模式是三层式管理模式，统一的云管理平台运行在一个逻辑层面，向云计算用户提供服务界面、云服务供应操作，不直接管理和操作底层设备。中间层是基础资源操作管理层，接收来自上层的云服务调用，并转换为针对底层设备的配置操作，中间层同时作为专业化系统对基础设备执行运行、维护、监管等功能。最下层为基础设备层面，是计算、网络、存储等基础云计算资源连通运行形成的物理层，接收来自上层的指令而运行和提供服务。

对于三层式模型，中间管理层统一了来自云服务管理平台的指令和自身的运维变更指令，形成一致的操作集下发，保证了操作的统一性。特别是对云计算而言，上层服务的部署、变化总是会涉及底层多个系统之间的相互关联性变化，例如，虚拟机动态计算的特点使得其网络位置发生变化，存储资源也会因为数据迁移产生位置变更，这都涉及计算、网络、存储各个对象之间的信息交互、协议通告、连接性检查等处理，以保证云服务的连续性与持续性。数据的流转与基础协议交互发生在第三个平面，但是在中间层不同资源的管理控制系统之间也主动进行信息传递。例如，虚拟机管理系统与网管系统之间交互计算迁移、状态与位置等信息，这使云服务的管理过程更为精确和可控，能够实现全部 IT 基础资源之间的关联性，并使得云计算的部署逐步走向更为完善的自动化。三层管理模式更进一步的好处是，中间管理层作为对基础资源层面的指令层，因其完全由软件构成，具有需求变化的能力，即能够封装多种来自服务层面、异构系统之间的互操作信息，形成下层易执行的指令下发到基础设备上。

6.2.2 移动图书馆云服务管理问题分析

移动服务在中国得到了广泛的应用，为读者使用图书馆的资源和服务带来了便利，受到了一定的好评。但是，移动服务的满意度还有待进一步提升，加强对于移动服务的管理是提升服务质量的有效手段。国外部分图书馆成立了专门的移动服务部门，聘请了专业馆员从事移动服务的策划、宣传、推广和相应的服务管理工作。在中国，目前少有图书馆对于移动服务开展高效的管理，图书馆对于移动服务的管理主要存在三方面的问题。

首先，图书馆对于移动服务重视程度不够。根据第 2 章对图书馆移动服务的调研结果可以发现，尽管移动服务在中国公共图书馆和高校图书馆中的普及率较高，但是经常出现无法在图书馆主页找到移动服务入口的情况，或者没有适合智能手机等终端扫描的移动服务二维码，或者缺乏移动服务的详细介绍和使用说明，或者移动图书馆服务的入口隐藏得非常深，不容易被读者发现，这都说明图书馆对于移动服务存在明显的“重建设、轻宣传”的情况。覃凤兰[①]对“211 工程”高校图书馆的移动服务进行调研，结果发现部分高校图书馆的移动服务栏目设置及链接非常不合理，甚至将移动服务放置在

① 覃凤兰. “211 工程”高校图书馆移动服务调查分析与对策研究. 国家图书馆学刊，2013，(1)：26-32.

三级栏目，不仔细查看很难找到。魏群义等[①]也提出对移动服务的宣传不足是中美公共图书馆面临的共性问题，在不少图书馆的主页上难以找到进入移动图书馆的链接或相关介绍，美国图书馆大部分 APP 信息是通过使用图书馆的咨询服务（Ask Librarian）获取的。对图书馆移动信息服务的宣传推广力度明显不够，同时缺乏对用户进行相关的移动服务使用培训，导致相当多的用户不知道图书馆提供移动服务或者如何使用移动服务[②]。周怡等[③]针对复旦大学图书馆的读者开展移动服务调研，结果发现 54.06%的读者从来没有访问过移动图书馆网站。

其次，图书馆对于移动服务的认识不到位。在数字图书馆时代，读者越来越习惯于通过数字图书馆检索和使用数字文献，可以说图书馆和读者之间的距离越来越远。移动图书馆是图书馆融入移动互联网时代的契机，是图书馆再次与读者拉近距离的好时机，图书馆可以利用移动图书馆将图书馆的服务和资源直接推送至读者的智能手机终端，未来移动图书馆将和数字图书馆享有同等的建设地位，这也是图书馆发展的重要机遇。部分图书馆对于移动图书馆服务的认识不到位，将移动图书馆系统作为一个资源产品来看待，认为图书馆无需投入人力和物力进行宣传和推广，无需开展有效的服务管理。这是非常错误的认识，随着智能手机的普及，移动服务的业务将有可能超过数字图书馆的业务。移动服务是图书馆信息服务的重要入口，未来将发挥更大的作用，移动服务是读者通过移动终端获取图书馆信息服务的重要途径，未来肯定将成为图书馆信息服务新的增长点。不过部分图书馆在图书馆移动服务的建设与管理上，仍然以技术开发部门为主，业务部门尚未跟进，导致移动服务并未能纳入到图书馆的整体业务推广与管理中。

最后，图书馆对于移动服务缺乏有效管理。目前，移动服务的服务模式非常丰富，包括短信、移动网站、客户端和微信，为读者提供了非常丰富的移动服务，然而在云服务模式下，移动服务缺乏有效管理。首先是移动服务的管理职责不清晰，目前图书馆对于移动服务没有专门的管理部门，又没有专门的管理岗位，大部分图书馆都是由技术部负责维护与管理，而技术部主要职责仅仅是业务系统的正常运行，不可能在移动服务的宣传和推广上投入太多的精力。其次是与图书馆业务系统的数据接口不稳定，移动服务中的通

① 魏群义，袁芳，贾欢，等. 我国移动图书馆服务现状调查——以国家图书馆和省级公共图书馆为对象. 中国图书馆学报，2014，(3)：50-63.

② 茆意宏. 我国图书馆移动信息服务的现状与发展对策. 大学图书馆学报，2012，(2)：35-41.

③ 周怡，张敏，李莹. 复旦大学移动图书馆用户需求及体验的调查与分析. 上海高校图书情报工作研究，2012，(2)：28-34.

知公告、查询借阅记录、OPAC 查询等业务，均需要与图书馆管理系统有数据交换，由于缺乏监控，造成移动服务经常无人管理的状态，读者经常反映的问题有服务接口失效、移动服务无法访问、信息更新不及时等。宋恩梅等[①]针对 16 家图书馆的 WAP 网站进行调研，结果发现有 7 家图书馆存在诸如主页无法打开、书目查询功能失败等问题。魏群义等[②]对 32 家公共图书馆的移动服务开展有效性调研，仅有 29.4%的图书馆提供的通知公告服务完全有效，不仅导致无法将最新的通知公告推送给读者，反而容易给读者造成误导。最后，移动服务管理缺乏规范性，在各种云服务系统中均需要与图书馆管理系统进行数据交互，然后数据接口缺乏统一规划和标准，接口开发维护工作量较大，造成数据接口稳定性较差，经常出现读者无法使用服务的情况，直接影响移动服务的用户体验。

6.2.3 移动图书馆云服务管理模式

1. 移动图书馆运营模式

移动图书馆云服务的运营均采用用户租用模式，不管是 IaaS、PaaS，还是 SaaS，图书馆均作为租用单位，向云服务运营商租用相应的云服务，并向图书馆的读者群体提供移动图书馆服务。图书馆是云服务的租用方，根据移动图书馆服务的使用情况，每年向云服务运营商支付使用费用。

2. 移动图书馆云服务管理模式

在移动图书馆 IaaS 中，图书馆只租用云服务商的 IT 资源（计算资源、网络资源和存储资源）。在移动图书馆 PaaS 中，图书馆除了 IT 资源之外，还租用开发环境等资源。这两种云服务模式，应用业务逻辑均为图书馆自行开发，相关的云服务管理相对较为简单，图书馆负责移动服务的全部管理职责，硬件环境交由云服务运营商负责。在移动图书馆 SaaS 云服务架构下，图书馆直接使用软件服务，无需单独进行应用程序的开发，由于图书馆信息服务的专业性，云服务管理模式相对复杂。仅仅依靠云服务运营商无法单独提供全方位的移动服务，部分移动服务需要图书馆的数据接口支持和馆员的介入。下

① 宋恩梅，袁琳. 移动的书海：国内移动图书馆现状及发展趋势. 中国图书馆学报，2010，(5)：34-48.

② 魏群义，袁芳，贾欢，等. 我国移动图书馆服务现状调查——以国家图书馆和省级公共图书馆为对象. 中国图书馆学报，2014，(3)：50-63.

面重点介绍移动图书馆 SaaS 云服务的管理模式，如图 6.5 所示。

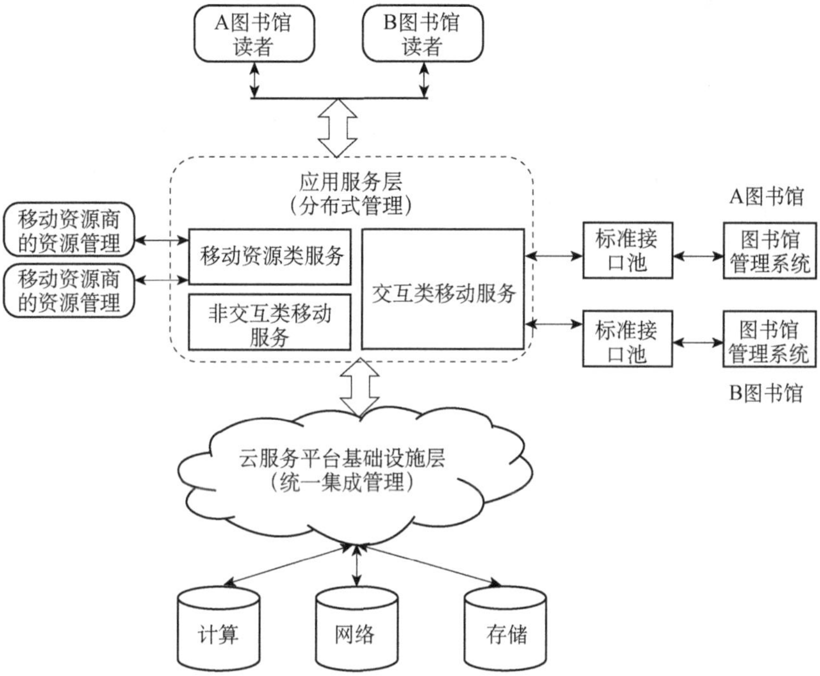

图 6.5　移动图书馆 SaaS 云服务的管理模式

在移动 SaaS 云服务管理模式中，对于云服务平台基础设施层的 IT 资源（计算资源、网络资源和存储资源）实现统一集成管理，有利于提升硬件资源的管理和利用效率，为稳定的移动服务打下良好的基础。对于移动资源商提供的移动资源，由移动资源商实行统一的资源管理。对于交互式移动服务，即与读者存在交互、与图书馆存在数据交互的服务，则实行分布式管理模式，这部分移动服务通过标准接口与图书馆的管理系统进行数据交互，相应的服务由云服务租用单位——图书馆进行管理，例如，通知公告、OPAC 检索、我的图书馆、硬件资源预约、空间服务预约等。为了保障图书馆在与各种移动服务模式（移动网站、客户端和微信）下的稳定数据交换，提升接口开发效率，减轻技术维护量，建议采用统一的标准接口池，由图书馆统一进行开发与维护，供移动网站、客户端、微信等云服务系统调用，图书馆负责接口池的统一管理，并开展定期维护和监控，以保证各种交互类移动服务的稳定性。

加强服务管理是保证服务可持续发展的重要保障。图书馆在部署和租用移动云服务系统之后，必须加强对移动信息服务的管理，包括系统的技术管理和运营管理[1]。技术管理包含系统的运行维护、更新升级等，运营管理则包括移动服务内容的更新建设、用户研究与用户管理、服务管理、人才队伍管理、资金管理、建立管理制度等。目前，我国不少开展移动信息服务的图书馆忽视对移动信息服务的管理，存在明显的“重建设、轻管理”的现象，将云服务的管理全部推给云服务运营商，认为图书馆无需介入服务管理，导致移动云服务用户体验差，用户满意度不高。因此，图书馆应该将移动信息服务与文献信息服务、数字图书馆服务等一起纳入图书馆的整体管理，通过管理保证移动信息服务系统的良性发展，提高用户的满意度。

① 茆意宏. 我国图书馆移动信息服务的现状与发展对策. 大学图书馆学报，2012，(2)：35-41.

第7章

移动图书馆云服务规划与应用案例

7.1 移动图书馆云服务规划

随着移动互联网的发展和智能终端的普及，移动服务迎来了发展的春天。移动图书馆服务在高校图书馆和公共图书馆迅速普及，为读者提供了丰富的移动服务。对于即将开展移动服务或者希望对当前移动服务进行改进的图书馆来说，如何规划移动图书馆云服务呢？下面从云服务交付模式选择、如何选择云服务运营商、云服务管理与推广策略等方面全面论述移动图书馆云服务规划。

7.1.1 移动图书馆服务模式选择

移动图书馆服务模式有短信息、移动网站、移动客户端和微信，根据第2章的调研结果，“985”高校和省级公共图书馆等顶尖图书馆一般同时提供四种移动服务模式。对于经费充裕的图书馆来说，同时提供四种移动服务模式是可以考虑的，不同的服务模式具有不同的优点，不同的服务模式可以满足不同阶层、不同使用习惯的移动用户的使用需求。

短信息是率先被普遍应用的移动图书馆服务模式，也是历史最为悠久、使用范围最广、使用门槛最低的服务方式。尽管目前直接通过短信息服务模式的服务需求不是很大，但是对于部分拥有功能机的读者而言，短信息仍然是一种比较受欢迎的服务模式。由于图书馆用户群体的泛在性和普遍性，应该在移动服务中考虑非智能手机用户，所以在服务模式中规划中应考虑增加短信息服务模式，可以保障各类用户群体能够公平、平等地享受移动图书馆服务。

移动 WAP 网站曾经是热门的移动服务模式，但随着智能手机的普及和客户端应用的推出，加之客户端具有安装简单、功能丰富、离线使用、升级方便等优势，越来越多的移动用户倾向于使用客户端。加之，响应式网页设计的提出，越来越多的图书馆开始采用响应式网页设计技术，并能自动适应 个人计算机端、平板电脑端和智能手机端等不同设备的正常使用，进一步挤压了移动网站的生存空间。在此建议暂时未提供移动网站服务的图书馆，可以考虑采用响应式网页设计技术改造现有的图书馆网站，以满足移动终端的访问需求。当然，移动网站的搭建具有技术门槛较低、经费投入较少，适合于大部分图书馆。

根据第 2 章的调研结果，移动客户端和微信逐渐成为读者最为偏爱的移动服务模式。未来也将成为图书馆移动服务的首选服务模式。微信与移动客户端相比，具有自动跨平台、投入经费较少的特点，非常适合经费不是很充裕的图书馆。移动客户端则适合经费压力不大的图书馆。综合而言，图书馆可以根据自身情况选择不同的移动服务模式，经费紧张的图书馆可以选择短信息、移动 WAP 网站和微信两种服务模式，可以保证以较少的经费满足读者的移动服务需求。技术能力较强的图书馆可以考虑采用响应式网页设计技术改造图书馆网站，以替代移动网站。经费充裕的图书馆可以考虑同时选用四种移动服务模式，以进一步提升读者的移动服务体验。

7.1.2 云服务交付模式选择

在第 5 章中提到，云计算的三大交付模式分别为 IaaS、PaaS 和 SaaS。与此相对应，移动图书馆云服务也有三种交付模式，即 IaaS、PaaS 和 SaaS。移动图书馆服务模式有短信息、移动网站、移动客户端和微信四种，不同的移动服务模式适用于不同的云服务交付模式。短信息服务模式一般集成在图书馆管理系统和其他服务模式，在此不单独论述。

移动 WAP 网站如果由图书馆自主开发的话，建议采用 IaaS 云服务模式。

因为移动网站的功能较为简单，占用的存储空间较小，部署在云端，几乎不需要支付额外的使用费用；加之，移动网站的访问需求不大，访问量不高，使用成本很低，非常适合 IaaS 云服务。在 IaaS 云服务模式下图书馆可以充分利用云服务的计算资源、存储资源、网络资源和中间件资源、数据库资源等，不需要关注基础的硬件资源即可实现硬件资源的弹性扩展，图书馆可以专注系统平台的功能建设和移动资源的内容建设，从而为读者提供稳定的移动云服务。

微信图书馆适合采用 PaaS 云服务模式。微信公众平台本身就是 PaaS，通过微信开放模式就可以实现微信图书馆的菜单定制和功能开发。PaaS 服务商除了提供开发环境服务外，不仅能够满足移动服务开发人员对于软件开发环境、数据库环境的需求，同时还可以满足开发人员对硬件存储、服务器等 IT 资源的需求。移动服务的开发人员无需考虑服务器和存储资源的弹性配置，也无需从事繁杂的软件开发环境搭建工作，以及复杂的平台安全策略应用，加之 PaaS 服务商提供了丰富的 API 接口，可以供开发人员调用，满足移动互联网服务的开发需求，这样就可以大幅度提升移动服务应用的开发效率，有效地缩短移动图书馆应用的开发周期。

SaaS 是目前移动图书馆云服务应用中使用最为广泛的云服务模式之一，不仅适合移动网站，也适用于客户端应用服务。在移动图书馆 SaaS 云服务模式下，图书馆无需购买软件平台，只需要根据使用情况支付软件服务费用，即可获取相应的移动图书馆服务。移动图书馆项目部署周期短，风险较低。采用 SaaS 模式，图书馆无需涉及更多的技术工作，移动服务供应商即可在较短时间内协助图书馆完成移动图书馆项目的搭建和部署工作，尽快开始为读者提供移动服务。图书馆也不需要承担项目开发失败的风险，因为大部分的移动服务模块都是标准化模块，实施风险极低。

7.1.3 选择云服务运营商

在确定了移动图书馆云服务交付模式后，接下来就是要选择云服务运营商。云服务运营商的选择非常重要，不仅关系到日后移动服务的稳定性和安全性，还直接影响到读者的移动服务体验。建议从安全性、性价比、个性化等角度进行综合考虑和评估。

首先，图书馆要选用安全可信的移动云服务提供商。选择云服务提供商之前，须进行信息安全风险评估，选用一个可信的云服务提供商。另外，加强对云服务提供商的信誉、企业实力和安全措施的考察，选用可信的云服务提供商，是降低移动图书馆云服务建设和运营风险，确保读者对移动服务满意度的有效保障。图书馆应考察云服务提供商的商业信誉、企业实力和安全措施，确保提供商具有能够持续、优质地履行云服务租赁合同的信誉与实力，能够有效地抗拒云服务的安全风险，保证用户隐私不被泄露和窃取。

其次，图书馆要选用性价比较高的移动云服务提供商。不能单纯从价格角度，对移动服务提供商进行比较，要综合考虑云服务提供商的综合实力和服务。IaaS 服务商只要是知名名牌，主要比较价格即可。如果是选择 PaaS 服务商，不仅要看价格，还需要比较其提供的 API 接口内容。如果选择 SaaS 云服务提供商，不仅要考虑价格因素，还需要比较其移动资源的容量、移动服务的内容，这关系到日后移动用户能够访问的资源容量，直接影响读者的使用感受和体验。

最后，个性化服务比较重要。尤其是选择 SaaS 云服务提供商，必须考虑个性化服务，包括系统界面和功能的个性化，以及用户的个性化服务。中国公共图书馆的移动图书馆云服务系统（如超星移动图书馆系统和书生移动图书馆系统），在系统界面和功能方面明显缺乏个性化，根据第 2 章的调研，采用同一家产品的图书馆，其系统界面（界面风格、色调等）几乎完全一致，甚至没有图书馆的标志；移动服务功能及其位置也几乎完全一致，如果不看主页界面上的单位名称，根本无法分辨是哪个图书馆的移动服务，难以展示图书馆的特色，难以使用户产生较好的服务认同感。国外的移动服务系统个性化表现更为突出，例如，Boopsie 系统尽管是一个成熟的移动图书馆产品，但是 Boopsie 为所有图书馆提供的都是个性化和定制化的产品。不管是移动 APP 的标志和名称，还是 APP 的功能模块，都是根据图书馆的需求进行定制。

7.2 移动图书馆云服务应用案例

下面以重庆大学图书馆为例，介绍移动图书馆云服务的服务概况、接口池的开发与应用、微信图书馆云服务的开发与应用效果。

7.2.1 重庆大学移动图书馆云服务概况

重庆大学是国内较早开通移动图书馆服务的高校图书馆之一，目前有四种服务模式，分别为短信息、移动 WAP 网站、客户端和微信。

2007 年起，重庆大学图书馆开始为读者提供手机图书馆服务[①]，读者使用手机通过简单的短信代码进行图书查询、图书预约、图书续借、证件挂失等操作。与国内其他图书馆的移动图书馆服务相比，重庆大学手机图书馆拓展了图书馆的服务空间，除提供文献资料服务之外，还增加了书评系统并整合了 BBS、Blog 等移动服务。

2012 年，重庆大学通过卓越联盟图书馆联采的方式引入了超星移动图书馆云服务系统，通过移动 WAP 网站（WAP 网址：http：//g.superlib.com/，图 7.1）和移动客户端（APP 名称：移动图书馆，图 4.4）为读者提供移动图书馆云服务，移动服务功能介绍参见第 4 章的 4.1.1 小节。

重庆大学图书馆于 2014 年 3 月开通微信图书馆服务（微信公众号：cdweitu，图 7.2），主要有资源信息、智慧图书馆和信息快递等三个模块，同时为读者提供图书借阅超期提醒等人性化服务。

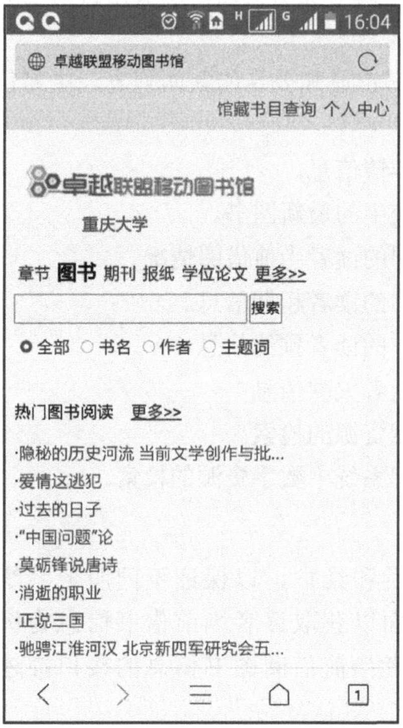

图 7.1 重庆大学移动 WAP 网站

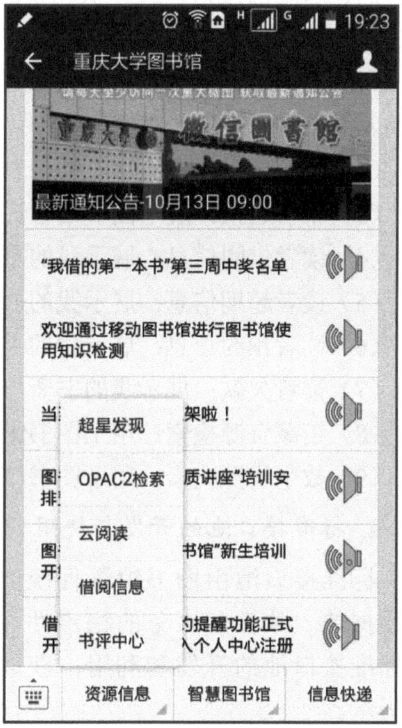

图 7.2 重庆大学微信图书馆

① 手机图书馆概述. http：//lib.cqu.edu.cn/htm/mlib.jsp.

7.2.2 标准接口池的开发与应用

1. 标准接口池的梳理

在第 6 章提到，为了保障图书馆与在各种移动服务模式（移动网站、客户端和微信）下的稳定数据交换，提升接口开发效率，减轻技术维护量，建议采用统一的标准接口池，由图书馆统一进行开发与维护，供移动网站、客户端、微信等云服务系统进行接口调用，图书馆负责接口池的程序开发与统一管理，授权移动服务系统的访问账号，并开展定期维护和监控，以保证各种交互类移动服务的稳定性。

接口池是指图书馆开发的一系列与图书馆管理系统进行数据交互的 Web Service 接口集。梳理图书馆现有的系统接口，整理最常用的接口列表，重新规划这些接口的类型、参数和返回值，关闭功能重复的接口，开发标准的、统一的、通用的接口，并提供完整的接口调用说明文档。图书馆目前已经开发的标准接口实现了以下功能。

（1）图书馆通知公告：用于展示图书馆通知公告的新闻列表，主要包括标题、发布时间及新闻详情。

（2）讲座信息：展示讲座的列表及详情信息。

（3）新书通报：展示图书馆管理系统中的最新图书。

（4）读者借阅信息：展示我的书斋中的读者当前借阅情况。

（5）读者超期信息：展示我的书斋中的读者超期信息。

（6）读者预约信息：展示我的书斋中的读者预约信息。

（7）读者欠款：展示我的书斋中的读者欠款信息。

（8）馆藏资源检索：用于图书馆文献资源的检索。

（9）数字资源检索：用于图书馆管理系统中数字资源的检索。

2. 标准接口池的开发与使用

标准接口池由图书馆进行统一开发和维护，以保证不同服务系统获取数据的一致性和服务的稳定性。下面以获取读者当前借书信息为例介绍标准接口池的开发和利用。获取读者当前借阅图书信息的接口描述如下所示。

```
Current Borrow Query Result get Current Borrow Literature（String srea Bar Code）;
* 获取当前借书
* @Title：get Gathering Log List
* @Description：获取当前借书
* @param srea Bar Code    读者条码号
* @return CurrentBorrow Query Result
*         返回值包含以下字段
*         List<Current Borrow Literature> current Borrow Literature List 当前借阅列表
*         Short srty Total Book Count 读者允许借书次数
*         Short srea Current Borrow Count 当前借书次数
*         current Borrow Literature List 包含以下字段
*         String    title200a 题名
*         String    index Number 索书号
*         String    lsro Room Name 馆藏地名称
*         Short     lbrl Renewal Times 续借次数
*         Date      lbrl BorrowDate Time 借阅时间
*         Date      lbrl Should Return Date 应还时间
*         String    strip Number Lcase 条码号：小写
*         String    strip Number 条码号
*         Short     lbrl Late Days 超期天数
*         Short     literature Type 文献类型
* @date 2015-06-27
* @author：yangdongxin
* @throws
*/
```

要调用接口池中的标准接口，首先需要图书馆的技术馆员在图书馆管理系统中给移动服务系统分配调用账号，并设置访问密码，图书馆可以根据移动服务系统的数据需求授权接口的访问权限，并可以设置接口访问的有效期，以加强接口的安全管理。在 Java 中调用当前借阅信息接口的方法如下所示。

```
publicclass CurrentBorrowLiteratureRequest {
    /**
     * @param args
     */
   publicstaticvoid main（String[] args）{
      //接口调用账号、密码
       Client client =ClientUtils.getClient（"root"，"root"）；
     //调用方法参数
      Object [] param = {"20150123"}；//读者条码号
      String str = ClientUtils.getJSONObjectStr（client，"getCurrentBorrow
   Literature"，param）；
      System.out.println（str）；
   }
}
```

7.2.3 微信图书馆云服务的实现与应用成效

1. 微信图书馆及其实现原理

微信图书馆是指图书馆借助微信公众服务平台，开发定制图书馆订阅号或服务号，将其与图书馆的自有系统进行对接，实现资讯服务、书目检索、文献查阅和信息交互等移动服务功能。陈语时①提出，微信图书馆是以微信为平台，以图书馆知识为内容的新型图书馆。

微信公众平台服务器开放了后台的 API 接口，提供了公众号与用户交互的能力，并为各类自定义功能的开发提供了各种可能，相比较于智能终端独立 APP 的开发难度要低很多，为移动图书馆建设项目提供了一种新的解决方案。

微信图书馆的实现原理如图 7.3 所示，微信服务器相当于一个消息转发器，微信用户通过手机、平板等终端发送 http 请求给微信服务器，微信服务器将用户请求的消息组装成 XML 格式通过 POST 方式提交给图书馆的服务器，图书馆服务器获取消息根据自己的业务逻辑处理数据并响应给微信服务器，最后微信服务器再将数据响应给用户。

① 陈语时. 微信图书馆建设之思考. 情报理论与实践，2014，（7）：86-89.

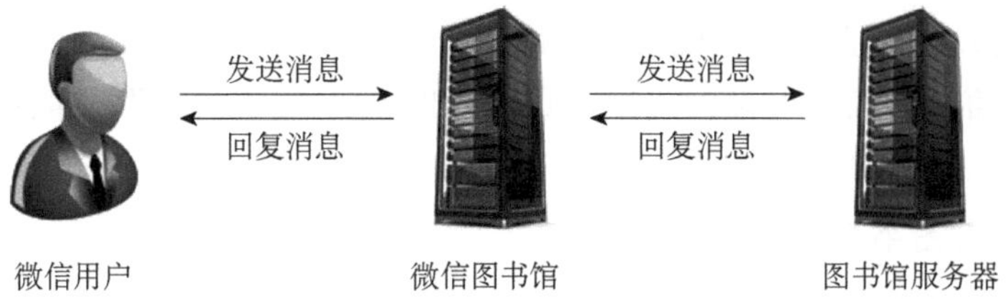

图 7.3 微信图书馆的实现原理

微信图书馆在中国的高校中得到了广泛而深入的开发和应用，而重庆大学图书馆在探索移动图书馆服务的过程中，通过微信图书馆模式获取了许多有益的经验，与自主开发的 SMS、WAP、APP 等相比，发现其拥有许多优点。

1）开发成本非常低，二次开发的技术门槛低

微信图书馆几乎没有任何开发费用，在建设和维护上都可以直接接入图书馆已有的数据库和服务器，方便快捷地将图书馆数字服务提供给移动端的读者。另外，微信图书馆的二次开发的技术门槛低，适用于主流的开发技术和 Web 开发平台。

2）自动跨平台服务，不同智能设备间同步使用

由于用户使用的智能设备系统种类很多，为了适应读者的设备需要，以往图书馆移动服务需要开发基于不同的智能系统的很多版本，建设成本很高，用户体验得不到保证。而微信平台很好地解决了这个问题，微信在不同的智能系统，例如，iOS、Andriod、WP、BlackBerry、Sysbian、Series 40 上面都有非常完善的版本，可以自动地跨平台为拥有不同设备的读者服务。

3）自适应屏幕，用户体验较好

甚至它还可以在不同尺寸的智能手机、PDA 及个人计算机上都可以自动进行屏幕的自适应，呈现出良好的使用界面，提升用户体验，同时也能够实现同一账号的不同设备之间的同步功能。

4）用户使用成本低

由于微信本身是免费的，流量消耗很少，使用便捷，不必在手机上专门下载 APP 来占领用户有限的手机或平板电脑空间。

5）用户接收成本低，易推广，用户黏性大

高校微信图书馆用户账号认证简单，寻找和查看信息方便，由于微信平台上已有很多类型的服务号，所以用户的学习成本为零。微信是中国最流行的社交 APP，在高校师生群体中有较高的使用率，从而使它的推广变得很容易，社交特性也带来了较强的用户黏性。

6）互动性较强，可实现实时咨询

在微信图书馆中可设置关键词回复，也可以人工后台解答读者的问题，进行移动互联网的实时参考咨询。

2. 微信图书馆的设计

微信图书馆的用户界面和功能的设计以操作简单与高效为基础。微信服务号提供了自定义菜单功能，方便图书馆进行个性化定制和设计。微信提供三个自定义菜单，重庆大学的微信图书馆按照功能将菜单设计分为“资源信息”“智慧图书馆”和“信息快递”三大功能模块，如图 7.2 所示。

“资源信息”一栏中的功能有：超星发现（检索图书馆的资源发现系统）、OPAC 检索（馆藏 OPAC 目录检索）、云阅读（中文电子图书的移动阅读平台）、借阅信息（成功绑定过读者证的读者可借此查询当前借阅情况、历史借阅情况、预约记录、超期信息和欠费信息）、书评中心（查看图书馆的推荐书评、我的书评和好友的书评信息）。

“智慧图书馆”一栏中的功能有：阅览座位预定（预定图书馆的阅览座位）、二维码门禁（手机扫描二维码通过图书馆的门禁系统，无需携带读者证）、社会服务（提供机票预订、租车、旅游、酒店预订等常见社会服务链接）、个人中心（提供用户注册、读者身份绑定等服务）。

“信息快递”一栏中的功能有：通知公告（查看图书馆最新的通知公告）、讲座培训（查看图书馆举办的最新讲座和培训信息）、新书通报（查看图书馆最近入馆的图书信息）、联系我们（图书馆开放信息、常见服务联系电话、图书馆概况等指南信息）。

3. 微信图书馆的技术架构与开发环境

重庆大学微信图书馆后台的模式有两种：编辑模式和开发模式。在编辑模式下，由相应的图书馆馆员进行咨询的自定义编辑，进行图片、文字、视频等多媒体资源的编辑处理，然后进行重庆大学图书馆有关活动、新闻、公告的发布呈现。在此模式下，具备用户管理的功能，能够接受用户发来的信息，甚至是语音留言，并进行针对性回复，必要的时候可以进行音频留言对话。也可以自定义底部菜单和新用户欢迎语，设定关键词自动回复内容。

在开发模式下，重庆大学微信图书馆将 Web 服务器与微信公众平台服务器进行连接，然后再将图书馆检索服务器和数据库与 Web 服务器进行信息交互，提供专业的文献检索、知识发现和馆藏资源检索等功能。微信图书馆的技术架构如图 7.4 所示。

消息处理环节的指令解析模块是微信公众平台服务实现的关键。它负责分析用户发送的消息指令并将其转化为对相应服务子模块的功能调用。这一设计模式的优势在于具有良好的可扩展性，能够根据读者需求，不断集成新的功能。

微信图书馆开发的技术门槛较低，技术人员可以根据自身的偏好选择技术方案。目前常用的实现方案有基于 PHP、J2EE、.NET 和其他的网络编程的技术，常用的 Web 服务器有 apache、tomcat、nginx、iis 等，均可以满足要求。微信官方提供了基于 PHP 的接口实现方案，熟练的程序员可以实现基于其他网络编程技术的消息接口代码。

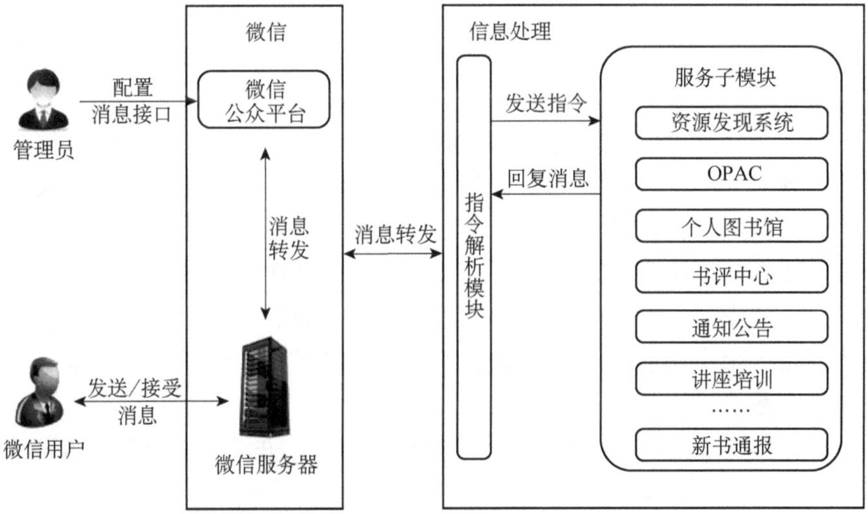

图 7.4　微信图书馆的技术架构

重庆大学微信图书馆选用服务公众号，整体采用 PaaS 云服务架构，PaaS 服务商选择新浪 SAE。新浪云应用[①]是国内最具影响力的分布式 Web 应用/业务开发托管、运行平台。SAE 是真正意义上具有高可靠、高扩展、免运维的云计算服务。为简化开发过程，在微信图书馆平台的开发过程中需搭建本地开发环境。本地环境搭建要注意两点[②]：第一，离线状态下本地如何模拟云服务；第二，代码如何快速部署到云端。

① 云应用. http：//www.sinacloud.com/sae.html.
② 葛倩. 基于云服务的科普资源平台研究与设计. 软件导刊，2015，14（7）：129-131.

重庆大学微信图书馆采用 Eclipse 8.5 开发工具和 MYSQL 数据库，使用新浪 SAE 平台提供的 ae-local-1.1.0.jar 支持包完成本地云服务的模拟。将代码部署到云端需要在 SAE 云端创建对应的云端应用环境，应用创建的同时，系统会创建该应用的 SVN 仓库，此 SVN 仓库是所有代码部署的最终入口，本地使用 Tortoise SVN 客户端提交代码来完成代码部署。

4. 微信图书馆的技术实现

重庆大学利用微信图书馆平台实现了通知公告、OPAC 书目检索、移动阅读、移动咨询、新书通报、数字资源检索、借阅情况查询等移动图书馆的常见功能，并根据智能手机的特点开发出二维码门禁、预约空间服务和超期提醒等独有特色的服务功能。用户账号绑定、通知公告、书目检索、新书通报、数字资源检索、借阅情况查询等功能均通过调用重庆大学图书馆开发的标准接口池实现。下面简单介绍二维码门禁、预约空间服务和超期提醒等服务的实现。

第一，二维码门禁功能。为了加强图书馆的安全管理，中国高校图书馆均配置了门禁管理系统，读者必须刷读者借阅证方可通过门禁进入图书馆。如果读者忘记携带借阅证，则无法通过门禁系统。在移动通信时代，手机是读者随身携带的通信工具。为了方便读者通过门禁，图书馆在微信图书馆中集成了二维码门禁服务，实现了手机扫描二维码通过门禁的功能。虽然只是一个小功能，还是受到了广大读者的好评，读者认为这是一个很先进的服务。

功能实现原理如下：①读者关注微信图书馆，并通过用户名和密码验证和绑定账户；②进入门禁之前，点击打开微信客户端，利用“扫一扫”功能扫描门禁上的二维码；③微信图书馆通过调用标准接口，自动验收用户身份，通过验证后触发门禁开关并打开门禁；④微信图书馆自动向读者发送欢迎信息，如图 7.5 所示。

第二，预约空间服务。图书馆为了方便读者随时预约阅览座位、研讨室和会议室，在微信图书馆中开发了空间服务的预约功能，目前已经开通的服务有阅览座位预约，并在 2 个阅览室开通试运行。后续还会将此功能推广至研修室和会议室的预约服务。读者通过微信图书馆“智慧图书馆”中的“阅览座位预约”，可以选择相应校区图书馆的各个阅览室，并选择相应的预约时间，就可以查看目前的空余座位（图 7.6），并预订自己所需要的座位。用户在预订时间的前 10 分钟，用微信扫描阅览座位上贴的二维码进行验证，确认预订并使用。

图 7.5　二维码门禁欢迎信息

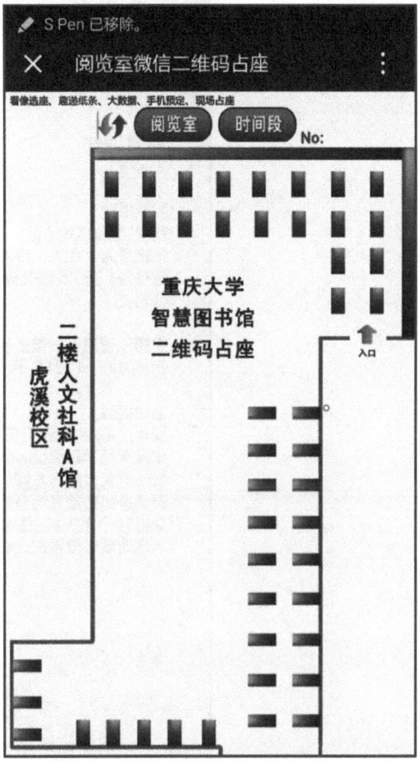

图 7.6　阅览座位选择和预约界面

“阅览座位预约”功能需要进行必要的准备工作，首先，在图书馆服务器中进行阅览室的建模，按照阅览室的座位位置和数量完成 2D 建模，以便更加形象显示阅览室的座位情况；其次，需要在每个阅览座位上贴上二维码标签，以便读者进行确认。

第三，超期提醒。读者在微信图书馆中的个人中心绑定图书馆账号后，如果借阅的图书即将超期，微信系统将提前三天给读者发送超期提醒信息（图 7.7）。传统的超期提醒服务一般采用手机短信方式实现，短信发送成本约为 0.1 元/条，以重庆大学图书馆为例，每年大概需要发送 10 万条短信，成本约为 1 万元/年。而通过微信图书馆给读者发送消息的成本为零，这无疑将大大减轻图书馆此项服务的运营成本。

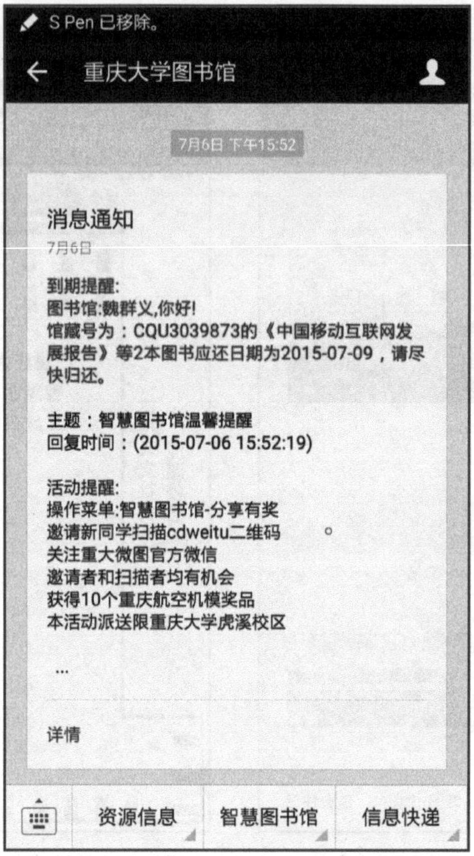

图 7.7 微信图书馆的超期提醒服务

5. 微信图书馆的建设成本

目前，微信公众平台是一个完全免费的开放平台，所以除了 300 元的公众账号人工认证的费用之外，并没有其他的任务费用。在日常的维护中，可以通过个人计算机来登录编辑后台，进行信息的发布与维护，而与图书馆现有数据库和 Web 服务器的接入中，这部分成本因为原有的图书馆经费承担，无需增加硬件投入的费用。微信图书馆目前的软件平台维护成本为 2.8 万元/年（包含云服务平台租用成本）。在云服务模式下，图书馆无需关注硬件资源和系统运行环境，技术馆员可以专注云服务运行和维护，减轻了维护工作量，有利于提升微信服务的稳定性。

重庆大学图书馆提供的移动服务还有短信服务、移动 WAP 网站和 APP。短信发送的成本约为 1 万元/年（每年发送的超期提醒、预约、通借通还信息约 10 万条，每条信息发送成本为 0.1 元），而移动 WAP 网站和 APP 每年的运维成本约为 10 万元/年。相比之下，微信图书馆的成本优势显得尤为突出。所以微信图书馆非常适合中小型图书馆，可以在不增加大量投入的前提下为读者提供优质的移动服务。

6. 微信图书馆的应用成效

本研究数据全部由微信公众平台后台提取（数据提取的截止时间皆为 2015 年 11 月 10 日），数据可以反映微信图书馆的应用效果。

经过 20 个月的运营，截止到 2015 年 11 月 10 日，重庆大学微信图书馆的用户数量已经达到 11 180 人，本校用户中的使用率为 20.32%，而一年前用户使用率则仅为 9.14%。每月的用户数量增长曲线如图 7.8 所示，用户增长速度非常快。根据数据统计，自 2014 年 11 月至 2015 年 11 月这一年来，平均每天增加的用户数量为 25.02 人，最近一年一共增加了 9386 名用户。

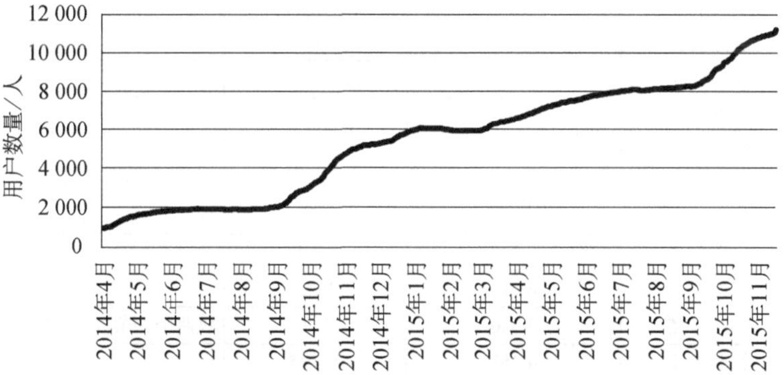

图 7.8 微信图书馆的用户增长曲线

通过微信进行图书馆资讯的推送是微信图书馆的重要服务功能。由于重庆大学图书馆采用的是服务号模式，每月可以推送 4 条资讯。利用微信后台编辑的原创图文内容进行推送，图书馆可以将最新资讯推送至每一个微信图书馆的用户。资讯内容阅读情况统计表见表 7.1，用户阅读量达到了较高水平，充分说明了微信图书馆推送的资讯起到了良好的宣传效果。

表 7.1 资讯内容阅读情况统计表

时间段	平均阅读人数/天	总阅读人数	平均阅读次数/天	总阅读次数
最近一个月	400.16	12 419	673.58	20 881
最近一年	142.15	51 315	247.08	89 197

截止到 2015 年 11 月，微信图书馆自开通以来的各项服务的访问与使用情

况统计表见表7.2。使用较多的五项服务分别为OPAC检索、借阅信息、个人中心、知识发现和通知公告。说明读者更加愿意利用微信图书馆进行文献检索（包括数字资源检索和馆藏目录检索）、查询借阅情况，以及获取图书馆的最新通知和公告。总体来看，微信图书馆的各项服务使用情况良好，读者对于微信服务表现出积极接受的态度。但是，阅览座位预约与二维码门禁这两项服务使用量偏低，原因之一是服务开通时间较晚，并没有在所有的分馆进行推广；原因之二就是服务宣传不到位，部分读者并不知晓此两项服务。

表7.2　微信图书馆服务使用情况统计表

序号	服务名称	访问使用量/次	平均访问使用量/（次/月）	备注
1	OPAC检索	99 090	4 954.5	
2	借阅信息	83 098	4 154.9	
3	个人中心	81 282	4 064.1	
4	资源发现	72 040	3602	
5	通知公告	45 865	2 293.25	
6	新书通报	16 149	807.45	
7	分享有奖	11 170	558.5	
8	阅览座位预定	10 926	546.3	仅有一个分馆的两个阅览室开通此项服务
9	讲座培训	9 232	461.6	
10	书评中心	6 042	302.1	
11	二维码门禁	5 620	281	仅两个分馆提供此项服务
12	社会服务	4 253	212.65	

注：统计周期为2014年4月到2015年11月

参考文献

奥德姆，巴雷特. 2009. 生态学基础[M]. 陆健健，王伟，王天慧，等译. 北京：高等教育出版社.

白宇宇. 2015. 基于 Android 的移动学习交互平台设计[D]. 北京交通大学硕士学位论文.

保罗·斯盖尔敦. 2013. 移动就是一切[M]. 李亮译. 南京：江苏文艺出版社.

毕剑，刘晓艳，张禹. 2015. 使用响应式网页设计构建图书馆移动门户网站——以云南大学图书馆为例[J]. 现代图书情报技术，(2)：97-102.

蔡君. 2007. DRM Fusion：为移动电视、音乐和视频提供数字保护[J]. 通讯世界，(9)：79.

曹鹏，明均仁，段欣余. 2015. 国内图书馆 APP 移动服务调查与分析[J]. 图书馆学研究，(16)：77-83，101.

陈晨. 2015. 微信 JS-SDK 下的社交图书馆的设计与实现[J]. 知识管理论坛，(3)：37-44.

陈刚，刘坤，刘毅，等. 2015. 图书馆微信公众平台服务号的设计与开发[J]. 大学图书情报学刊，(3)：44-48.

陈国钢. 2012. 基于室内移动位置服务技术的图书馆服务策略探究[J]. 图书馆建设，(10)：42-44.

陈茫，周力青. 2010. 基于 WAP2.0 的移动数字图书馆应用研究[J]. 图书馆杂志，(8)：49，52-56.

陈明. 2015. "985"高校图书馆微信公众平台调查研究[J]. 农业图书情报学刊，(5)：91-93.

陈深贵. 2013. 手机图书馆的可用性研究——以上海手机图书馆为例[J]. 图书馆，(4)：125-127.

陈语时. 2014. 微信图书馆建设之思考[J]. 情报理论与实践，(7)：86-89.
崔宇红. 2004. 基于手机短信平台的图书馆信息推送服务[J]. 大学图书馆学报，(4)：67-68.
邓茹月，覃川，谢显中. 2012. 移动云计算的应用现状及存在问题分析[J]. 重庆邮电大学学报（自然科学版），24（6）：716-723.
邓巍. 2013. 崭露头角的图书馆微信服务[J]. 图书情报论坛，(5)：38-41.
丁夷. 2011. WAP 技术在图书馆无线门户网站中的应用[J]. 情报探索，(5)：105-107.
窦天芳，张成昱，张蓓，等. 2011. 移动互联网与传统互联网的服务融合——以清华大学图书馆 WAP 网站建设为例[J]. 图书情报工作，55（9）：67-70，84.
方玮，张成昱，窦天芳. 2009. 基于资源整合的手机图书馆系统的设计和实现[J]. 现代图书情报技术，(6)：76-80.
付跃安. 2013. 移动增强现实（AR）技术在图书馆中应用前景分析[J]. 中国图书馆学报，39（3）：34-39.
高春玲. 2010. 解读美国移动图书馆发展的昨天、今天和明天[J]. 数字图书馆论坛，(11)：25-32.
高春玲. 2011. 中美移动图书馆服务 PK[J]. 图书情报工作，55（9）：44，63-66.
葛倩. 2015. 基于云服务的科普资源平台研究与设计[J]. 软件导刊，14（7）：129-131.
弓丞. 2007. 移动通信系统的发展历程与展望[J]. 科技资讯，(26)：94-95.
龚亦农. 2013. 四种移动图书馆服务系统的比较研究[J]. 新世纪图书馆，(11)：60-62.
官建文，唐胜宏. 2013. 中国移动互联网发展报告（2013）[M]. 北京：社会科学文献出版社.
官建文. 2012. 中国移动互联网发展报告（2012）[M]. 北京：社会科学文献出版社.
官建文. 2014. 中国移动互联网发展报告（2014）[M]. 北京：社会科学文献出版社.
郭婵. 2015. 中美高校图书馆 APP 服务比较研究[J]. 图书馆学研究，(7)：80-85，96.
过仕明，梁欣. 2014. 国内移动图书馆服务模式发展现状与趋势调研[J]. 大学图书馆学报，(1)：90-96.
韩娟娟. 2015. 高校图书馆微信公众账号服务研究——以“211”高校为例[J]. 图书馆学研究，(11)：29，78-85.
何贤英，孙华玮. 2012. 中美高校移动图书馆发展现状比较研究[J]. 新世纪图书馆，(3)：59-60，5.
胡小菁，范并思. 2009. 云计算给图书馆管理带来挑战[J]. 大学图书馆学报，(4)：7-12.
胡振华，蔡鑫. 2004. 移动图书信息服务系统[J]. 现代图书情报技术，(4)：18-20.
黄兰秋. 2012. 基于云计算的企业竞争情报服务模式研究[D]. 南开大学博士学位论文.
黄群庆. 2004. 崭露头角的移动图书馆服务[J]. 图书情报知识，(5)：48-49.

黄荣怀，Salomaa J. 2008. 移动学习——理论・现状・趋势[M]. 北京：科学出版社.
黄悦深. 2014. 基于 HTML5 的移动 Web App 开发[J]. 图书馆杂志，(7)：72-77.
江波，覃燕梅. 2012. 掌上图书馆、手机图书馆与移动图书馆比较分析[J]. 图书馆论坛，(1)：69-71，88.
江波，覃燕梅. 2013. 基于微信的移动图书馆 APP 服务系统设计与实现[J]. 现代情报，(6)：41-44.
江波，覃燕梅. 2014. 我国移动图书馆五种主要服务模式的比较研究[J]. 图书馆论坛，(2)：59-62，89.
姜海峰. 2010. 移动图书馆的兴起和解决方案[J]. 大学图书馆学报，(6)：12-15.
姜颖. 2011. 我国移动图书馆服务现状及发展对策——中美移动图书馆服务的比较分析[J]. 图书馆建设，(12)：75-78.
赖永波. 2011. 从数字图书馆到移动数字图书馆：服务功能演进与实现途径[J]. 情报杂志，(5)：165-168.
赖永波. 2011. 移动图书馆服务的知识产权侵权风险分析[J]. 中国科技信息，(6)：123-124.
郎为民. 2012. 大话移动互联网[M]. 北京：机械工业出版社.
郎为民. 2012. 大话云计算[M]. 北京：人民邮电出版社.
雷万云. 2011. 云计算技术、平台及应用案例[M]. 北京：清华大学出版社.
雷万云. 2012. 云计算技术、平台及应用案例[M]. 北京：清华大学出版社.
李爱勤，鲍凌云，冯晓娜. 2012. 数字图书馆资源云存储模型研究[J]. 现代情报，32（2)：48-50.
李白杨，白广思. 2013. 面向知识咨询的图书馆移动服务设计与实现——以微信公共平台为例[J]. 图书馆学研究，(19)：69-72.
李桂英. 2014. 基于云教育平台的移动学习模型研究[D]. 西北大学硕士学位论文.
李桂贞. 2015. 基于云计算的移动数字图书馆服务平台构建研究[J]. 现代情报，35（3)：82-85.
李庆艳，金铎，张文安，等. 2011. 移动电子商务发展趋势探讨[J]. 电信科学，(6)：6-13.
李若，高鸿雁. 2014. 面向区域移动图书馆的云平台构建研究[J]. 情报科学，32（9)：48-51.
李文芳，方红，刘红丽. 2012. 高校移动图书馆建设：基于华中科技大学移动图书馆用户需求的调查与分析[J]. 高校图书情报论坛，11（2)：34-37，50.
李臻，姜海峰. 2013. 图书馆移动服务变迁与走向泛在服务解决方案[J]. 图书情报工作，57（4)：32-38.
梁建菲. 2013. 图书馆移动服务中的知识产权研究[J]. 中国科技信息，(5)：85，87.
梁欣，过仕明. 2013. 移动图书馆服务模式探索[J]. 图书情报工作，57（9)：58-64.

林佩玲. 2013. 智慧城市背景下的区域联盟移动图书馆建设[J]. 图书情报工作，57（12）：51-55.

林颖，孙魁明. 2007. 基于 WAP 的图书馆移动信息服务体系及 WAP OPAC 应用实例[J]. 现代图书情报技术，（9）：80-83.

刘乃强，武巍泓. 2010. 构建图书馆 SaaS 模式知识服务云平台[J]. 图书馆工作与研究，（9）：28-31.

刘鹏. 2011. 云计算[M]. 第二版. 北京：电子工业出版社.

刘淑萍. 2014. NFC 技术与图书馆服务创新[J]. 图书情报工作，58（16）：91-95.

刘炜. 2009. 图书馆需要一朵怎样的“云”？[J]. 大学图书馆学报，（4）：2-6.

刘奕捷，吕荣胜，刘燕权. 2014. 美国图书馆移动服务发展现状——纽约州图书馆的调查[J]. 图书情报工作，58（12）：17-25.

刘越. 2010. 云计算综述与移动云计算的应用研究[J]. 信息通信技术，4（2）：14-20.

刘智惠，薛晶晶，卢倩芸. 2014. 面向不同设备的响应式网页设计——Web 移动图书馆[J]. 现代图书情报技术，（11）：95-101.

龙泉，谢春枝，申艳，等. 2013. 国内外高校图书馆移动服务现状及比较分析[J]. 情报杂志，32（2）：173-177.

陆奇. 2011. 移动社交网络对青年受众态度和行为的影响研究[D]. 电子科技大学硕士学位论文.

陆颖隽，郑怡萍，邓仲华. 2012. 美国图书馆的云服务[J]. 图书与情报，（3）：16-21.

吕蕴红. 2012. 基于“云”环境的移动图书馆构想[J]. 图书馆学刊，（2）：100-101，142.

罗军舟，金嘉晖，宋爱波，等. 2011. 云计算：体系架构与关键技术[J]. 通信学报，32（7）：3-21.

罗军舟，吴文甲，杨明. 2011. 移动互联网：终端，网络与服务[J]. 计算机学报，（34）：2029-2051.

罗涛，朱莹. 2013. 基于 WAP 的移动图书馆的研究与实现——以东南大学图书馆为例[J]. 图书馆杂志，32（8）：66-71.

马晓亭，陈臣. 2012. 云计算环境下图书馆 IaaS 平台的技术架构与安全策略[J]. 图书馆理论与实践，（11）：1-3，20.

马晓亭，陈臣. 2013. 基于亚马逊 AWS 云服务的数字图书馆云计算基础设施构建[J]. 情报科学，31（1）：46-51.

毛刚. 2013. 图书馆用户需求生态服务系统研究[D]. 吉林大学博士学位论文.

茆意宏，吴政，黄水清. 2008. 手机图书馆的兴起与发展[J]. 大学图书馆学报，（1）：3-6，27.

茆意宏. 2012. 面向用户需求的图书馆移动信息服务[J]. 中国图书馆学报，38（1）：76-86.
茆意宏. 2012. 我国图书馆移动信息服务的现状与发展对策[J]. 大学图书馆学报，（2）：35-41.
茆意宏. 2013. 面向用户需求的图书馆移动信息服务研究[M]. 北京：中国书籍出版社.
孟勇. 2010. 基于WAP的移动图书馆系统的设计与实现[J]. 现代情报，30（9）：92-95.
聂华，朱本军. 2013. 北京大学图书馆移动服务的探索与实践[J]. 图书情报工作，57（4）：16-20.
覃凤兰. 2013. “211工程”高校图书馆移动服务调查分析与对策研究[J]. 国家图书馆学刊，（1）：26-32.
秦晓珠，张兴旺，李晨晖. 2012. 移动云计算环境下的数字图书馆云服务模式构建研究[J]. 情报理论与实践，35（5）：72，90-93.
任传伦. 2007. 分布环境下身份认证和授权管理的研究[D]. 北京邮电大学博士学位论文.
伞红，王涛. 2012. 图书馆的云计算中心建设——以湖北省图书馆为例[J]. 图书馆杂志，（12）：68-71.
申飞驹. 2013. 基于云计算的移动图书馆建设探析[J]. 商业时代，（15）：54-55.
申飞驹. 2013. 基于云计算的移动图书馆建设探析[J]. 商业时代，（15）：54-55.
师晓青. 2011. 基于云计算的手机图书馆服务研究[J]. 图书馆工作与研究，（5）：58-60.
施国洪，夏前龙. 2014. 移动图书馆研究回顾与展望[J]. 中国图书馆学报，（2）：78-91.
施海燕. 2009. 云计算和移动图书馆[J]. 图书馆建设，（9）：10-12.
施梅. 2010. 移动图书馆解决方案[J]. 大学图书馆学报，（5）：112.
石莎. 2012. 移动互联网络安全认证及安全应用中若干关键技术研究[D]. 北京邮电大学博士学位论文.
宋恩梅，袁琳. 2010. 移动的书海：国内移动图书馆现状及发展趋势[J]. 中国图书馆学报，（5）：34-48.
孙坦，黄国斌. 2009. 基于云服务的图书馆建设与服务策略[J]. 图书馆建设，（9）：1-6.
孙晓瑜，王荣宗. 2011. 国外手机二维码技术在图书馆中的应用及启示[J]. 图书馆学研究，（6）：23-25.
孙翌，李鲍，高春玲. 2014. 微信在图书馆移动服务中的应用研究与实践[J]. 图书情报工作，58（5）：35-40.
特班. 2012. 商务智能管理视角[M]. 北京：机械工业出版社.
王长全. 2010. 云计算环境下数字图书馆信息资源安全策略研究[J]. 情报杂志，（3）：184-186.
王海花. 2013. 高校移动图书馆平台建设实证研究[D]. 兰州大学硕士学位论文.

王红梅. 2011. 移动互联网现状与趋势浅析[J]. 电信科学，(S1)：74-79.
王惠莅，杨晨，杨建军. 2012. 云计算安全和标准研究[J]. 信息技术与标准化，(5)：16-19，27.
王继民，李雷明子，孟凡，等. 2013. 基于用户日志的移动搜索行为分析[J]. 图书情报工作，57（19)：102-106，120.
王建娟. 2013. 中国高校移动图书馆服务研究[D]. 郑州大学硕士学位论文.
王建宙. 2014. 移动时代生存[M]. 北京：中信出版社.
王金秀. 2014. 我国高校图书馆二维码技术应用调查研究[J]. 国家图书馆学刊，(4)：58-63.
王茜，张成昱. 2013. 清华大学手机图书馆用户体验调研及可用性设计[J]. 图书情报工作，57（4)：25-31.
王伟军，刘凯，鲍丽倩，等. 2014. 云计算生态系统计量研究：形成、群落结构及种群边界[J]. 情报理论与实践，37（9)：11-15，25.
王文清，陈凌. 2009. CALIS 数字图书馆云服务平台模型[J]. 大学图书馆学报，(4)：13-18，32.
魏达贤，谢强. 2012. 基于云计算的国家数字图书馆基层“服务云”研究[J]. 国家图书馆学刊，(4)：41-47.
魏群义，侯桂楠，霍然，等. 2013. 国内移动图书馆应用与发展现状研究——以“985”高校和省级公共图书馆为调研对象[J]. 图书馆，(1)：114-117.
魏群义，侯桂楠，霍然. 2012. 移动图书馆理论研究与实践应用综述[J]. 图书情报知识，(1)：80-85.
魏群义，袁芳，贾欢，等. 2014. 我国移动图书馆服务现状调查——以国家图书馆和省级公共图书馆为对象[J]. 中国图书馆学报，(3)：50-63.
温钊健. 2012. OCLC Worldcat 云计算数字图书馆模型[J]. 图书情报工作，56（15)：54-60.
文伟. 2012. 区域性移动图书馆服务建设初探[J]. 图书馆，(3)：107-109.
吴吉义，李文娟，黄剑平，等. 2015. 移动互联网研究综述[J]. 中国科学：信息科学，(1)：45-69.
吴元业. 2014. 图书馆联盟云计算应用研究——以 DRAA 新门户为例[J]. 图书馆论坛，(3)：103-106.
吴政. 2009. 通用手机图书馆系统的设计与实现[J]. 现代图书情报技术，(1)：98-104.
谢强，石慧. 2013. 图书馆移动服务版权管理平台设计与实现[J]. 图书馆论坛，33（2)：102-106.
谢原，张静鹏，周秀霞. 2012. 图书馆联盟云计算服务平台的设计与实现——以吉林省图书馆联盟云服务平台建设为例[J]. 情报科学，30（12)：1854-1857.

虚拟化与云计算小组. 2011. 云计算实践之道：战略蓝图与技术架构[M]. 北京：电子工业出版社.

徐亮亮. 2010. 基于 PKI 的 Web 单点登录系统的设计与实现[D]. 中南大学硕士学位论文.

徐鹏，陈思，苏森. 2012. 互联网应用 PaaS 平台体系结构[J]. 北京邮电大学学报，35（1）：120-124.

许统. 2011. 手机二维码在国内的发展及应用[J]. 电脑与信息技术，（6）：62-63.

薛涵. 2014. 基于 WLAN 的图书馆室内定位技术研究[J]. 图书馆杂志，（12）：81-86，98.

严潮斌，于国辉，段漉希，等. 2013. 加州大学图书馆多平台云迁移策略研究[J]. 图书情报工作，57（11）：49-54.

颜永庆. 2005. 移动通信发展的回顾及展望[J]. 江苏通信技术，（4）：14-19.

杨萌，彭蕾. 2012. 基于 Drupal 构建移动图书馆的研究[J]. 图书馆学研究，（4）：26，36-37.

杨晴虹，程志超，刘燕权. 2015. 美国高校图书馆移动服务现状调查与分析[J]. 图书与情报，（3）：83-89.

杨曙. 2013. 手机图书馆阅读产业链当前模式的改进与未来走向[J]. 高校图书馆工作，33（2）：22-26.

杨艳妮，明均仁，张杰. 2015. 基于 Android 的移动图书馆 APP 功能设计与实现[J]. 图书馆学研究，（7）：23-30.

杨喆. 2012. 高校手机图书馆的现状与发展前景[J]. 南阳师范学院学报（社会科学版），11（8）：86-88.

姚飞，姜爱蓉. 2015. 移动图书馆：从设备到人——2014 年第 5 届国际移动图书馆会议综述[J]. 现代图书情报技术，（1）：1-8.

叶莎莎，杜杏叶. 2013. 国内外移动图书馆的应用发展综述[J]. 图书情报工作，57（6）：141-147.

俞禅. 1994. 美国出现“没有屋顶的图书馆”[J]. 衡阳师范学院学报，（2）：111.

袁琦，闵栋. 2009. 移动 DRM 技术的发展和应用分析[J]. 电信网技术，（12）：28-32.

曾满江，李勇文，刘娟，等. 2012. 提升用户体验的移动图书馆网站优化研究——以四川移动手机图书馆项目为例[J]. 现代图书情报技术，（1）：85-91.

曾瑞，赵跃龙. 2009. 基于 WAP 技术的移动图书馆研究与设计[J]. 图书情报工作，53（21）：106-109.

詹舒波. 2000. WAP-移动互联网解决方案[M]. 北京：北京邮电大学出版社.

张蓓，张成昱，姜爱蓉，等. 2013. 二维条码在移动图书馆服务拓展中的应用探索[J]. 图书情报工作，57（4）：21-24.

张丹丹，杨思洛. 2015. 省级公共图书馆微信公众平台利用情况调查和分析[J]. 图书馆，

（6）：60-63.
张建中，钟慧敏. 2012. 基于云计算的图书馆云服务及其安全问题浅析[J]. 高校图书馆工作，32（2）：67-69.
张磊. 2013. 上海图书馆移动服务实践与创新[J]. 图书情报工作，57（4）：11-15.
张苏闽，鄢小燕，谢黎. 2012. 国外数据库出版商移动服务方案分析及启示[J]. 图书情报工作，56（11）：65-70.
张文彦，张瑞贤. 2009. 美中 WAP 手机图书馆发展现状比较[J]. 图书馆杂志，（7）：64-68.
张洋洋. 2011. SaaS 架构设计及单点登录技术研究[D]. 东北大学硕士学位论文.
张莹，俞天岩. 2012. 图书馆应用移动云计算技术的探讨[J]. 沈阳航空航天大学学报，29（6）：80-82.
赵美凯. 2012. 基于 Eucalypts 的数字图书馆私有云服务系统的研究与实现[D]. 北京邮电大学硕士学位论文.
赵明霞. 2012. 手机媒体阅读与知识产权保护研究[J]. 图书馆学研究，（12）：76-78.
赵夏丽，李峥. 2012. 移动图书馆的发展和前景分析[J]. 软件导刊，（7）：130-131.
郑成铭，詹庆东. 2011. 基于内容管理的移动图书馆服务平台构建[J]. 情报理论与实践，34（5）：105-109.
郑德俊，沈军威，张正慧. 2014. 移动图书馆服务的用户需求调查及发展建议[J]. 图书情报工作，58（7）：46-52.
周剑，张明新. 2012. 云计算平台即服务 PaaS 架构研究与设计[J]. 常熟理工学院学报，26（8）：85-88.
周津慧，初景利. 2011. 分报告七：OCLC 考察报告[J]. 数字图书馆论坛，（1）：61-70.
周培培，席闯，潘洁. 2015. 移动图书馆与微信图书馆的比较研究[J]. 大学图书情报学刊，（2）：17-20.
周朴雄，秦雷. 2012. 基于 Agent 和 LBS 的移动信息推送服务研究[J]. 情报杂志，（6）：173-176.
周怡，张敏，李莹. 2012. 复旦大学移动图书馆用户需求及体验的调查与分析[J]. 上海高校图书情报工作研究，（2）：28-34.
朱朝晖，王翔，周冠宇. 2011. 基于云计算的移动图书馆系统的研究与设计[J]. 移动通信，（9）：29-33.
朱多刚. 2012. 高校学生使用移动图书馆的行为意向研究[J]. 图书情报知识，（4）：75-80.
朱海峰. 2002. 数字化图书馆的发展——无线图书馆[J]. 图书馆理论与实践，（6）：14-15.
朱铁婷，宋庆功，宋玲玲，等. 2014. 中美日高校图书馆面向移动学习服务的比较研究[J]. 图书馆学研究，（20）：69-74.

邹晴枫. 2014. 区域联盟图书馆云计算服务中心的构建——以温州大学图书馆为例[J]. 图书馆理论与实践，(6)：92-95.

Aharony N. 2013. Librarians' attitudes towards mobile services[J]. Aslib Proceedings：New Information Perspectives，65（4）：358-375.

Becker D A，Bonadie-Joseph I，Cain J. 2013. Developing and completing a library mobile technology survey to create a user-centered mobile presence[J]. Library Hi Tech，31（4）：688-699.

Billi M，Burzagli L，Catarci T，et al. 2010. A unified methodology for the evaluation of accessibility and usability of mobile applications[J]. Universal Access in the Information Society，9（4）：337-356.

Cao Y，Tin T，McGreal R，et al. 2006. The Athabasca University Mobile Library Project：Increasing the Boundaries of Anytime and Anywhere Learning for Students[C]. Proceedings of the 2006 International Conference on Wireless Communications and Mobile Computing，ACM.

Carlucci T L. 2012. Mobile services：How libraries are working with some of the latest mobile technologies[J]. Library Journal，137（5）：76-77.

Carvalho L. 2010. Your Position in the Cloud Ecosystem[C]. 7th Cloud Computing Conference & Expo.

Chandhok S，Babbar P. 2011. M-learning in distance education libraries：A case scenario of Indira Gandhi National Open University[J]. The Electronic Library，29（5）：637-650.

Chang C-C. 2013. Library mobile applications in university libraries[J]. Library Hi Tech，31（3）：478-492.

Chen H J，Hua Y H. 2011. A Semantic-Based Mobile Publishing Framework with Copyright Protection[J]. Emerging Research in Web Information Systems and Mining，Communications in Computer and Information Science，(238)：320-327.

Coursaris C K，Kim D J. 2006. A Qualitative Review of Empirical Mobile Usability Studies[C]. Proceedings of the Twelfth Americas Conference on Information Systems.

Cummings J，Merrill A，Borrelli S. 2010. The use of handheld mobile devices：Their impact and implications for library services[J]. Library Hi Tech，28（1）：22-40.

David R. 2011. Boopsie app feature：Scan ISBN barcodes，place holds[J]. Library Journal，136（11）：22.

Foster C D. 1995. PDAs and the library without a roof[J]. Journal of Computing in Higher Education，7（1）：85-93.

Goh T-T. 2011. Exploring gender differences in SMS-based mobile library search system adoption[J]. Educational Technology & Society，14（4）：192-206.

Hahn J. 2011. Location-based recommendationservices in library book stacks[J]. Reference Service Review，39（4）：654-674.

Hahn J. 2012. Mobile augmented reality applications for library services[J]. New Library World，113（9/10）：429-438.

Harrison R，Flood D，Duce D. 2013. Usability of mobile applications：Literature review and rationale for a new usability model[J]. Journal of Interaction Science，1（1）：1-16.

Hartson H R. 1998. Human computer interaction：Interdisciplinary roots and trends[J]. The Journal of System and Software，43（2）：103-118.

Hashim A S，Ahmad W F W，Ahmad R. 2011. Usability Study of Mobile Learning Course Content Application as a Revision Tool[M]. Heidelberg：Springer-Verlag Berlin.

Hegarty R，Wusteman J. 2011. Evaluating EBSCOhost mobile[J]. Library Hi Tech，29（2）：320-333.

Hey J，Sandhu J S，Newman C，et al. 2007. Designing mobile digital library services for pre-engineering and technology literacy[J]. International Journal of Engineering Education，23（3）：441-453.

Hudson A. 2010. Measuring the impact of cultural diversity on desired mobile reference services[J]. Reference Services Review，38（2）：299-308.

International Organization for Standardization. 1998. Ergonomic Requirements for Office Work with Visual Display Terminals（VDTs）. Part 11：Guidance on Usability，International Standards Organization，Geneva.

Jakob N，Thomas L. 1993. A Mathematical Model of the Finding of Usability Problems[C]. Proceedings of the INTERACT'93 and CHI'93 Conference on Human Factors in Computing Systems，ACM.

Jeong W，Han H J. 2012. Usability study on newspaper mobile websites[J]. OCLC Systems & Services：International Digital Library Perspectives，28（4）：180-198.

Jingru H. 2013. Global village：Mobile access to library resources[J]. Library Hi Tech，31（3）：467-477.

Johnstone B T. 2011. Boopsie and librarians：Connecting mobile learners and the library[J]. Library Hi Tech News，28（4）：18-21.

Josh H. 2009. WorldCat iPhone app offers "smart prefix" search[J]. Library Journal，134（8）：17.

Kahl P， Rua R. 2011. Cuyahoga county checks out boopsie's checkout app[J]. American Libraries，42（11/12）：26.

Kroski E. 2008. Library Mobile Initiatives[J]. Library Technology Reports，44（5）：33-38.

Kumar A. 2014. Students opinion about the success of mobile technology in libraries：A case study of Jawaharlal Nehru University（JNU），New Delhi[J]. New Library World，115（9/10）：471-481.

Lenk A，Klems M，Nimis J，et al. 2009. What's Inside the Cloud? An Architectural Map of the Cloud Landscape[C]. Proceedings of the 2009 ICSE Workshop on Software Engineering Challenges of Cloud Computing. IEEE Computer Society.

Li A G. 2013. Mobile library service in key Chinese academic libraries[J]. The Journal of Academic Librarianship，39（3）：223-226.

Lingru H. 2013. Global village：Mobile access to library resources[J]. Library Hi Tech，31（3）：467-477.

Liu Y Q，Briggs S. 2015. A library in the palm of your hand：Mobile services in top 100 university libraries[J]. Information Technology and Libraries，34（2）：133-148.

Ma X X，Yan B，Chen G L. 2013. Design and implementation of a toolkit for usability testing of mobile apps[J]. Mobile Networks and Applications，18（1）：81-97.

Miller R E，Vogh B S，Jennings E J. 2013. Library in an app：Testing the usability of boopsie as a mobile library application[J]. Journal of Web Librarianship，7（2）：142-153.

Needham G，Ally M. 2008. M-Libraries：Libraries on the Move to Provide Virtual Access[M]. London：Facet Publishing.

Negishi M. 2002. Mobile Access to Libraries：Librarians and User Experience for "I-Mode" Applications in Libraries[C]. Libraries for life：Democracy，diversity，Delivery（68th IFLA Council and General Conference：Conference Programme and Proceedings）.

Nie M，Armellini A，Witthaus G，et al. 2011. How do e-book readers enhance learning opportunities for distancework-based learners?[J]. Research in Learning Technology，19（1）：19-38.

Nielsen J. 1992. Finding Usability Problems Through Heuristic Evaluation[C]. Proceedings of the SIGCHI Conference on Human Factors in Computing Systems. New York：ACM Press.

Nowlan G. 2013. Going mobile：creating a mobile presence for your library[J]. New Library World，114（3/4）：142-150.

Pasanen I. 2002. Around the world to Helsinki University of technology：New library services for mobile users[J]. Library Hi Tech News，19（5）：25-27.

Pazur I. 2014. Attitude of the rudjer boškovic institute's scientists to the small screen mobile devices library services a user survey[J]. Library Hi Tech，32（4）：628-644.

Pendell K D，Bowman M S. 2012. Usability study of a library's mobile website：An example from Portland State University[J]. Information Technology and Libraries，31（2）：45-62.

Preece J，Rogers Y，Sharp H，et al. 1994. Human-computer Interaction. Wokingham：Addison-Wesley.

Pu Y-H，Chiu P-S，Chen T-S，et al. 2015. The design and implementation of a mobile library APP system[J]. Library Hi Tech，33（1）：15-31.

Rogers R，Preston H. 2009. Usability analysis for redesign of a caribbean academic library website：A case study[J]. OCLC Systems & Services：International Digital Library Perspectives，25（3）：200-211.

Rosario J A，Ascher M T，Cunningham D J. 2012. A study in usability：Redesigning a health sciences library's mobile site[J]. Medical Reference Services Quarterly，31（1）：1-13.

Sahilu S W S，Ahmad W F W，Haron N S. 2010. Development and usability evaluation of platform independent mobile learning tool[J]. International Journal of Computer & Information Engineering，4（4）：1310-1321.

Saravani S-J，Haddow G. 2011. The mobile library and staff preparedness：Exploring staff competencies using the unified theory of acceptance and use of technology model[J]. Australian Academic and Research Libraries，42（3）：179-190.

Seeholzer J，Salem J A. 2011. Library on the go：A focus group study of the mobile web and the academic library[J]. College & Research Libraries，72（1）：9-20.

Shachaf P，Snyder M. 2007. The relationship between cultural diversity and user needs in virtual reference services[J]. The Journal of Academic Librarianship，33（3）：361-367.

Shackel B，Richardson S J. 1991. Human Factors for Informatics Usability[M]. Cambridge，New York：Cambridge University Press.

Song Y-S，Lee J-M. 2012. Mobile device ownership among international business students：Aroad to the ubiquitous library[J]. Reference Services Review，40（4）：574-588.

Tian Y，Chen J I. 2010. A research on architecture of digital publishing management system[J]. Computer and Information Science，3（3）：66-70.

Toteja R，Kumar S. 2012. Usefulness of m-devices in education：A survey[C]. Social and Behavioral Sciences. New Delhi：Elsevier.

Tsiaousis A S，Giaglis G M. 2014. Mobile websites：usability evaluation and design[J].

International Journal of Mobile Communications，12（1）：29-55.

Wang C-Y，Ke H-R，Lu W-C. 2012. Design and performanceevaluation of mobile web services in libraries：A case study of the Oriental Institute of Technology Library[J]. The Electronic Library，30（1）：33-50.

Want P. 1990. The history and development of mobile libraries[J]. Library Management，11(2)：5-14.

Wei Q Y，Chang Z X，Cheng Q. 2015. Usability study of the mobile library app：An example from Chongqing University[J]. Library Hi Tech，33（3）：340-355.

Wichansky A M. 2000. Usability testing in 2000 and beyond[J]. Ergonomics，43（7）：998-1006.

Wisniewski J. 2011. Mobile usability[J]. Bulletin of the American Society for Information Science and Technology（Online），38（1）：30-32.

Wong S H R. 2012. Which platform do our users prefer：Website or mobile app?[J]. Reference Services Review，40（1）：103-115.

Yeh S-T，Fontenelle C. 2012. Usability study of a mobile website：The Health Sciences Library，University of Colorado Anschutz Medical Campus，experience[J]. Journal of the Medical Library Association，100（1）：64-68.

Zhang D S，Adipat B. 2005. Challenges，methodologies，and issues in the usability testing of mobile Applications[J]. International Journal of Human-Computer Interaction，18（3）：293-308.

附　录

附录1　中国国家图书馆和省级公共图书馆的移动服务基本信息表

序号	图书馆名称	图书馆的英文名称	图书馆主页网址	移动网站访问网址	微信图书馆名称/微信公众号	移动图书馆客户端名称
1	国家图书馆	National library of China	http：//www.nlc. cn/	http：//wap.nlc.gov.cn	国家图书馆/chnlibrary	国家数字图书馆
2	上海图书馆	Shanghai Library	http：//www.library.sh.cn/	—	上海图书馆/shanghailibrary	上海图书馆移动客户端
3	重庆图书馆	Chongqing Library	http：//www.cqlib.cn/	—	重庆图书馆	掌上重图
4	广东省中山图书馆	Sun Yat-Sen Library of Guangdong Province	http：//www.zslib.com.cn/	—	广东省立中山图书馆/zslib_wx	广东省图书馆
5	江西省图书馆	Jiangxi Provincial Library	http：//www.jxlib.gov.cn/	http：//m.jxlib.gov.cn/	江西省图书馆/jxstsg	移动图书馆

续表

序号	图书馆名称	图书馆的英文名称	图书馆主页网址	移动网站访问网址	微信图书馆名称/微信公众号	移动图书馆客户端名称
6	山东省图书馆	Shandong Library	http：//www.sdlib.com/	http：//m.sdlib.com	山东省图书馆/shandonglibrary	移动图书馆
7	河北省图书馆	Hebei Library	http：//www.helib.net/	http：//m.superlib.com/938/	河北省图书馆/	移动图书馆
8	辽宁省图书馆	Liaoning Provincial Library	http：//www.lnlib.com/	http：//ln.ddlib.com	辽宁省图书馆/lnlibrary	移动图书馆
9	黑龙江省图书馆	Heilongjiang Provincial Library	http：//www.hljlib.org.cn/	http：//m.5read.com/hljlib	黑龙江省图书馆/hljstsg2014	移动图书馆
10	吉林省图书馆	Jilin Province Library	http：//www.jlplib.com.cn/	—	吉林省图书馆/jlstsg	吉林云图
11	浙江图书馆	Zhejiang Library	http：//www.zjlib.cn	http：//wap.zjelib.cn	浙江图书馆/zhejianglib	移动图书馆
12	宁夏图书馆	Ningxia Library	http：//www.nxlib.cn/	http：//m.superlib.com/5188	—	移动图书馆
13	贵州省图书馆	Guizhou Public Library	http：//www.gzlib.com.cn/	http：//m.superlib.com/1078	贵州省图书馆	移动图书馆
14	海南省图书馆	Hainan Library	http：//www.hilib.com/	http：//m.superlib.com/296	海南省图书馆/hnstsg	移动图书馆
15	天津图书馆	Tianjin Library	http：//www.tjl.tj.cn/	http：//m.5read.com/tjl	天津图书馆/tjlibrary	移动图书馆
16	首都图书馆	Capital Library of China	http：//www.clcn.net.cn/	http：//m.clcn.net.cn	首都图书馆/shoutu1913	移动图书馆
17	福建省图书馆	Fujian Library	http：//www.fjlib.net/	http：//m.fjlib.net/ddlib/	福建省图书馆/FuJianLIB	移动图书馆
18	陕西省图书馆	Shanxi Library	http：//www.sxlib.org.cn/	http：//m.5read.com/4564	陕西省图书馆/sxlib1909	移动图书馆
19	广西壮族自治区图书馆	Library of Guangxi Zhuang Autonomous Region	http：//www.gxlib.org.cn/	http：//m.5read.com/gxzz	广西图书馆	移动图书馆
20	新疆维吾尔自治区图书馆	Library of Xinjiang Uygur Autonomous Region	http：//www.xjlib.org/	—	新疆图书馆/xj_library	移动图书馆
21	河南省图书馆	Henan Provinicial Library	http：//www.henanlib.gov.cn/	—	河南省图书馆/hnlibrary	—
22	四川省图书馆	Sichuan Library	http：//www.sclib.org/	http：//sc.m.ndlib.cn/	四川省图书馆/sclibrary	—

续表

序号	图书馆名称	图书馆的英文名称	图书馆主页网址	移动网站访问网址	微信图书馆名称/微信公众号	移动图书馆客户端名称
23	山西省图书馆	Shanxi Library	http：//lib.sx.cn/	http：//m.5read.com/sx	山西省图书馆/libsxcn	移动图书馆
24	南京图书馆	Nanjing Library	http：//www.jslib.org.cn/	http：//m.jslib.org.cn	南京图书馆/njtsgwx	—
25	安徽省图书馆	Anhui Provincial Library	http：//www.ahlib.com/	—	安徽省图书馆	—
26	青海省图书馆	Qinghai Library	http：//www.qhlib.org/	—	青海省图书馆	—
27	甘肃省图书馆	Gansu Provincial Library	http：//www.gslib.com.cn/	—	甘肃省图书馆/gslib1916	—
28	湖北省图书馆	Hubei Provincial Library	http：//www.library.hb.cn	http：//m.5read.com/hb	湖北省图书馆/hblibrary	移动图书馆
29	湖南省图书馆	Hunan Library	http：//www.library.hn.cn/	http：//wap.library.hn.cn	湖南省图书馆/hntsg1904	—
30	云南省图书馆	The Library of Yunnan Province	http：//www.ynlib.cn/	http：//www.ynlib.cn/	云南省图书馆/ynlibrary	—

注：

（1）国家图书馆承担了公共图书馆的部分职能，也是国内最早开通移动服务的图书馆，因此，将其作为调查对象之一

（2）在调研期间，内蒙古图书馆和西藏自治区图书馆的主页一直无法打开，无法了解其移动服务开展的基本情况，将这两家图书馆排除在外，本次移动服务调研的中国公共图书馆数量为 30 家

附录2　中国国家图书馆和省级公共图书馆的移动服务调研数据表

序号	图书馆名称（是否支持网页响应式设计技术）	移动服务模式	移动网站服务列表*	移动网站咨询方式**	微信服务功能列表*	客户端支持的系统平台	客户端移动服务列表*	客户端咨询方式**	客户端开发模式	客户端系统开发商	客户端运行模式	移动客户端资源量***	移动资源存储方式	图书馆提供的其他移动APP服务
1	国家图书馆（否）	短信息、移动网站、客户端、微信	1，2，4，5，6，7，9，10，14，15，16，17，18，19	2，3	1，2，3，15，16，17，18，19，25，26	iOS，Android	1，2，4，5，6，7，9，10，16，17，19，24，25	2，3	自主研发	—	本地	经典阅读：94种；文献数据库：CNKI工具书、手机知网、读览天下	云存储	文津经典诵读、国图选粹
2	上海图书馆（是）	短信息、客户端、微信	—	—	1，2，9，15，16，18，19，21，25，26，29	iOS，Android	1，9，11，14，15，16，17，19，24，25	2	自主研发	—	本地	无	—	—
3	重庆图书馆（否）	短信息、客户端、微信	—	—	1，2，14，15，16，17，19，21，25，26，29	iOS，Android，Symbian	1，2，9，14，15，16，17，18，19	2	成熟产品	翡翠科技	本地运行	电子图书很少，大部分需要收费才能下载	云存储	读览天下
4	广东省中山图书馆（否）	短信息、客户端、微信	—	—	1，9，14，15，16，19，24，25	iOS，Android	1，2，3，4，6，7，8，10，11，15，16，17，18，19，20，23，24	—	联合开发	超星公司	本地+云服务	超星移动资源包	云存储	NFC自助借书客户端
5	江西省图书馆（否）	短信息、移动网站、客户端、微信	1，2，3，4，6，7，8，10，11，16，17，19，20	—	1，13，14，15，16，18，19，25，27	iOS，Android	1，2，3，4，6，7，8，10，11，16，17，19，20，24，25	—	成熟产品	超星	云服务	超星移动资源包	云存储	—

续表

序号	图书馆名称（是否支持网页响应式设计技术）	移动服务模式	移动网站服务列表*	移动网站咨询方式**	微信服务功能列表*	客户端支持的系统平台	客户端移动服务列表*	客户端咨询方式**	客户端开发模式	客户端系统开发商	客户端运行模式	移动客户端资源量***	移动资源存储方式	图书馆提供的其他移动APP服务
6	山东省图书馆（否）	短信息、移动网站、客户端、微信	1，2，3，4，6，7，8，10，11，16，17，19，20	—	1，15，16，19，30	iOS，Android	1，2，3，4，6，7，8，10，11，16，17，19，20，24，25	—	成熟产品	超星	云服务	超星移动资源包	云存储	—
7	河北省图书馆（否）	短信息、移动网站、客户端、微信	1，2，3，4，6，7，8，10，11，17，19，20	—	1，2，3，15，16，18，19，25	iOS，Android	1，2，3，4，6，7，8，10，11，17，19，20，24，25	—	成熟产品	超星	云服务	超星移动资源包	云存储	—
8	辽宁省图书馆（否）	短信息、移动网站、客户端、微信	1，2，4，6，7，8，10，11，12，14，15，16，17，18，19，20	—	1，2，14，15，16，19，25	iOS，Android	1，2，3，4，6，7，8，10，11，14，15，16，17，19，20，24，26	—	成熟产品	书生	云服务	移动资源：电子图书、电子期刊、学术论文、新闻、报纸、公开课	云存储	—
9	黑龙江省图书馆（否）	短信息、移动网站、客户端、微信	1，2，3，4，6，7，8，10，11，16，17，19，20	—	1，2，15，18，19，25	iOS，Android	1，2，3，4，6，7，8，10，11，16，17，19，20，24，25	—	成熟产品	超星	云服务	超星移动资源包	云存储	—
10	吉林省图书馆（否）	短信息、客户端、微信	—	—	1，2，3，14，15，16，18，19，25	iOS，Android	1，2，3，4，6，7，8，10，11，16，17，19，20，24，25	—	成熟产品	超星	云服务	超星移动资源包	云存储	—
11	浙江图书馆（否）	短信息、移动网站、客户端、微信	1，2，3，4，6，7，8，10，11，17，19，20	—	1，2，3，15，16，19，27，31，32	iOS，Android	1，2，3，4，6，7，8，9，10，11，13，15，16，17，18，19，20，21，24，25，26，27	2	成熟产品	超星；书生	云服务	超星移动资源包	云存储	馆馆通、文化通
12	宁夏图书馆（否）	短信息、移动网站、客户端	1，2，3，4，6，7，8，10，11，17，19，20	—	—	iOS，Android	1，2，3，4，6，7，8，10，11，17，19，20，24，25	—	成熟产品	超星	云服务	超星移动资源包	云存储	—

续表

序号	图书馆名称（是否支持网页响应式设计技术）	移动服务模式	移动网站服务列表*	移动网站咨询方式**	微信服务功能列表*	客户端支持的系统平台	客户端移动服务列表*	客户端咨询方式**	客户端开发模式	客户端系统开发商	客户端运行模式	移动客户端资源量***	移动资源存储方式	图书馆提供的其他移动APP服务
13	贵州省图书馆（否）	短信息、移动网站、客户端、微信	1，2，3，4，6，7，8，10，11，17，19，20	—	1，2，3，15，16，18，19，21，25，26	iOS，Android	1，2，3，4，6，7，8，10，11，17，19，20，24，25	—	成熟产品	超星	云服务	超星移动资源包	云存储	—
14	海南省图书馆（否）	短信息、移动网站、客户端、微信	1，2，3，4，6，7，8，10，11，17，19，20	—	1，2，3，14，15，19，25	iOS，Android	1，2，3，4，6，7，8，10，11，17，19，20，24，25	—	成熟产品	超星	云服务	超星移动资源包	云存储	—
15	天津图书馆（否）	短信息、移动网站、客户端、微信	1，2，3，4，6，7，8，10，11，17，19，20	—	1，2，13，15，16，21，24，25	iOS，Android	1，2，3，4，6，7，8，10，11，17，19，20，24，25	—	成熟产品	超星	云服务	超星移动资源包	云存储	—
16	首都图书馆（否）	短信息、移动网站、客户端、微信	1，2，3，4，6，7，8，10，11，15，16，17，18，19，20	—	1，2，15，16，19，25，26	iOS，Android	1，2，3，4，6，7，8，10，11，16，17，19，20，24，25	—	成熟产品	超星	云服务	超星移动资源包	云存储	首图读览天下、首图移动知网
17	福建省图书馆（否）	短信息、移动网站、客户端、微信	1，2，4，6，7，8，10，11，12，14，15，16，17，18，19，20	—	16	iOS，Android	1，2，3，4，6，7，8，10，11，14，15，16，17，19，20，24，26	—	成熟产品	书生	云服务	移动资源：电子图书、电子期刊、学术论文、新闻、报纸、公开课	云存储	—
18	陕西省图书馆（有）	短信息、移动网站、客户端、微信	1，2，3，4，6，7，8，10，11，16，17，19，20	—	16	iOS，Android	1，2，3，4，6，7，8，10，11，16，17，19，20，24，25	—	成熟产品	超星	云服务	超星移动资源包	云存储	—

续表

序号	图书馆名称（是否支持网页响应式设计技术）	移动服务模式	移动网站服务列表*	移动网站咨询方式**	微信服务功能列表*	客户端支持的系统平台	客户端移动服务列表*	客户端咨询方式**	客户端开发模式	客户端系统开发商	客户端运行模式	移动客户端资源量***	移动资源存储方式	图书馆提供的其他移动APP服务
19	广西壮族自治区图书馆（否）	短信息、移动网站、客户端、微信	1，2，3，4，6，7，8，10，11，16，17，19，20	—	1，14，15，16，18，19，24，25，26	iOS，Android	1，2，3，4，6，7，8，10，11，16，17，19，20，24，25	—	成熟产品	超星	云服务	超星移动资源包	云存储	—
20	新疆维吾尔自治区图书馆（否）	客户端、微信	—	—	1，2，3，15，18，19，20，25，26	iOS，Android	1，2，3，4，6，7，8，10，11，16，17，19，20，24，25	—	成熟产品	超星	云服务	超星移动资源包	云存储	—
21	河南省图书馆（否）	微信	—	—	16	—	—	—	—	—	—	—	—	—
22	四川省图书馆（否）	移动网站、微信	1，2，10，18	—	16	—	—	—	—	—	—	—	—	—
23	山西省图书馆（否）	短信息、移动网站、客户端、微信	1，2，3，4，6，7，8，10，11，17，19，20	—	1，16，18，19，25	iOS，Android	1，2，3，4，6，7，8，10，11，17，19，20，24，25	—	成熟产品	超星	云服务	超星移动资源包	云存储	—
24	南京图书馆（有）	短信息、移动网站、微信	1，2，3，15，16，19	—	1，2，3，16，18，19，25	—	—	—	—	—	—	—	—	—
25	安徽省图书馆（否）	微信	—	—	1，15，16，18，19，25	—	—	—	—	—	—	—	—	—
26	青海省图书馆（否）	短信、微信	—	—	1，15，16，19，25	—	—	—	—	—	—	—	—	—
27	甘肃省图书馆（否）	微信	—	—	1，2，14，15，16，18，19，25	—	—	—	—	—	—	—	—	—

续表

序号	图书馆名称（是否支持网页响应式设计技术）	移动服务模式	移动网站服务列表*	移动网站咨询方式**	微信服务功能列表*	客户端支持的系统平台	客户端移动服务列表*	客户端咨询方式**	客户端开发模式	客户端系统开发商	客户端运行模式	移动客户端资源量***	移动资源存储方式	图书馆提供的其他移动 APP 服务
28	湖北省图书馆（否）	短信息、移动网站、客户端、微信	1，2，3，4，6，7，8，10，11，16，17，19，20，22	—	1，2，3，14，15，16，18，19，25，26	iOS，Android	1，2，3，4，6，7，8，10，11，16，17，19，20，24，25	—	成熟产品	超星	云服务	超星移动资源包	云存储	馆馆通、长江论坛、博看人文畅销期刊移动客户端
29	湖南省图书馆（否）	短信息、移动网站、微信	1，2，9，15，16，18，19	3	1，2，14，15，16，18，19，25	—	—	—	—	—	—	—	—	—
30	云南省图书馆（有）	移动网站、微信	1，11，14，15，16，18，19	—	1，2，3，14，15，16，19，25	—	—	—	—	—	—	—	—	—

注：

*移动服务功能列表：1. 馆藏目录检索；2. 电子书刊阅读；3. 音频、视频资料；4. 数字资源检索；5. 移动文献数据库；6. 数字资源阅读；7. 数字资源下载；8. 文献传递；9. 参考咨询服务；10. 读者留言/反馈；11. SNS 服务（图书评论、微博）；12. 社交网站访问链接；13. 推荐购书；14. 开放时间；15. 读者指南（读者导引、到馆路线，FAQ，联系我们）；16. 通知与公告；17. 短信息服务（预约提醒、到期提醒）；18. 书刊推介（新书推荐、热门推荐）；19. 我的图书馆（借阅历史、当前借阅、预约、续借、收藏夹、检索历史、浏览历史等）；20. 订阅功能（RSS 订阅、订阅期刊、讲座订阅、报纸订阅）；21. 位置服务（查找最近的图书馆、图书馆导航、书架导航）；22. 增强现实；23. 近场通信技术（NFC）；24. 扫描条码；25. 语音识别；26. 优秀 APP 推荐；27. 预约空间服务（研修室、阅览座位）；28. 预约硬件（计算机）；29. 二维码/条码借阅证；30. 读者证挂失；31. 图书转借；32. 停车位查询/预约；33. 预约取书；34. 手机自助借书

**移动咨询服务方式列表：1. 实时咨询；2. 表单咨询；3.电话咨询；4. 学科馆员；5. 邮件咨询；6. 短信咨询

***超星移动资源包：110 万种电子图书，其中文本书大概 20 万种；电子期刊 3000 种；音视频 3 万多集；报纸 300 种

“—”表示无此项目的内容

附录3　美国顶尖25所公共图书馆的移动服务基本信息表

序号	图书馆名称	图书馆主页网址	移动网站访问网址	移动图书馆客户端名称
1	New York Public Library	http：//www.nypl.org/	http：//m.nypl.org/	NYPL Mobile
2	Boston Public Library	http：//www.bpl.org/	—	Boston Public Library
3	County of Los Angeles Public Library	http：//www.colapublib.org/	—	LA County Library
4	Detroit Public Library	http：//www.detroitpubliclibrary.org/	—	
5	Queens Borough Public Library	http：//www.queenslibrary.org/	m.queenslibrary.org	Queens Library
6	Los Angeles Public Library	http：//www.lapl.org/	http：//m.lapl.org/	LAPL to Go
7	Chicago Public Library	http：//www.chipublib.org/	—	Chicago Public Library
8	Free Library of Philadelphia	http：//www.freelibrary.org/	http：//www.freelibrary.org/mobile/	—
9	San Diego Public Library	http：//www.sandiego.gov/public-library/	—	SDPL To Go
10	Dallas Public Library	http：//www.dallaslibrary2.org/	http：//www.dallaslibrary2.org/mobile/	Dallas Public Library
11	Public Library of Cincinnati and Hamilton County	http：//www.cincinnatilibrary.org/	—	Cincinnati Public Library
12	Cleveland Public Library	http：//cpl.org/	—	CLEVNET Libraries
13	Allen County Public Library	http：//www.acpl.lib.in.us/	—	ACPL Mobile
14	Brooklyn Public Library	http：//www.bklynlibrary.org/	http：//m.brooklypubliclibrary.org	My BPL
15	Hennepin County Library	http：//www.hclib.org/	—	Quick HCLib
16	Hawaii State Public Library System	http：//hawaii.sdp.sirsi.net/client/default	—	Hawaii Mobile
17	King County Library System	http：//www.kcls.org/	—	KCLS
18	Broward County Libraries Division	http：//www.broward.org/	—	BCL WOW
19	Cuyahoga County Public Library	http：//www.cuyahogalibrary.org/	—	CCPL Mobile
20	Montgomery County Public Libraries	http：//www.montgomerycountymd.gov/library/	—	BookMyne
21	Mid-Continent Public Library	http：//www.mymcpl.org/	—	Mid-Continent Public Library
22	San Francisco Public Library	http：//sfpl.org/	http：//sfpl.org/mobile.xhtml.php	San Francisco Public Library
23	Jacksonville Public Library	http：//www.jacksonvillelibrary.com/	—	Jacksonville Public Library

注：调研期间，Miami-Dade Public Library System 和 Las Vegas-Clark County Library System 的图书馆主页一直无法打开，无法了解其移动服务开展的基本情况，所以本次移动服务调研的美国公共图书馆数量为23家

附录 4　美国顶尖 25 所公共图书馆的移动服务调查数据表

序号	公共图书馆名称（是否支持网页响应式设计技术）	移动服务模式	移动网站服务列表	移动网站咨询方式	客户端支持的系统平台	客户端移动服务列表	客户端咨询方式	客户端开发模式	客户端开发商	客户端系统运行模式	客户端移动阅读的资源量	资源存储方式	其他移动 APP 服务
1	New York Public Library（是）	短信息；移动网站；客户端	1，5，9，10，12，14，15，16，17，19，21	1，3，5	iOS，Android	1，2，3，11，14，15，16，17，18，19，21，24，29，33	—	成熟产品	Biblio Commons	云服务	电子图书 118 012 册；有声读物 18 460 种	云存储	1. NYPL Biblion: World's Fair 2. Biblion: Frankenstein and the Afterlife of Shelley's Circle
2	Boston Public Library（否）	客户端	—	—	iOS，Android	1，2，3，11，14，15，18，19，21，24，33	—	成熟产品	Biblio Commons	云服务	452 236 种电子图书和有声读物	云存储	无
3	County of Los Angeles Public Library（否）	短信息；客户端	—	—	iOS，Android，WP，Kindle	1，2，3，9，12，14，15，16，17，19，21，24，26，33	3，5，6	成熟产品	Boopsie	云服务	17 652EPUb 电子图书；5 287 有声读物	云存储	1. OverDrive 2. hoopla 3. Zinio 4. Mango Mobile 5. Freegal Music 6. Tutor.com To Go 7. Access my Library 8. OneClick Digital 9. ReferenceUSA
4	Detroit Public Library（否）	未提供移动服务	—	—	—	—	—	—	—	—	—	—	1. hoopla
5	Queens Borough Public Library（否）	短信息；移动网站；客户端	1，2，3，9，10，11，12，14，15，16，17，18，19，21	1，3，5	iOS，Android	1，2，3，9，12，15，16，17，19，21，24	1，2	自主开发	—	未知	未知	未知	—

续表

序号	公共图书馆名称（是否支持网页响应式设计技术）	移动服务模式	移动网站服务列表	移动网站咨询方式	客户端支持的系统平台	客户端移动服务列表	客户端咨询方式	客户端开发模式	客户端开发商	客户端系统运行模式	客户端移动阅读的资源量	资源存储方式	其他移动 APP 服务
6	Los Angeles Public Library（否）	短信息；移动网站；客户端	1，2，3，14，15，17，19，26	3，5	iOS，Android，WP，Kindle	1，2，3，5，12，13，14，17，18，19，20，21，24，26，33，34	—	成熟产品	Boopsie	云服务	电子图书、有声读物（由 OverDrive，OneClickdigital 和 Axis 360 提供，数量未知）	云存储	1. Tutor 2. OverDrive
7	Chicago Public Library（是）	客户端	—	—	iOS，Android	1，2，3，10，11，12，14，15，16，19，21，24，33		成熟产品	Biblio Commons	云服务	电子图书 21 342 种，有声读物 25 712 种	云存储	—
8	Free Library of Philadelphia（否）	短信息；移动网站	1，2，3，5，9，11，12，14，15，16，17，19，21	2，3	—	—	—	—	—	—	—	—	—
9	San Diego Public Library（是）	短信息；客户端	—	—	iOS，Android，WP，Amazon，Kindle	1，2，3，5，9，11，12，14，15，16，17，19，24，33	3，5	成熟产品	Boopsie	云服务	电子书和有声读物（由 OverDrive、OneClickdigital、Axis 360 提供），数量未知	云存储	1. OneClickdigital 2. OverDrive 3. EBSCO 4. Gale eBooks 5. Bookmyne
10	Dallas Public Library（否）	移动网站；客户端	1，14，15，16，19	—	iOS	1，11，14，15，18，19，21，24，33，34	—	成熟产品	Hybrid Forge	未知	无电子图书和有声读物	—	—

续表

序号	公共图书馆名称（是否支持网页响应式设计技术）	移动服务模式	移动网站服务列表	移动网站咨询方式	客户端支持的系统平台	客户端移动服务列表	客户端咨询方式	客户端开发模式	客户端开发商	客户端系统运行模式	客户端移动阅读的资源量	资源存储方式	其他移动 APP 服务
11	Public Library of Cincinnati and Hamilton County（否）	短信息；客户端	—	—	iOS，Android，WP，Amazon Kindle	1，2，3，9，11，12，14，15，16，17，19，24，33，34	3，5，6	成熟产品	Boopsie	云服务	EPUB 电子图书 45 025 种；有声读物 10 498 种	云存储	1. AccessMyLibrary 2. Freading 3. Freegal Music 4. Homework Help Now from Brainfuse 5. EBSCO Mobile 6. Hoopla 7. Mango Languages 8. NoveList Plus Mobile 9. OneClick 10. Overdrive App 11. ReferenceUSA 12. Signing Savvy 13. World Book Mobile 14. Worldcat Mobile 15. Zinio
12	Cleveland Public Library（是）	客户端	—	—	iOS	1，2，3，10，11，14，15，18，19，21，24，29，33，34	—	成熟产品	Biblio Commons	云服务	ebook 106 046 种；有声读物 16 252 种	云存储	—
13	Allen County Public Library（是）	客户端	—	—	iOS，Android	1，2，3，14，15，16，18，19，21，24，29，33，34	—	自主开发	—	本地	电子书和有声读物（由 OverDrive 提供），数量未知	云存储	—
14	Brooklyn Public Library（否）	移动网站；客户端	1，2，3，11，12，14，15，16，18，21	—	iOS，Android	1，2，3，10，11，14，15，21，24，33，34	—	成熟产品	Biblio Commons	云服务	eBook 80 391 种，有声读物 13 474 种	云存储	—

续表

序号	公共图书馆名称（是否支持网页响应式设计技术）	移动服务模式	移动网站服务列表	移动网站咨询方式	客户端支持的系统平台	客户端移动服务列表	客户端咨询方式	客户端开发模式	客户端开发商	客户端系统运行模式	客户端移动阅读的资源量	资源存储方式	其他移动 APP 服务
15	Hennepin County Library（是）	短信息；客户端	—	—	iOS	10，19	—	定制开发	Teridot	未知	—	—	—
16	Hawaii State Public Library System（否）	客户端	—	—	iOS，Android	1，11，14，15，16，19，24，33	—	成熟产品	ChiliFresh	未知	—	—	—
17	King County Library System（是）	客户端	—	—	iOS，Android	1，2，3，10，11，12，14，15，18，19，21，24，29，33	—	成熟产品	Biblio Commons	云服务	电子书 89 613 种，有声读物 26 268 种	云存储	1. READometer 2. OverDrive 3. Zinio 4. Tutor.com To Go 5. OneClickdigital 6. Mango Languages
18	Broward County Libraries Division（否）	短信息；客户端	—	—	iOS，Android	1，2，3，9，11，12，14，15，16，17，18，19，21，24，33	3，6	成熟产品	Boopsie	云服务	EPUB 电子书 43 818 种；有声读物 12 206 种 MP3 格式	云存储	—
19	Cuyahoga County Public Library（是）	短信息；客户端	—	—	iOS，Android，WP，Amazon Kindle	1，2，3，5，9，11，12，14，15，16，17，19，21，24，29，33，34	6	成熟产品	Boopsie	云服务	电子图书和有声读物，数量未知	云存储	—
20	Montgomery County Public Libraries（否）	客户端	—	—	iOS，Android	1，2，15，18，19，21，24，33	—	成熟产品	SirsiDynix		未知	未知	1. 3M Cloud Library 2. Zinio 3. Flipster 4. Freegal Music 5. Overdrive Media Console 6. OneClickDigital 7. Mango Languages

续表

序号	公共图书馆名称（是否支持网页响应式设计技术）	移动服务模式	移动网站服务列表	移动网站咨询方式	客户端支持的系统平台	客户端移动服务列表	客户端咨询方式	客户端开发模式	客户端开发商	客户端系统运行模式	客户端移动阅读的资源量	资源存储方式	其他移动 APP 服务
20	Montgomery County Public Libraries（否）	客户端	—	—	iOS，Android	1，2，15，18，19，21，24，33	—	成熟产品	SirsiDynix		未知	未知	8. ReferenceUSA 9. Access My Library from Gale
21	Mid-Continent Public Library（否）	短信息；客户端	—	—	iOS，Android，WP，Amazon Kindle	1，5，9，12，14，15，16，17，19，21，24，33	3，5，6	成熟产品	Boopsie	云服务	未知	云存储	1. Mango Languages 2. Freegal Music 3. Kansas City Business Journal 4. Flipster 5. OneClickdigital 6. OverDrive 7. ReferenceUSA 8. Tutor.com 9. Zinio 10. EBSCOhost 11. Access My Library（Gale）
22	San Francisco Public Library（否）	短信息；移动站点；客户端	1，5，9，14，15，16，17，19	1，3，5	iOS，Android	1，2，3，10，11，14，15，18，19，21，24，33	—	成熟产品	BiblioCommons	云服务	电子书：121 495 种；有声读物 32 030 种	云存储	1. Axis 360 2. enki 3. OverDrive 4. hoopla 5. Internet Archive 6. Zinio 7. Lynda.com 8. Mango 9. Treehouse 10. Alexander Street 11. Ebscohost

续表

序号	公共图书馆名称（是否支持网页响应式设计技术）	移动服务模式	移动网站服务列表	移动网站咨询方式	客户端支持的系统平台	客户端移动服务列表	客户端咨询方式	客户端开发模式	客户端开发商	客户端系统运行模式	客户端移动阅读的资源量	资源存储方式	其他移动 APP 服务
23	Jacksonville Public Library（是）	短信息；客户端	—	—	iOS，Android，WP，Amazon Kindle	1，2，3，9，11，12，14，15，16，19，21，24，33	1，3，6	成熟产品	Boopsie	云服务	电子书 21 802 EPUb 格式；10 404 MP3 有声读物	云存储	—

注：

（1）移动服务功能列表：1. 馆藏目录检索；2. 电子书刊阅读；3. 音频、视频资料；4. 数字资源检索；5. 移动文献数据库；6. 数字资源阅读；7. 数字资源下载；8. 文献传递；9. 参考咨询服务；10. 读者留言/反馈；11. SNS 服务（图书评论、微博）；12. 社交网站访问链接；13. 推荐购书；14. 开放时间；15. 读者指南（读者导引、到馆路线，FAQ，联系我们）；16. 通知与公告；17. 短信息服务（预约提醒、到期提醒）；18. 书刊推介（新书推荐、热门推荐）；19. 我的图书馆（借阅历史、当前借阅、预约、续借、收藏夹、检索历史、浏览历史等）；20. 订阅功能（RSS 订阅、订阅期刊、讲座订阅、报纸订阅）；21. 位置服务（查找最近的图书馆、图书馆导航、书架导航）；22. 增强现实；23. 近场通信技术（NFC）；24. 扫描条码；25. 语音识别；26. 优秀 APP 推荐；27. 预约空间服务（研修室、阅览座位）；28. 预约硬件（计算机）；29. 二维码/条码借阅证；30. 读者证挂失；31. 图书转借；32. 停车位查询/预约；33. 预约取书；34. 手机自助借书

（2）移动咨询服务方式列表：1. 实时咨询；2. 表单咨询；3. 电话咨询；4. 学科馆员；5. 邮件咨询；6. 短信咨询

（3）“—”表示无此项目的内容

附录 5　重庆大学移动图书馆系统服务及用户体验调查

请留下您的联系方式，以便及时与您取得联系（您的联系方式将得到严格的保密）

姓名：　　　　　性别：　　　　　年龄：　　　　　电话：

1. 您的身份是（　　）

A. 本科生

B. 研究生

C. 教师

2. 您的专业背景是（　　）

A. 文史类

B. 经管类

C. 理工类

3. 您经常使用移动设备（手机、平板电脑等）获取网络信息吗？（　　）

A. 几乎每天都用

B. 偶尔使用一次

C. 从来不用

D. 不会使用

4. 您经常使用的移动上网设备是（　　）

A. 智能手机

B. 平板电脑

C. 其他

5. 您使用的手机是（　　）

A. 功能手机

B. 智能手机

6. 您的智能手机操作系统是（　　）

A. iOS

B. Android

C. Windows Phone

D. Symbian

7. 您曾经使用过移动图书馆服务吗？（　　）

A. 使用过

B. 听说过，但是没用过

C. 没听说过

8. 您是通过什么方式得知重庆大学移动图书馆的？（　　）

A. 图书馆网站主页公告

B. 图书馆宣传海报

C. 朋友、同学、老师的介绍

D. 报纸、微博、微信、论坛

E. 搜索引擎

F. 培训、讲座

9. 您登录移动图书馆系统的主要目的是（　　）（多选）

A. 查询馆藏、预约图书

B. 阅读电子图书、电子期刊

C. 使用数据库资源

D. 使用视频、音频资源等

E. 使用我的图书馆功能

F. 其他

10. 您更偏向使用哪一种移动图书馆服务？（　　）

A. 移动网站（访问地址：http：//g.superlib.com/）

B. 移动图书馆 APP（超星移动图书馆）

C. 微信图书馆（重庆大学图书馆）

11. 请问移动图书馆的OPAC（联机公共查询目录）检索效果如何？（　　）

小任务：请在移动图书馆的馆藏文献搜索中检索《内心的寂静》，并写下该书的出版社及责任者。

出版社：________________　　　责任者：________________

A. 能顺利检索，并且能够找到我所需要的

B. 能检索，但是检索结果的相关度较差

C. 功能无法使用

D. 没有此项功能

还有其他的使用感受吗？请写下来吧。__________________________

12. 请问通过移动图书馆检索数字资源（文献数据库）的感受如何？（　　）

任务：请在学术资源检索中检索《我国高校图书馆移动服务创新对策浅析》这篇文章，并写下该文献的作者及出版日期。

作者：________________　　　出版日期：________________

A. 功能完善，检索效果很好

B. 有这项功能，但是检索效果不理想

C. 没有这项功能

D. 有这项功能，但是无法使用

还有其他的使用感受吗？请写下来吧。__________________________

13. 请问通过移动图书馆使用数字资源移动阅读（或者在线阅读）的感受如何？（　　）

小任务：请在移动图书馆的数字资源中找到《北京晚报》，并写下第一条新闻的标题。

标题：________________

A. 有这项功能，阅读效果很好

B. 有这项功能，但功能有限、阅读效果较差

C. 有这项功能，但手机屏幕较小造成阅读效果较差

D. 没有这项功能

还有其他的使用感受吗？请写下来吧。______________

14. 请问通过移动图书馆阅读电子图书的感受如何？（　）

小任务：请在移动图书馆中找到《新闻摄影实务》，智慧主编，并写下该书的出版日期。

出版日期：__________

A. 有这项功能，阅读体验良好

B. 有这项功能，但功能有限、阅读体验较差

C. 有这项功能，但手机屏幕较小造成阅读体验较差

D. 没有此项功能

E. 有这项功能，但是无法使用

还有其他的使用感受吗？请写下来吧。______________

15. 请问您对通过手机阅读数字文献资源或电子图书的态度是怎么样的？（　）

A. 能接受，这是以后的发展趋势。

B. 不能接受，阅读体验不好。

C. 愿意尝试一下。

16. 哪些因素是您在使用移动图书馆中遇到的障碍？（　）（限选4项）

A. 宣传力度太小，不知道有移动图书馆服务

B. 操作复杂，学习成本高

C. 移动图书馆没有我所需的功能

D. 用户界面不够美观

E. 屏幕太小，阅读费时费力

F. 手机运行速度慢、网络速度慢

G. 增加消费开支

17. 移动图书馆系统的各项功能能否正常使用？（　）

A. 都能正常使用

B. 多数可以

C. 少数可以

D. 都不可以使用

18. 您最喜欢该移动图书馆的哪项服务？（　）

A. OPAC检索

B. 电子书阅读、数字资源在线阅读

C. 数字资源（文献数据库）检索

D. 图书馆最新动态与通知的查询

E. 个人图书馆：借阅情况查询、续借、预约等服务

F. 其他

19. 您希望移动图书馆增加哪些服务？（　　）（最多选择 6 项）

A. 参考咨询服务

B. 社交网络服务（如图书评论、微博/微信分享）

C. 读者服务（例如，读者导引、到馆路线、开放时间、FAQ、通知公告、留言、反馈、联系我们、推荐购书、读者证挂失）

D. 书刊推介（如新书推荐、热门推荐）

E. 位置服务（例如，查找最近的图书馆、图书馆导航、书架导航）

F. 增强现实

G. 近场通信技术（NFC）（如刷手机打开图书馆门禁）

H. 语音识别

I. 优秀 APP 推荐

J. 预约服务（研修室、阅览座位、计算机）

K. 借阅服务（预约借书、预约取书、手机自助借书、图书转借、二维码/条码借阅证）

L. 图书馆最新购书通知

20. 请您对该移动图书馆系统体验的总体满意程度做一个评价。（　　）

A. 非常满意

B. 满意

C. 基本满意

D. 不满意

E. 非常不满

21. 如果移动图书馆提供信息推送/提醒功能，您最希望推送/提醒什么？（　　）

A. 图书超期提醒

B. 预约图书到达提醒

C. 请将图书馆各种最新信息、动态推送到我的手机上

附录6 移动图书馆可用性调查者须知

1. 本次调查的主要目的是调研移动图书馆的可用性，不用于评价调查者使用图书馆的技能和水平。根据你平时的上网习惯和使用习惯完成所有任务即可。

2. 每位读者的调查时间为20～30分钟。

3. 要求被调查者客观、公正地按照指示完成相应调查和任务，并客观表达对于移动图书馆使用的相应观点和真实想法。

4. 相关调查结果与分析（不包括调查者的个人信息）仅用于图书馆学领域的学术研究，相关成果预计将发表在学术期刊，绝不用于商业用途。

5. 对于被调查者的个人信息将严格保密。

6. 请首先根据工作人员提示安装超星移动图书馆 APP，然后进入移动图书馆，逐一完成如下任务。

7. 每完成一个任务后及时告知工作人员，以便记录该任务的完成时间（精确到秒）。

8. 工作人员将全程录像记录任务的完成过程，主要记录屏幕操作过程，不涉及人的面部等敏感信息。

9. 调查共有10项小任务，每完成一项任务，工作人员将与你进行简单交流，请将你客观、真实的想法告诉工作人员，不管是正面的评价，还是负面的评价，都是我们想了解的。因为只有负面的评价，才能促进平台服务的升级。

10. 每项任务不能超过3分钟，超过3分钟视为任务失败（不是用户的责任）。

附录 7　移动图书馆可用性测试前问卷调查

1. 你的姓名__________（如果非常介意的话，可以留下别名）
   你的手机号__________（你的个人信息将被严格保密）

2. 你的身份__________

□本科生　　□研究生　　□教师

3. 手机的操作系统是：

□iOS　　□Android　　□其他（请注明）

4. 你知道重庆大学图书馆提供移动图书馆服务吗？

□知道　　□不知道（如果选择“不知道”，请忽略第 5 题）

5. 你是否曾经使用过重庆大学图书馆的移动图书馆服务？

□是　　□否

6. 你是否曾经使用智能手机检索学术信息，如科技论文、文献数据库（如CNKI 数据库）等？

□是　　□否

7. 你是否曾经使用智能手机检索图书馆的馆藏信息？

□是　　□否

8. 你是否曾经使用智能手机阅读电子图书？

□是　　□否

附录8　移动图书馆APP可用性研究用户任务列表

序号	任务内容
1	检索一本图书（图书名称：《管理科学研究方法》，作者：刘顺忠，出版社：武汉大学出版社，2012年）。请问重庆大学图书馆是否收藏该图书？如果收藏了，请记录该图书的条码号。
2	你面前有一册图书（书名：《何来何往——平凡生活的心灵书》，周国平著，ISBN：958-7-5133-0553-2）。请扫描ISBN以确定图书馆是否收藏了该图书？如果收藏了，请记录该图书的条码号。
3	请查询你的借阅情况。 记录你所借的第一本图书的书名，并完成该图书的续借操作。
4	查找一份报纸（报纸名称：《北京日报》），并阅读当天该报纸的头版头条。 列出这条新闻的标题。
5	订阅一个栏目——体育中的NBA频道。
6	请查找检索一篇期刊论文（标题为《材料信息学初探》）。 （1）写出该论文的第一作者； （2）使用文献传递功能将该论文发送至你的个人邮箱； （3）然后收藏该论文，以便下次阅读。 （4）请问下次阅读时，你可以在哪里找到这篇收藏的论文？
7	请查找一个视频（视频名称：《药理学总论》），并添加到视频列表中，以便下次观看。
8	请查找电子图书（书名：《正说三国》），并下载该电子图书。请问下次你可以在哪里看到该电子图书？
9	请查询图书馆的通知和公告，并列出最近一条通知的标题（写出前五个字即可）。
10	请在“学术资源”中检索“标题”字段中含有“移动图书馆”的学位论文，请写出命中记录的数量，并列出其中一篇学位论文的标题。

附录 9　移动图书馆 APP 可用性研究用户任务满意度评价表

用户 ID：＿＿＿＿＿＿＿＿手机号：＿＿＿＿＿＿＿＿记录人：＿＿＿＿＿＿＿＿

序号	指标	文字描述	1	2	3	4	5	6	7
1	可理解性（Accessible）	是否容易地找到你所需要的信息？	非常困难	很困难	困难	一般，还行	容易	很容易	非常容易
2	清晰（Clear）	各类标识、文字是否清晰，不容易产生误解？	非常不清晰	很不清晰	不清晰	一般，还行	清晰	很清晰	非常清晰
3	易用性（Easy to use）	各项功能是否容易使用，容易掌握？	非常困难	很困难	困难	一般，还行	容易	很容易	非常容易
4	高效性（Efficient）	系统的使用效率是否高效？	非常低下	很低下	低下	一般，还行	高效	很高效	非常高效
5	有用性（Useful）	各项功能和服务对你的学习和科研是否有用？对你是否有吸引力？	非常无用	很无用	无用	一般，还行	有用	很有用	非常有用
6	满意度（Satisfaction）	你对站点整体表现是否满意？	非常不满意	很不满意	不满意	基本满意	满意	很满意	非常满意

注：1 代表非常不满意，2 代表很不满意，3 代表不满意，4 代表基本满意，5 代表满意，6 代表很满意，7 代表非常满意

附录 10 移动图书馆 WAP 网站可用性研究用户任务列表

序号	任务内容
1	登录个人中心，设置个人移动设备的终端设置。
2	查询你的借阅情况。
3	查找一份报纸（报纸名称：《重庆日报》）并收藏和查阅。
4	检索一本图书，看重庆大学是否收藏该书？
5	查找一篇标题含有某字段的学位论文，并写出命中记录数量、收藏、通过文献传递方式传递一篇到邮箱。
6	查找一个视频并下载。
7	查找一篇期刊论文。写出该论文的第一作者，并使用文献传递功能将该论文发送到你的个人邮箱，然后收藏该论文并查阅。
8	查找电子书、收藏，并查看重庆有哪些大学图书馆有该本书。
9	搜索“重庆大学校徽”图片并保存。
10	在“新闻”栏以关键词查找某一新闻。
11	通过“历史浏览记录”，找到某一记录并以文摘的方式查看。